Plutarch 著
吳奚眞 譯

希臘羅馬名人傳

（下 册）

國立編譯館出版
中華書局印行

Plutarch

The Lives of the Noble Grecians and Romans

Translated by Wu Hsi-chen

This book has been published with the assistance of the United Nations Educational, Scientific, and Cultural Organization

Published by

The National Institute for Compilation and Translation

Printed by

Chung Hwa Book Company, Limited

本書由聯合國教育科學文化組織補助出版謹此致謝

目錄

凱撒

凱撒①的太太柯尼莉亞（Cornelia）②，是已故的獨裁執政者辛納（Cinna）的女兒；西拉（Sylla）③執掌羅馬國政之後，想促使凱撒把柯尼莉亞休棄，他雖然軟硬兼施，提供了一些諾言，也使出了脅迫手段，都不能達到目的，於是他退而求其次，沒收了柯尼莉亞的妝奩。西拉之所以對凱撒懷有敵意，是由於凱撒同梅里亞斯（Marius）④具有親戚關係；因爲老梅里亞斯娶凱撒的姑母茱里亞（Julia）爲妻，生下了小梅里亞斯，因此小梅里亞斯和凱撒便是親表兄弟。西拉在執政之初，因爲有待處死的政敵太多，而且事務異常紛繁，所以無暇理會凱撒，可是凱撒却不甘寂寞，竟然以祭司候選人的身份出現於人民之前，雖然他當時還只是一個小孩子。西拉沒有公然表示反對，却在暗中採取措施，使凱撒未能當選；當他同親信人員商議是否應該把凱撒處死的時候，有人認爲圖謀處死這樣一個小孩子，未免小題大做，他却回答說，未能在這個小孩子身上看出許多梅里亞斯的人，實屬愚蠢。凱撒聽到了這個話之後，便隱匿起來，在賽賓人的地區躲避很久，時常更換住處；有一天，正當他因爲生病而從一所房屋遷移到另一所房屋的時候，落入了西拉的士兵的手中，當時那些士兵正在那些地區搜捕逃亡份子。凱撒用兩泰倫錢向他們的隊長考內留斯（Cornelius）行賄，重獲自由，然後馬上登船出海，駛往貝斯尼亞（Bithynia）⑤。他在貝斯尼亞國王尼考米廸（Nicomedes）那裏小作勾留之後，於返回羅馬的航行途中，在發瑪庫薩島（Pharmacusa）附近被海盜俘獲，當時那些海盜擁有大批艦隊和無數小船，正橫行於海上各處。

海盜們最初向他索取二十泰倫的贖金，他笑他們有眼無珠，自動許諾給他們五十泰倫。於是他馬上把隨行人員分別派遣出去，到幾個地方去籌措這筆款項，最後只剩下一個朋友和兩名侍從同他一起留在一批最兇惡殘暴的西里西亞（Cilicia）⑥人中間。可是他對他們非常輕蔑，每當他想睡覺的時候，便派人去吩咐他們不要喧嘩。在以後的三十八天之中，他十分自由自在地參與他們的各種運動和遊戲，好像他們並不是他的看管者，而是他的衞士。他並且寫作一些詩歌和演講詞，朗誦給他們聽；凡是對於他的作品不加稱讚的人們，他都當面斥之爲不學無術的野蠻人；他還時常以頑笑的口吻宣稱要把他們全體一律絞死。海盜們都非常欣賞他的這種態度，認爲他的毫無顧忌的談話只是出於一種天眞質樸的本性和孩子氣的頑皮心理。等到派出去的人把款籌好，從米利都（Miletus）回來，他向海盜們繳納贖金，被釋放回來，然後他馬上把人員配置在幾隻船上，從米利都港口駛出，前去追捕海盜，當時那些海盜的船隻仍然停泊在發瑪庫薩島，在他的奇襲之下，大部份海盜都成了他的俘虜。他把他們的金錢當作戰利品而加以沒收，把他們全體都關在柏加馬斯（Pergamus）的監獄裏面，然後他去同當時擔任亞洲總督的朱尼亞斯（Junius）接頭，請求他對他們加以處置，因爲後者身爲當地的行政官，懲辦海盜乃是他的職責所在。朱尼亞斯因爲覬覦着那筆爲數頗鉅的金錢，只說他將在得暇的時候考慮處置那些海盜的辦法，於是凱撒告辭出來，前往柏加馬斯，下令把那些海盜從獄中拉出來，一一釘死在十字架上；這種懲治的方式，正好實現了他從前被他們羈留島上的時候所時常威嚇他們的話，雖然當時他們並沒有信以爲眞。

在這個時候，因爲西拉的權勢已經趨於衰微，凱撒的朋友們勸他返回羅馬，但是他却前往羅茲島（Rhodes）⑦，受教於摩倫（Molon）之子阿波羅尼亞斯（Apollonius）；阿波羅尼亞斯是一位馳名的修辭學家，以品德高超著稱，西塞羅（Cicero）⑧就是他的學生之一。據說凱撒禀賦着優異的資質，可以成爲一個偉大的政治家和演說家，並且曾經辛勤努力，發展自己在這一方面的天才，以求確實能够成爲相當出色的演說家。他不會希望自己成爲最傑出的演說家，因爲他立志要在軍人當中坐上第一把交椅，所以在演說方面未能達到他的天資所可能導致的高峯；他的心力都轉用於戰爭和政治計謀，這二者終於使他得到了至高的威權。後來，他在對於西塞羅的「伽圖頌辭」所做的答覆之中，曾經要求他的讀者不要把一位軍人的平庸演講同一位演說家的宏論加以比較，因爲後者不但具有優良的禀賦，而且曾經畢生專心致力於此一學科。

回到羅馬之後，他對杜賴貝拉（Dolabella）⑨的秕政提出控訴，希臘的許多城市都爲他的指控作證。杜賴貝拉雖被宣告無罪，但是凱撒爲了報答希臘人對他的支持，當他們向馬其頓行政官盧卡拉斯（Marcus Lucullus）檢舉安東尼亞斯（Antonius）貪汚的時候，他也挺身相助，擔任他們的辯護人。他這件事情做得非常成功，以致安東尼亞斯不得不到羅馬向護民官們上訴，宣稱他在希臘同希臘人打官司，無從得到公正的審判。他在辯護時所表現的口才，使他的聲譽鵲起，而他在態度和言談上的和藹可親，也使人民對他發生很大的好感，他所表現出的圓通和周到，都不是一般像他那樣年紀的人所能做到的；而他的熱情好客，酒宴常開，以及顯赫氣派，更逐漸在創造並且增長他的政治勢力。對於這種情形，他的敵人們最初是加以藐視。他們認爲一旦他的金錢花光，這種勢力不久便將隨之消逝；而在這個期間，他的勢力却得以在平民之間日益隆盛起來。後來，他的力量終於根深蒂固，旁人無從推翻，於是他便公然企圖改革整個國家，這時他的政敵們才覺察到，任何微末的開端，如果繼續不斷地發展下去，都會成爲一股巨大的力量，如果在最初對於一項危險加以輕視，必將使之終於强大得無可抗拒，可惜他們這種覺悟爲時已遲，無補實際。首先猜疑到凱撒在政治上的圖謀的，是西塞羅，正如一個優良的駕船者在海上風平浪靜的時候，會擔憂暴風雨的來臨，他從凱撒的親切和藹之中看出他的別有用心，他說他從這個人的所作所爲，看出他具有獨攬專制大權的野心，「但是當我看到他的頭髮梳理得那麼整齊，他還在用一隻手指加以整理的時候，我想像不到這樣的一個人會有顚覆羅馬政府的念頭。」不過這是後話，暫且不表。

人民對他具有好感的證據，首次表現在一次軍中護民官的選舉之中，他竟能獲得比凱亞斯・坡比里亞斯（Caius Popilius）爲多的票數而當選。另一個更爲明顯的例證，是他在市場公開發表一篇哀悼茱里亞的演說，頌讚他的這位姑母，也就是梅里亞斯之妻，在茱里亞出殯的時候，他竟膽敢把梅里亞斯的肖像展示出來，自從西拉執政以來，梅里亞斯一派的人已經被宣佈爲國家的公敵，他的肖像一直不曾在大衆面前出現過。當若干在場的人們對凱撒高聲指責的時候，人民却發出高聲的喊叫，對他鼓掌喝釆，認爲他把已經湮滅許久的梅里亞斯的榮譽，又從墳墓之中重新發揚出來，而不禁興起一種驚喜與滿足之情。在舉行葬禮的時候，爲已經死去的年老婦女發表哀悼演說，加以頌揚，這是羅馬的由來已久的習俗，但是爲年青的婦女發表哀悼演說，尙無前例，凱撒對於他的太太的悼辭，乃是一項空前的事例。這件事情也使他博得人民的好感，他的這種感情的顯示使人民頗受感動，大家都認爲他是一個溫柔而親切多情的人。他辦完了太太的喪事⑩，便以行政官維塔斯（Vetus）手下的財務官的身份前往西班牙；後來他對於維塔斯一直敬重，到他出任行政官的時候，他便委派維塔斯的兒子擔任他的財務官。在這項職務結束之後，他娶麗貝亞（Pompeia）爲他的第三個太太，這時他已經有了一個女兒，是由柯尼莉亞所生，後來他把這個女兒嫁給龐培（Pompei the Great）⑪爲妻。他在金錢方面揮霍無度，在出任公職之前，已經欠了一千三百泰倫的債，許多人都認爲他爲了博得名聲而花費這麼大的代價，乃是用實際的財富去換取一種歸終必將是短暫而不確定的報酬；但是實際上他却是在以低微的代價換取一種非常寶貴的東西。在他奉派擔任艾匹亞斯大路（Appian Way）⑫的監督的時候，除了公款之外，他還自掏腰包支付了巨額的金錢；在他擔任營造官⑬的時候，他舉辦了大規模的鬪劍表演，竟能提供三百二十對鬪劍者的比賽；此外，在戲劇演出、遊行、和公共宴會等方面，他也表現得非常慷慨豪爽，使他的前任們在這些方面的所做所爲，相形之下大爲減色，因此人民們對他深具好感，每個人都想爲他尋求一些新的職位和新的榮譽，藉以回報他的慷慨。

當時在羅馬城裏有兩派，一個是西拉派，勢力很大，另一個是梅里亞斯派，甚爲散漫而式微，凱撒想把後者復興起來，歸他領導。因此，當他因爲做出那些豪奢的表演而在人民中間聲譽正隆的時候，他下令製造一些梅里亞斯的肖像，和手中持着戰利品的勝利女神的肖像，並把那些肖像在夜間偷偷地放置在邱比特神殿。第二天早晨，有些人看到那些肖像金光閃耀，工藝精巧，上面還刻有文字，敍述梅里亞斯戰勝辛布賴(Cimbri)人的豐功偉績，他們對於放置這些肖像的人的大膽，很感驚奇——這件事情究竟是誰做的，當然不難猜出。大家一傳十，十傳百，不久便有許多人從各處趕來，聚在那裏觀看雕像。有些人高聲非難，認爲凱撒是在公然企圖反對現有的政府，藉以恢復那些已被元老院的法律和法令所埋葬的榮譽；他們並且說，凱撒的這項舉動，乃是爲了探測他已對之下了相當功夫的人民的意向，看看他們是否已經變爲十分馴順，俯首帖耳，可以一聲不響地屈從他的改革。在另一方面，梅里亞斯一派的人們却大爲振奮，無數的梅里亞斯派份子突然出現，發出歡呼的聲音走進邱比特神殿，其人數之衆多，幾乎令人難於置信。許多人在看到梅里亞斯的肖像時，都喜極而泣，他們對凱撒備加頌揚，認爲在梅里亞斯的所有親屬之中，他是最不辜負那位偉大人物的人。元老院爲此而舉行一次會議，當時在羅馬最有名望的人物之一凱都拉斯．魯泰夏斯(Catulus Lutatius)⑭起立發言，對凱撒做猛烈的抨擊，並以這樣的警語來結束他的演說：凱撒現在已經不是從事陰謀，而是在裝設大砲，要推翻政府。然後凱撒爲自己辯白一番，元老院聽了很感滿意，於是他的景仰者們大爲高興，都勸他不要爲任何人的緣故而改變自己的主張，因爲人民對他極爲愛戴，所以他不久卽將勝過所有的敵對份子，而成爲羅馬的第一號人物。

在這個時候，高僧團長麥泰拉斯（Metellus）死了⑮，有兩個人競爭他的遺職，一個是凱都拉斯，一個是伊索里卡斯（Isauricus），這兩個人的聲望都非常高，而且在元老院中具有極大的影響力，可是凱撒不肯示弱，竟然參加競選，要在人民的面前同他們一較短長。這三位競選者似乎旗鼓相當，勢均力敵，凱都拉斯因爲聲譽最隆，所以對於這場選舉的發展最爲擔心，他派人去賄路凱撒，勸他放棄競選，他願意送給他一筆巨款。但是凱撒回答說，他準備借貸一筆數目更大的款子，競選到底。在選舉之日，他的母親含淚把他送到門口，他在擁抱過母親之後，對她說：「母親，今天您將看到我不是成了高僧團長，便是成了流亡者。」到投票的時候，經過一番極爲激烈的競爭之後，他獲勝了，元老院和貴族們因而大爲驚恐，他們擔心他將慫恿人民做出種種鹵莽的行爲。於是皮索（Piso）和凱都拉斯對西塞羅加以指責，認爲他不應該對牽連到凱提來因陰謀事件中的凱撒加以恕宥。因爲凱提來因不僅企圖改變現狀，而且計劃顚覆整個帝國，使一切陷於混亂，可是這樣的一個人竟得以逃走了，他的罪證尙不充足，他的終極目的也尙未被發現。但是他曾把列圖拉斯(Lentulus)和塞底格斯（Cethegus)留在羅馬，代替他繼續領導那項陰謀，究竟他們曾否從凱撒那裏得到任何的鼓勵與協助，還不能斷定；所能斷定的是，他們在元老院中被宣告有罪，當執政官西塞羅向元老們分別徵詢意見，請他們對處置那些人的辦法發表主張的時候，所有在凱撒之前發言的人們都主張把那些人處死；後來凱撒起立，發表一篇經過細心準備的演說，他告訴元老們說，他認爲，不經適當審訊而把那些門第高貴聲望卓著的人們處死，是沒有前例的，而且是不公正的，除非有絕對的必要，不可如此做；但是如果把他們監禁在由西塞羅認爲合適的任何義大利城市裏面，等到凱提來因被擊敗之後，元老院很可以平平靜靜而從容不迫地決定對於他們的最好處置辦法。

他的這項意見顯得非常富於仁愛精神，而他的口才又好，講起來娓娓動聽，所以不僅那些在他之後發言的人們表示同意，甚至那些在他之前曾經發表過相反意見的人們也轉而支持他的主張。後來，輪到凱都拉斯和伽圖（Cato）發言。他們二人對凱撒的建議很熱烈地加以反對，伽圖並且暗示對於凱撒持着懷疑態度，强烈堅持把那些犯人處死，所以那些犯人隨着便被交付劊子手執行死刑。當凱撒走出元老院的時候，當時擔任西塞羅的衞士的許多青年跑了進來，持着出鞘的劍向他襲擊。但是，據說顧里歐（Curio）將自己的外袍披在凱撒身上，把他救走，而西塞羅本人呢，當那些青年抬頭徵詢他的意思的時候，他做出一種表示，不要他們殺害凱撒，其原因也許是由於恐懼人民，也許是由於他認爲這種謀殺是不公正而且違法的。如果這件事情是眞實的，我不明白西塞羅在他記述他的執政工作的書籍裏面，何以隻字未提。可是，後來他却爲了未能利用此一大好機會把凱撒淸除，而受人責備，好像他之所以坐失良機，乃是由於畏懼民衆，因爲當時民衆對於凱撒表現一種非常的好感；幾天之後，當凱撒前往元老院，爲他所蒙受的嫌疑而辯白的時候，遭受到喧囂的責難之聲，民衆們因爲發現元老院會議繼續的時間較平日爲長，便叫囂着來到元老院，把會場包圍起來，要和凱撒見面，請求元老院議員們讓他出來。當時伽圖覺得，那些貧苦公民通常總是最先在人民中間點燃起革命火焰的人們，而他們又把一切希望都寄托在凱撒身上，因而對於當時正在貧苦公民之間醞釀着的一項運動，深感恐懼，所以他勸服元老院按月配發他們相當數量的穀物，以資安撫，這項權宜之計使政府每年增加了七百零五萬德拉克馬的額外開支，却消除了當時的一項重大的禍根，並使凱撒的勢力大爲削弱，他當時卽將出任行政官，一旦登上了那個職位，必然更難對付。

不過，在他擔任行政官的期間，並未發生任何紛擾，只是他在家庭方面，遭遇了一件不幸的事。有一位名叫克羅狄亞斯（Publius Clodius）的人，出身貴族之家，以財富與口才著稱於當時，但是他的放蕩淫佚和膽大妄爲的情形，却更甚於當時那些最爲聲名狼藉的放蕩之徒。他愛上了凱撒的太太龐貝亞，她對他也不討厭。但是這個女人的住所受到嚴密的監視，而凱撒的母親奧瑞莉亞（Aurelia）是一個很謹愼而精明的人，經常留在她的身邊，使這一對情人難於會晤。羅馬人有一位女神，叫做波娜（Bona）⑯，相當於希臘人的金尼西亞（Gynaecea）女神。弗里吉亞（Phrygia）加給她一個特殊頭銜，說她是邁達斯王（Midas）的母親。羅馬人說她是森林女神（Dryads）之一，法諾斯（Faunus）⑰的太太。希臘人則說她是酒神巴卡斯（Bacchus）的叫不出名字來的母親；因此，婦女們在慶祝這位女神的節日的時候，都在自己的帳篷上面掛滿了葡萄籐，並且按照神話所說的情形，把一條神聖的蛇放置在這位女神的旁邊。按照規定，在舉行紀念儀式的時候，男人不能在場，甚至不能停留在家裏，所有的紀念儀式，都由婦女們自己舉行，而那些儀式據說和奧斐亞斯（Orpheus）⑱節日的儀式相同。當波娜的節日到達的時候，身爲執政官或行政官的丈夫便要離開自己的家⑲，所有的男子也都隨他一起出去。於是太太便負責照管這個家，做適當的佈置；主要的儀式都在夜間舉行，那些婦女們在守夜的時候，一起尋歡做樂，各種樂聲不絕於耳。

當龐貝亞正在慶祝這個節日的時候，克羅狄亞斯因爲自己還沒有鬍鬚，便設法混進她家。他穿戴上一個唱歌女子的衣服和裝飾品，前往凱撒的家，看起來很像一個年輕的女子。他到達的時候，房門是開着的，參與這項密謀的一名女僕很順利地把他引了進去。然後那名女僕馬上跑去報告龐貝亞，但是她去了很久，未見回來，克羅狄亞斯等得有些不耐煩了，便離開原位，在那所邸宅裏面各處走動，從一個房間走到另外一個房間，仍然小心翼翼，不出現在有燈光的地方，後來奧瑞莉亞的侍女遇見了他，邀請他和她一起玩，正像當時在場的婦女彼此在一起玩樂的情形一樣。他拒絕了她的邀請，她便把他往前拉，問他是什麼人，從那裏來的。克羅狄亞斯回答說他在等待龐貝亞的女僕阿布拉，實際阿布拉也就是這名女僕的名字，而且他在講這些話的時候，他的聲音已經洩露了他的性別。於是那個女人尖聲喊叫起來，跑到燈光照耀下的人叢當中，高聲叫嚷着說她發現了一個男人。那些婦女們都很驚惶。奧瑞莉亞把各種聖物隱蔽起來，中止紀念的儀式，然後下令把所有門戶都關閉起來，持着火把到各處尋覓克羅狄亞斯，原來這個男人正藏匿在那個曾經引導他進入大門的女僕的房中，就在那裏被捉到了。那些婦女們一見之下，都認識他是誰，便把他趕出戶外；然後她們在當夜立刻回家，把這件事情告訴自己的丈夫。到第二天早晨，消息就傳遍全城，都曉得克羅狄亞斯犯了褻瀆神聖的大罪，他不僅觸犯了他所直接侮辱的那些人們，而且也冒犯了全城公民和衆神，所以應該受到相當的懲罰。於是一位護民官指控他犯了褻瀆神聖儀式之罪，若干主要的元老也聯合一致，爲他的劣蹟作證，證明他除了犯過許多其他可惡的罪行之外，還曾同自己的姊妹——魯卡拉斯的太太——有亂倫行爲。但是民衆們協力對抗那些貴族們的聯合努力，爲克羅狄亞斯辯護，這種情形對克羅狄亞斯有很大幫助，因爲審判官們深感惶懼，都恐怕惹怒民衆。凱撒馬上把龐貝亞休棄，但是在被召對克羅狄亞斯的罪行作證的時候，他却說他對克羅狄亞斯沒有任何指責。這種說法似乎很離奇，起訴者便問他爲什麼同自己的太太離婚。凱撒回答說：「我願意我的太太連旁人的猜疑都不可受到。」有些人認爲凱撒所說的是眞心話，有些人則認爲他這番話的目的是取悅民衆，因爲民衆亟想拯救克羅狄亞斯。無論如何，克羅狄亞斯終於未被判罪；大多數審判官在表示意見的時候，都把字跡寫得潦草難辨，以免因爲宣判他有罪而可能受到人民的危害，因爲宣判他無罪而引起貴族的惡感。

凱撒在他的行政官任期屆滿之後，被派擔任西班牙總督，但是，紛繁的債務使他非常爲難，在他準備動身的時候，債主們向他逼索，非還不可。於是他向克拉薩斯（Crassus）求助，克拉薩斯是羅馬最富有的人，在他反對龐培的政治鬪爭之中，很需要凱撒那種青年的活力和熱情的協助。克拉薩斯替凱撒償還了那些催索最緊的債主們的債務，並且對於另外的八百三十泰倫的欠債加以擔保，凱撒才得以離開羅馬，到西班牙上任。他和一行人在路過阿爾卑斯山的時候，經過一個野蠻人的小村莊，居民很少，而且貧苦不堪，他的同伴以笑謔的口吻在談論着一個問題：不知道在這些居民之間有沒有拉票競選、爭取最高權位、和偉大人物彼此仇視的情形？凱撒却很嚴肅地回答說：「就我而言，我寧願在他們之中做第一號人物，而不願在羅馬做第二號人物。」據說還有一次，他在西班牙公餘之暇，讀了一部分亞歷山大的傳記，然後便陷入深思之中，默坐良久，最後終於痛哭流涕。他的朋友們很感驚訝，問他何以如此。他回答說：「你們想想，亞歷山大在我這樣年紀的時候，已經征服了那麼許多民族，而我迄今仍然一事無成，當我想到這種情形的時候，難道還不應該痛哭一場嗎？」他抵達西班牙之後，馬上積極展開他的工作，在幾天之內，就在原有的二十個步兵大隊（Cohort）⑳之外，又組成十個新的步兵大隊，然後他便率領這些軍隊去進攻卡雷西族（Calaici）和路斯坦尼族（Lusitani），擊敗他們，再進而揮師遠至海洋，征服了一些以前從來不曾臣服羅馬的部落。在軍事討伐工作圓滿完成之後，他又致力於民政工作的整頓，也同樣有良好的成就。他煞費苦心在各州之間建立一種和睦的關係，並且調諧債務人和債權人之間的紛爭。他下令規定，債務人應把每年收入的三分之二交給債權人，其餘的三分之一自己留用，按照這個辦法繼續下去，直至全部債務償清爲止。這項施政使他在離職的時候聲譽甚隆；他自己已經發了財，他手下的士兵們也都藉着戰爭而變爲富有，他們尊稱他爲「大將軍」(Imperator)。

羅馬有一項法律規定，凡是希望受到凱旋式慶祝的將軍必須停留城外，等待回答。而另一項法律則規定，競選執政官的人們必須親自到場。凱撒返回羅馬的時候，正值舉行執政官選舉的期間，這兩項相反的法律使他有進退維谷之感，於是他向元老院提出一項請求，說明既然他必須停留城外，可否由他的朋友代他出面競選。伽圖最初表示應該堅守法律，反對凱撒的請求，後來他發現大部份元老已爲凱撒所打動，勢將接受他的要求，於是他把一整天浪費在演講上面，藉以拖延時間。凱撒看到這種情形，便決定放棄凱旋式，而爭取執政官的職位。他進城之後，立即出面競選，他採取了一項政策，使除伽圖而外所有的人都被他所騙。那項政策就是使當時羅馬最有勢力的兩個人物克拉薩斯和龐培言歸於好。這兩個人曾經發生爭執，現在凱撒爲他們和解成功，藉着他們二人的聯合力量加强了他本身的勢力，在一項表面看起來似乎純屬親切和善意的行爲的掩護之下，促成了一場政治變革。因爲內戰的起源，並非如大多數人所想像的是由於龐培和撒凱之間的爭執，而是由於他們的聯盟，最初他們協力推翻貴族政治，後來彼此之間才發生了爭執。伽圖時常預言這兩個人的聯盟會有怎樣的結果，當時人們都認爲他秉性陰沉而善於惹事生非，最後大家終於明白他是一個明智但未獲成功的顧問。

在克拉薩斯和龐培二人的雙重支持之下，凱撒得到執政官的職位，他和畢布拉斯 (Calpurnius Bilulus) 一同當選。凱撒就職之後㉑，便提出一些法案，那些法案如果由一位最急進的護民官提出，較爲合適，現在由身爲執政官的他提出，很不相宜；他在那些法案當中，建議開拓殖民地區，並且分配土地，其目的只是爲了取悅一般民衆。一些最有品德的元老表示反對，這在凱撒是正中下懷，因爲他很久以來就希望得到這樣一個可以渲染的口實，於是他大聲疾呼地提出抗議，說他被迫去尋求人民的支持，如何完全不是出於他的本意，以及元老院的侮慢而苛刻的行爲，如何逼得他無路可走，今後惟有專心致力於民衆的目標與利益。於是他匆匆走出元老院，出現在民衆的前面，克拉薩斯和龐培分別站在他的兩邊，他詢問人民是否贊成他所提出的法案。他們表示贊成，然後他又請求他們幫助他，去對付那些聲言要用刀劍來反對他的人們。他們答應給與他這種援助，龐培並且宣稱他也將用劍和盾去對付那些人的劍。貴族們聽了這些話頗爲憤恨，他們認爲這些話既不合於龐培自己的高貴身份，也沒有對元老院保持適當的尊敬，却很像小孩子的憤激之辭，或瘋人的狂語。但是民衆們聽了却很高興。凱撒有一個女兒，名叫茱里亞（Julia），已經許配給塞維里亞斯・蓋庇歐（Servilius Caepio），現在他爲了能够更牢固地控制龐培起見，又把她許配給龐培，並且告訴塞維里亞斯可以娶龐培之女爲妻，而龐培之女也不是沒有訂過婚的，她已許配給西拉之子浮世塔斯（Faustus）。不久之後，凱撒娶皮索之女嘉莉波尼亞（Calpurnia）爲妻，並設法使皮索在下一年成爲執政官。伽圖高聲反對，激昂慷慨地提出抗議，他說這班人以婚姻爲手段，把政府權位作娼妓式的分配，藉着女人互相提携，都能掌握兵權，充任封疆大吏，或登上其他高位，這實在是無法容忍的事。凱撒的同事畢布拉斯爲了反對他的法案所作的努力，全無效果，而且像伽圖一樣隨時有在市場被人殺死的危險，他鑒於這些情形，便閉門不出，在家中等待他的執政官任期的屆滿。可是龐培在結婚之後，馬上便在市場佈滿士兵，並且幫助人民們通過那些新法律，委派凱撒擔任整個高盧（Gaul）㉒的總督，他的轄區包括阿爾卑斯山兩邊的地區，連同伊里瑞卡（Illyricum）在內，還撥出四個軍團歸他統率，任期爲五年。伽圖發言反對這些事情，但是凱撒將他逮捕，送往監獄。凱撒原以爲伽圖將向護民官們控訴。但是伽圖一言不發地朝着監獄走去，不僅貴族們都很憤慨，就是那些平民們，也因爲敬重伽圖的美德，而都帶着沮喪的神情默默地跟在後面，凱撒看到這種情形，便偷偷地請求一位護民官解救伽圖。至於其他元老們，只有少數人還繼續到元老院去出席會議，其餘的人們則因爲厭惡凱撒的行爲，而不去開會。有一天，一位年紀很老的元老康西狄亞斯（Considuis）告訴凱撒說，元老們不來開會，是因爲怕他的士兵。凱撒問道：「你爲什麼就不因爲害怕士兵而躲在家裏呢？」康西狄亞斯回答說，他的年紀就是他的一種保障，使他無所畏懼，而他的有限的餘生也不值得他多所顧慮。但是凱撒在擔任執政官期間所做出的最可恥的事情，乃是他幫助那個曾經企圖侵犯他的太太的貞操、並且擾亂波娜女神節日前夕秘密紀念儀式的克羅狄亞斯取得護民官的職位。這個人之所以當選護民官，目的就是爲了推翻西塞羅；凱撒也等到在克羅狄亞斯的合作之下擊敗了西塞羅，並把他驅出意大利之後，才離開羅馬，前去統率軍隊，從事征討。

以上所述，都是凱撒在高盧之戰以前的事蹟。從此以後，他似乎做了一個新的開始，邁進一種新的生活，和新的事業範圍。他後來從事戰爭的期間之長，他爲了征服高盧而做出的那許多次征討，表明他是一位偉大的軍人和將領，較之任何曾經統率軍隊的最偉大最受欽仰的指揮官，都毫無遜色。如果我們把他同費比亞斯、西庇歐、和麥泰拉斯之類人物，同與他同時代或比他稍早的人物如西拉、梅里亞斯、和兩位魯卡拉斯，甚或同那位憑着種種卓越的軍事才能而聲威蓋世的龐培相比較，我們會發現凱撒的所作所爲已經超越了所有那些人物。在作戰地區的艱困方面，他勝過了某一個人；在所征服的土地範圍之廣大方面，他超越了另一個人；在所擊敗的敵人的數目與力量方面，他比另一個人爲優；從他所安撫並且獲得好感的那些部族的野蠻與奸詐看來，他比某一個人强；從他對待那些被征服者的仁慈與寬厚看來，他比另一個人好；在他對於自己的士兵們的賞賜與親切方面，他比另外一些人更佔上風；而他所從事的戰役之多，和殺死的敵人之衆，却越過了所有的人們。因爲他在高盧作戰共計不到十年，竟先後攻佔了八百多個城市，征服了三百個國家；在歷次戰役中同他交鋒對壘過的共有三百萬人，在這三百萬人之中，有一百萬人被他殺死，另一百萬人被他俘虜。

他的士兵們對他非常親善，熱誠地爲他效勞，那些在以前的戰役中僅有平庸表現的人們，在面臨與凱撒的榮譽有關的危難的時候，都顯示出一種不可征服不可對抗的勇敢。阿西利亞斯（Acilius）就是一例，在馬賽港外的一次海戰之中，他的右手被敵人用劍砍掉，仍然用左手緊握着盾，而且用那個盾去打敵人們的臉，終於把敵人全部趕走，佔領了那隻戰船。還有一個名叫史凱瓦（Cassius Scaeva）的人，在德拉邱姆（Dyrrhachium）附近的戰役之中，他的一隻眼睛被敵人的箭射中，肩膀被一隻標槍刺穿，大腿被另一隻標槍刺穿，他的盾已被敵人的一百三十隻箭矢和標槍所擊中，在這種情況之下，他還向敵人招呼，好像是要投降的樣子。但是，當兩名敵人走過來的時候，他用劍砍掉其中一個人的肩膀，打擊另外一個人的臉，迫使他退却，這時他的戰友們已經趕來，幫助他逃離險境。又有一次，在布列顛，幾名在最前線的軍官偶然陷入一片充滿了水的沼澤，在那裏受到敵人的襲擊，當時凱撒正站在一旁觀戰，一名普通士兵投身到混戰的人羣之中，他在做出許多非常英勇的表現之後，救出了那幾名軍官，並把野蠻人擊敗。最後，他自己也陷身濁流之中，一半藉着游泳，一半藉着涉水，非常困難地渡過了那片水，但是在那段行程之中他把護身的盾遺失了。凱撒和他左右的軍官們看到他的英勇行爲，大加讚賞，並且歡呼着走過來迎接他。但是這名士兵却極其沮喪，滿面淚痕，突然撲倒在凱撒的脚下，請求恕宥他的失盾。還有一次，在非洲，西庇歐俘獲了凱撒的一隻船，新近被任命為財務官的柏特羅（Granius Petro）也是船上乘客之一，西庇歐把其他乘客全部俘虜，單單釋放柏特羅。但是柏特羅却說，凱撒屬下的軍人向來是施與仁慈，而非接受仁慈，然後便拔劍自刎而死。

這種愛好榮譽的精神和高超的志節，都是由凱撒自己在他的部下的心靈當中所激勵並且培植起來的，因為他在金錢和榮譽方面對他們做毫不吝惜的賞賜，已經藉着這個事實向他們表明，他在戰爭之中積聚財富，並不是為了自己的奢侈享受或安適逸樂，他所得到的一切財富只是一筆公共的基金，作為獎賞並鼓勵英勇行為之用，他認為他把金錢獎賞給有功的人員，就等於增加了自己的財富。而且，他對於任何的危險，都欣然面臨，對於任何的勞苦，都絕不辭避。他對於危險的視若無睹，並不使他的屬下驚奇，因為他們深知他對於榮譽是如何的嚮往。但是他對於種種辛苦的忍受，顯然已經超過了他的天賦的體力，這種情形的確使他們深感驚奇。因為他身體很瘦，皮膚白嫩，頭腦有病，還患着癲癇症，有時發作，據說他在考杜巴（Corduba）第一次受到這種疾病的侵襲。但是，他並未以身體的孱弱作為尋求安逸的藉口，反而把戰爭當作醫療病弱的最佳藥劑；因為，藉着永不倦怠的行軍，粗劣的食物，時常露宿田野，和不斷的辛勞，他已經克服了自己的病患，增加了自己的體力，使任何疾病都無力向他侵擾。他通常在戰車或肩輿上面睡覺，使休息時間也不白白度過。在白天，他乘車前往各堡壘、衛戍地、和營地，一名僕人坐在他的旁邊，把他在行進途中所口授的話筆錄下來，另有一名士兵持劍站在他的身後。他行進得非常迅速，當他第一次離開羅馬前往高盧的時候，在八天之內就到達了隆河（Rhone）。他自童年時代起就精於騎術；因爲他在騎馬的時候，通常總是把兩隻手放在背後，緊緊握着，使他的馬以全速力向前奔馳。在高盧戰爭之中，他由於練習的結果，竟能在馬背上口授信件，而且能同時使兩名書記——或者如歐匹亞斯（Oppius）所說的，還不只兩名書記——忙於筆錄。據說他是第一個設計用密碼和朋友通訊的人，因爲在他有緊急事項需要迅速處理的時候，或由於他的事務繁忙，或由於羅馬幅員遼闊，而來不及和朋友當面商談，便想出了這種辦法。他對飲食的毫不講究，由下面的事例中可以看出。有一次，里奧（Valerius Leo）在米蘭（Milan）請他吃晚餐，席上有一道菜是蘆筍，主人沒有在蘆筍上面澆橄欖油，而澆了一些甜膏。凱撒毫不嫌惡地享用着這道菜，當他的僚屬加以挑剔的時候，他便責備他們說：「你不喜歡吃的菜，自己不去吃它就够了；但是如果像這樣地指責旁人沒有教養，正足以表明自己同樣地沒有教養。」又有一次，他在旅行途中，遭遇一場暴風雨，被迫到一個窮人的茅屋裏面躲避，進去之後，他發現裏面只有一個房間，而這個房間又很小，只能勉强容納一個人，於是他對同伴們說，榮譽的位置應該讓給偉大人物，而必需的宿所則應該讓給弱者，因此他吩咐健康情形不佳的歐匹亞斯住在裏面，他和其餘的人們則睡在門口的一個棚子下面。

在高盧之戰中，他第一次作戰的對象是赫爾維細亞（Helvetia）[23]人和提古萊尼人（Tigurini），這兩個民族已經焚燬了自己的十二個城市和四百個村莊，正想通過在羅馬統治下的那一部分高盧地區進軍，同辛布賴人（Cimbrians）和條頓人（Teutons）過去的行徑如出一轍。這兩個民族的勇敢，並不遜於辛布賴人和條頓人；在人數方面則和他們相等，總共有三十萬人，其中十九萬是戰鬪人員。凱撒不曾親自同提古萊尼人交戰，而由賴賓納斯（Labienus）在他的指揮之下於阿拉爾河（Arar）附近把他們擊敗。赫爾維細亞人則奇襲凱撒，在他率軍前往一個結盟城市的途中，出其不意地向他進攻。可是，他終能化險爲夷，撤退到一個堅强的陣地，在那裏，當他把部隊集合並且排列起來之後，他的馬也被牽到他的面前；這時他說道：「當我在這次戰役之中獲得勝利的時候，我將騎着這匹馬去追擊敵人，但是在目前，讓我們徒步去和敵人作戰罷，」於是他率領部下徒步進襲敵人。經過了一場漫長而慘烈的戰鬪之後，他把敵軍的主力逐出戰場，後來却在他們的馬車和壁壘之前遭遇到最堅强的阻扼，因爲在那些地方，不僅男子們奮力抵抗到底，連婦女和兒童們也拼命自衞，至死方休；這場戰鬪一直繼續到午夜，才算停止。這場勝利本來已很輝煌，凱撒却錦上添花，做出一項更爲崇高的行爲，他把那些僥倖從這場戰役之中逃生的人們（總數在十萬人以上）集合在一起，强制他們重返他們已經放棄的地區和他們已經焚燬的城市。他之所以採取這個步驟，乃是因爲他恐怕如果任憑那片地區空在那裏，無人居住，日耳曼人勢將乘虛而入，加以佔領。

他的第二場戰爭是爲了保衞高盧人而同日耳曼人作戰，雖然以前他曾在羅馬和日耳曼人的王阿里奧維斯塔斯（Ariovistus）結爲盟友㉔。但是，對於那些在凱撒統治之下的人民們，日耳曼人乃是一些不堪忍受的鄰人；一旦機會來臨，他們就會放棄目前的安排，進軍佔領高盧。但是，凱撒發現他手下的軍官們有些懦怯，尤其是那些年輕的貴族軍官們，最初隨他前來的目的，不過是想藉着戰爭來升官發財，等到身臨戰陣的時候，當然是畏縮不前，所以凱撒把他們召集起來，勸告他們脫離軍隊，不要違背自己的意願而冒着戰爭的種種危險，因爲他們都是那樣的懦怯而無丈夫氣概；他並且告訴他們說，他將只率領第十軍團出征，去和那些野蠻人交鋒，他不認爲他所將面臨的敵人比辛布賴人更强，他也不認爲他自己的將才會遜於梅里亞斯。於是，第十軍團推派一個代表團，向他表示感謝之忱，其他軍團的士兵們則對他們的軍官加以指責，然後全軍都熱情洋溢而氣勢蓬勃地隨他出征，行軍多日，最後在距離敵人不到二百壠（furlong）之處紮營。凱撒大軍的逼近，使阿里奧維斯塔斯頗爲氣餒；因爲他絕未料到羅馬人會來進攻日耳曼人，他本來以爲，羅馬人卽使爲了保衞自己的子民，也不敢抵日耳曼人的進攻，所以凱撒現在的行爲，尤其使他格外驚訝，而且他發現自己這方面軍心已亂。此外，日耳曼聖女們所做的預言，使他們更加氣餒；那些聖女藉着觀察河水的漩渦，和溪流的蜿蜒與激濺之聲，而預言未來的事情，現在她們根據所看到的種種跡象，警告日耳曼人在下次新月出現之前，不可出戰。凱撒得到了這個消息，並且看到日耳曼人毫無動作，他認爲最好趁着他們正處於憂懼沮喪的心情之中，對他們加以攻擊，而不可毫無動作，等待有利於對方之時機的來臨。於是他率軍逼近日耳曼人的堡壘和他們紮營的那些小山，向他們叫陣，經過多方激惹之後，終於使那些日耳曼人怒不可遏地下來應戰。但是凱撒獲得大勝，追擊敵人四百壠之遙，直抵萊茵河畔；在中間這片廣大的地區，佈滿了戰利品和死屍。阿里奧維斯塔斯設法帶着少數殘兵渡過了萊茵河，據說他的軍隊戰死者共達八萬名之多。

在這次勝利之後，凱撒把他的軍隊留在塞昆尼人(Sequani)的地方過冬㉕，他自己則爲了便於照料羅馬方面的事情，而前往波河（Po)㉖沿岸地區，那是在他統治之下的高盧的一部分；因爲盧比孔河(Rubicon)㉗把位於阿爾卑斯山這邊的高盧同義大利的其餘部分劃分開了。他駐留在這個地方，廣事結交；大批的人們絡繹不絕地前來訪晤，他對於每個人都有求必應；他們在離去的時候，莫不已經實際獲得了他的一些恩惠，並且對於未來的優遇滿懷着希望。在高盧戰爭的全部期間，凱撒一方面用羅馬的武力來完成軍事征服，另一方面却利用他從那些軍事征服中所獲得的財富來拉攏羅馬人，博取他們的好感，龐培却一直沒有注意到這種情形。比利時人（Belgae）是所有高盧人中的一個最强大的民族，他們的居住地區佔全高盧面積的三分之一，當凱撒聽說這個民族已經反叛並且集合起許多萬軍隊的時候，他馬上動身，兼程前往，當時比利時人正在蹂躪與羅馬結盟的高盧人，他乃對他們加以攻擊，很快地擊敗並驅散了他們當中的一批最强大而集中的部隊。因爲他們雖然人數衆多，在抵禦的戰鬪之中却表現得很洩氣，而且沼澤和深河都已被大量的死屍所塡滿，羅馬步兵得以毫無困難地渡過。在那些反叛的民族之中，所有住在沿海地區的各部落都不戰而降，於是凱撒便率軍去討伐諾維人(Nervii)。諾維人是那一帶地方的最兇猛而好戰的民族，居住在一片森林綿亘的地區，他們先把子女和財產安置在森林深處的隱秘地區，然後以六萬人的兵力，趁着凱撒正在紮營的時候，突然冷不防地對他加以襲擊。他們很迅速地擊敗了凱撒的騎兵，並且把第十二和第七軍團包圍起來，殺死了這兩個軍團中所有的軍官，如果不是凱撒抓起一個盾，從手下的士卒中間衝出，朝着那些野蠻人猛撲過去，如果不是第十軍團看見他陷身危險，從他們駐紮的那些小山頂上跑下來，突破敵軍的隊伍來援救他，羅馬可能全軍覆沒，沒有一人生還。但是現在在凱撒的英勇榜樣的感召之下，羅馬人從事一場可以說是超乎人類勇氣限度的戰鬪；可是，他們雖然盡了最大的努力，還是不能把敵人驅出戰場，只有在敵人節節防禦的戰鬪之中，來斬殺他們。在六萬名敵軍之中，據說生還者不過五百人；在他們的四百名參議員之中，生還的不過三人。

羅馬元老院獲悉這項勝利的淸息，投票通過舉行爲期十五天的祭神慶祝，這個期間比過去任何一次勝利的慶祝期間爲長。因爲這麼許多民族的聯合叛亂，使他們覺得當時所面臨的是一個重大的危機，而人民對於凱撒的好感又爲他的勝利增添了額外的光輝。凱撒把高盧的一切事務安排妥當之後，再度返回，在波河沿岸地區過冬，以便實行他在羅馬方面的計劃。所有謀求各種職位的人都利用他的助力，由他那裏取得金錢的資助，去賄賂選民，收買選票，那些人當選之後，投桃報李，都盡全力來增長他的勢力。而且，當時羅馬最顯赫最有勢力的人物都紛紛到魯卡（Lucca）訪他，其中包括龐培、克拉薩斯、薩丁尼亞（Sardinia）總督阿匹亞斯（Appius）、和西班牙地方長官尼坡斯（Nepos），因此，同時聚集在那個地方的，竟有一百二十名持束棒的小吏（lictor），和二百多名元老。在那裏舉行的一次商討之中，決定龐培和克拉薩斯於下年再度擔任執政官，凱撒將獲得一筆金錢的供應，他目前的職務將繼續留任五年。對於凱撒的撥款的決定，在明眼人看起來，顯然是非常乖謬的，因爲那些人從凱撒那裏領受大量的金錢，卻又促請元老院撥給他更多的金錢，好像凱撒頗爲貧困似的；而且，他們對於元老院的態度，與其說是促請，不如說是强迫，因爲元老院是在很痛苦而勉强的情形之下通過了那項議案的。在元老院開會的時候，伽圖沒有在場，因爲他們曾經預做安排，把他派往塞普路斯（Cyprus）公幹，免得他從中作梗；伽圖的同黨費佛尼亞斯（Favonius）覺得自己孤掌難鳴，反對也不會有什麼效果，於是憤然走出會場，向人民高聲指摘那些措施的不當。但是沒有人理會他；有些人是由於敬重克拉薩斯和龐培，而對他持着輕蔑態度，大多數人則都是把自己的希望寄托於凱撒，爲了取悅凱撒，而噤若寒蟬。

然後，凱撒又回到高盧。他發現那個地區已經發生一場劇烈的戰爭，因爲有兩支强大的日耳曼民族剛剛渡過萊茵河，企圖征服高盧；那兩個民族，一個叫做幽西匹族（usipes），一個叫做騰特里泰族（Tenteritae）。關於同這兩個民族的做戰情形，凱撒曾在他的「記事」（Commentaries）裏面加以敍述，他說那些野蠻人曾經派遣使者前來同他談判，却在休戰談判期間，向他的一支行進的部隊進襲，結果以八百名士兵擊潰了他的五千名騎兵，因爲他的騎兵當時完全未加戒備；後來，那些野蠻人又派使者前來，預備重施那種詭計，凱撒就把使者監禁起來，並且率軍去討伐那些野蠻人，因爲他認爲，那些人既然罔顧信義，破壞協定，如果同他們講究誠信，實屬愚蠢。但是，據譚紐秀斯（Tanusius）說，當元老院通過爲這次勝利舉行慶典的時候，伽圖曾經起立發言，主張把凱撒交付給野蠻人，因爲破壞停戰協定的背信行爲是由他做出的，應該由他獨負其咎，免得國家蒙受禍患。在那些渡過萊茵河進入高盧的野蠻人之中，有四萬人被擊潰了；少數逃脫的野蠻人則受到另一支日耳曼民族蘇甘布里人（Sugambri）的庇護。凱撒利用這件事情做爲進攻蘇甘布里人的口實，並且想使自己成爲第一個率軍渡過萊茵河的人，藉以獲得一項殊榮。於是他開始在萊茵河上搭一座橋，不過這條河很寬，在該處的水勢更是格外寬深而湍急，隨着水流漂來的樹幹和木頭，不斷地衝擊並且削弱橋樑的基礎。他用大批木材，在上游的河底堆積，構成一個防禦的壁壘，阻擋住那些順流漂來的樹幹和木頭，並且控制着急湍的水流，終於圓滿地完成了那座橋樑。任何看到那座宏偉橋樑的人，都不會相信它的全部工程只費了短短的十天時間。

於是他率軍渡河，沒有遭遇到任何抵抗；甚至全日耳曼民族中最好戰的斯未維人（Suevi）都攜帶着財物，逃到最幽僻的樹林茂密的山谷之中去了。凱撒把敵人的全部地區付之一炬，對於那些一向對羅馬友善的民族則加以慰勉，然後便返回高盧，他在日耳曼人的地區共停留了十八天。但是，最足以表明凱撒的英勇絕倫的，乃是他對於不列顚（Britain）的遠征。因爲他是第一個率領一支海軍駛到西方的海洋的人，也是第一個率領軍隊駛過大西洋去作戰的人。據傳說，不列顚島的面積非常遼闊，這個島嶼的存在與否一直是歷史家們的爭論之點，許多歷史家都懷疑不列顚並非眞有其地，它的名稱和故事可能都是虛構的；現在凱撒率軍去攻佔這個島嶼，可以說是把羅馬帝國的疆域擴展到那個已知的世界的範圍之外了。他從高盧方面的不列顚對岸兩次渡海，征戰數次，加給敵人許多損害，自己卻沒有蒙受什麼利益，因爲那個島國的居民極爲貧苦，毫無値得刼掠的東西。他結束了這場戰爭，固然未能如願以償，卻也從不列顚國王取得一些人質，並且迫使他按時納貢，總算聊勝於無。然後他便離開那個島嶼。在到達高盧的時候，他收到羅馬友人的來信，那些信件本來正預備由專人渡海送到不列顛去的，信裏面傳來一項不幸的消息，就是他的女兒已因生產而死亡。凱撒和龐培二人都極爲悲傷，他們的朋友也深感憂慮，他們這個擾攘的國家之所以能够保持和諧，完全靠着凱撒和龐培的聯盟，現在這個聯盟却已告解體，因爲在母親死去幾天之後，那個孩子也夭折了。人民們不顧護民官們的反對，把茱里亞的屍體搬到戰神的園地，在那裏爲她舉行喪禮，並且把她埋葬在那裏。

凱撒的軍隊現在因爲人數非常衆多，不得不分駐在許多不同的冬季營地裏面，而凱撒本人則按照過去的習慣，又回到意大利去了。在他離去的期間，全高盧各地普遍發生叛亂，高盧人的大軍到處襲擊羅馬軍營，企圖佔領那些堡壘。在阿布瑞奧里克斯（Abriorix）統率之下的一支最强大的叛軍，擊敗了柯塔（Cotta）和提圖瑞亞斯（Titurius）以及他們屬下的部隊，而另一批數達六萬之衆的叛軍，則圍攻西塞羅麾下的軍團，幾乎攻佔了他們的營地，因爲那些羅馬士兵奮不顧身，英勇作戰，已經全部負傷。身在遠方的凱撒得到消息之後，馬上集合七千士兵，兼程前往解救西塞羅。圍攻的敵軍得到情報，便前去迎戰凱撒，他們並沒有把那一支微小的兵力放在眼裏，認爲可以很輕易地將之擊潰。凱撒爲了加深他們這種傲慢心理，故意避免作戰，而繼續行進，直至他發現了一個適於以寡敵衆的有利處所，才在那裏紮營。他不許他的部隊出擊敵人，而命令他們加高壁壘，在營門之前設置防寨，企圖藉着這種畏縮的表現，來增强敵人對於他們的輕蔑心理。最後，敵軍終於在毫無妥善部署的情形之下輕心進襲，凱撒突然率軍出戰，將敵軍擊潰，殺傷甚衆。

高盧的這一帶地區的騷亂，大部分都由於凱撒這次的成功而平息了；在這個冬季裏，他並且親自前往高盧各地巡視，對於一切可能發生的叛亂嚴加防範。現在他已經又得到三個軍團的兵力，來補充他所損失的兵員；在那三個軍團之中，有兩個軍團是由龐培從自己的部隊中撥調過來的，另外一個軍團是新近從高盧的波河流域徵募來的。但是，在比較邊遠的地區，那些好戰部族的若干有力份子很久以來就在秘密撒佈的戰爭種子，不久就爆發成爲一次規模最大而且最艱險的戰爭，因爲參與這次戰爭的都是從各地徵集並且武裝起來的勇壯青年，人數衆多，主持者已經籌集大量金錢，來支持戰爭的進行，那些做後盾的城市也都實力雄厚，而且戰區地形險阻，對於進攻者非常不利。當時正值冬季，河水結冰，森林爲大雪所覆蔽，平原被冬季的激流所淹沒，所以在某些地區，道路已經消失於深厚的積雪之中，在另外一些地區，沼澤與河流的汎濫也使人無路可循。這一切困難的條件，似乎使凱撒完全無法對那些叛軍發動任何的攻擊。那許多部族的叛亂，是採取聯合行動的，爲首的是阿佛耐族（Arverni）卡紐提尼族（Carnutini）；擔任叛軍總司令的是魏根托里斯（Vergentorix），這個人和高盧人有殺父之仇，因爲高盧人曾經認爲他的父親企圖實行專制，而將之處死。

魏根托里斯把他的軍隊劃分爲若干單位，派定各單位的指揮官，分別加以部署，並使那一帶所有的地區，包括遠至阿拉爾河流域的地區在內，都來擁護他的軍事行動。他並且獲得情報，知道凱撒在羅馬內部也正在遭受一股力量的反對，所以他馬上發動全高盧的人們對凱撒做戰。但是，他動手得太快了，如果再過些時候，等凱撒已經被內戰所牽羈的時候，再來發動，意大利必將陷於極度恐慌之中，正像過去遭受辛布賴人攻擊的時候一樣。但是魏根托里斯沒有等待時機成熟，貿然發動，而凱撒又是一個最富於作戰天才的人，對於戰爭當中的一切事物都能做適當的運用，尤其善於把握時機，他一聽到這場叛亂的訊息，馬上循着他歸去的原路返回，在那樣的嚴冬之中，他所率領的大軍仍然行進得十分神速，使那些野蠻人覺得，前來與他們作戰的實在是一支不可征服的軍隊。因爲，在極短的時間之內，卽使凱撒派出一名信使，也不可能那麼快就到達的，而凱撒本人却率領着他的全軍出現了，蹂躪了那些野蠻人的地區，毀壞了他們的堡壘，征服了他們的城市，並且接納了許多投誠的份子。直到最後，一向自稱爲羅馬人的兄弟之邦、並且深受羅馬人尊敬的艾杜族(Edui)竟參加叛軍的陣營，與凱撒爲敵，使羅馬軍隊大感沮喪。於是凱撒率軍撤離那些地區，經過里果尼族(Ligones)的地方，希望到達塞昆尼族 (Sequani) 的國土，塞昆尼族是羅馬的朋友，位於意大利的前面，像是一座屏藩，擋住了高盧的其他部族。在那裏，敵人向他進攻，以多少萬人的兵力將他包圍起來，他也很想與他們一決勝負。經過一段時期的殺伐，他終於大致獲得全勝；不過在最初，他似乎曾經遭遇一些挫敗，阿佛耐人並且把一隻短劍懸掛在一個神殿，說是從凱撒身上虜獲的。後來凱撒本人看到那把懸掛着的短劍，不禁莞爾；他的朋友們主張將那把劍取下來，他却不予同意，因爲他把它視爲神聖之物。

在這場失敗之後，那些逃脫的野蠻人大部分都跟隨他們的國王逃到一個叫做阿萊西亞(Alesia)的城市裏面避難。於是凱撒便去圍攻阿萊西亞，不過城牆很高，守牆兵員的人數非常衆多，看起來似乎沒有攻克之可能；而在這個時候，又有一支無法形容的强大兵力從外圍向他進攻。原來高盧各民族已經集結起一批精兵，配備着優良的武器，前來解救阿萊西亞，這批軍隊爲數三十萬之衆，而城裏的守軍，也不下於十七萬人。凱撒被夾在這兩支龐大軍力的中間，爲了保護本身起見，只好建造兩座高牆，一座面對着那個城市，另一座面對着前來解圍的軍隊，因爲他曉得，如果那兩支軍隊會合起來，他的事業便將一敗塗地。由於多種原因，凱撒在阿萊西亞城下所遭受的危險，使他的聲譽大增；並且給與他一個施展本領的機會。他在這場戰爭所顯示的無比英勇和巧妙措施，超過了他在前此任何一次戰役中的表現。最使人驚奇的是，他同城外的多少萬敵軍交戰，並將他們擊敗，不但城內的敵軍未能覺察，就是防守靠近城市那座牆壁的羅馬軍隊，對於這場戰爭也毫無所悉，直至阿萊西亞城裏的人們，從遠處望見羅馬軍隊把大批飾有金銀的圓楯、許多沾染血跡的護胸甲、以及高盧式的酒杯和帳篷携回自己的大營，於是男喊女哭，一片哀號之聲，防守靠近城市那座牆壁的羅馬軍隊聽到那些聲音，才曉得凱撒已經獲得一場勝利。對方那麼衆多的一支軍隊，竟像一個鬼魂或一場夢似的很快就化爲烏有了，其中大部分人都是當場喪命的。阿萊西亞城裏的軍隊，使他們本身和凱撒都吃了許多苦頭之後，終於投降了。整個叛亂戰爭的領導者魏根托里斯穿上最好的甲胄，把他的馬也裝飾得漂漂亮亮的，騎馬出城，在凱撒坐着的地方繞行一週，然後下了馬，脫去甲胄，坐在凱撒的脚下，一動不動，最後被人帶走，幽禁起來，等待參加凱撒的凱旋式。

很久以前，凱撒就決定打倒龐培，正像龐培也決定要打倒凱撒一樣。在過去，因爲他們兩人都對克拉薩斯存着畏懼之心，所以彼此尙能相安無事，現在克拉薩斯既然在帕底亞（Parthia）戰死，則他們二人中的任何一個人只須把另一個人打倒，就可成爲羅馬的第一號人物；如果他不願被人解決，惟有先行下手，把他所恐懼的那個人解決了。直到最近，龐培才對凱撒發生這種恐懼心理，因爲在過去，他一向沒有把凱撒放在眼裏，他覺得凱撒是由他一手提拔起來的，要想把他壓制下去，並非難事。但是凱撒却從最初就存着這樣的計劃，處心積慮地要來消滅他的敵對者。他像一個角力專家一般，躲到遠離開對手的地方，爲未來的鬪爭預做準備。他把歷次對高盧人的戰爭做爲他的操練場，結果不僅增加了他的軍隊的力量，而且藉着輝煌的戰功，提高了他的聲譽，使他在人們心目之中，成爲一個可以和龐培相提並論的人物。而且，龐培自己、時勢、和羅馬的腐敗政治，也給與凱撒一些可乘之隙，他都充份加以利用。當時羅馬所有的官職候選人都恬不知耻地公然賄賂人民，人民在得到他們的金錢之後，並不是單憑自己的選票去報效施主，而是用弓、劍、和投石器來爲他鬪爭。有很多次，他們竟在選舉場所就地將對手方面的人們殺死，留下斑斑血跡，終於使羅馬城陷入無政府狀態，有如一隻沒有舵手駕駛的船隻，隨波漂蕩；因此有識之士深爲憂慮，認爲如果能出現一個獨裁政體，做爲目前的騷亂而瘋狂的局面的收場，不失爲一大幸事。有些人甚至大膽地公開宣稱，當時的政府已經病入膏肓，惟有實行獨裁政體，才能起死回生，而且應該從一位最溫和的醫生來取得那劑良藥。他們所說的最溫和的醫生，就是指着龐培而言。龐培雖然在口頭上假裝拒絕這項榮譽，實際上却在盡最大的努力，使自己被擁爲獨裁執政者。伽圖看穿了他的圖謀，便勸請元老院任命他爲獨一的執政官，用這種較爲合法的獨裁政體來安撫住他，免得他再要求獨裁執政者的職位。元老院並且通過，他所擔任的藩屬總督仍然繼續留任；他是西班牙和整個非洲兩個地區的總督，由他分別派兩名副總督加以治理，並且在那個地方維持着歸他統轄的軍隊，每年由公庫撥付一千泰倫的費用。

因此，凱撒也派人活動，並且要求擔任執政官，延長他的總督任期。龐培對於這件事情最初並未介意，但是馬塞拉斯（Marcellus）和列圖拉斯却加以反對，這兩個人一向恨凱撒，現在正使用一初正當的和不正當的手段對凱撒加以侮辱和詆毀。例如，凱撒新近在高盧建立了一個殖民地，叫做紐考瑪（New Comum），馬塞拉斯和列圖拉斯就取消了該地居民們的公民權。當紐考瑪選出的一位元老前來羅馬的時候，當時擔任執政官的馬塞拉斯叫人把他打一頓，並且告訴他說，他之所以在他身上留下那些痕跡，是爲了表示他不是羅馬公民，並且吩咐他回去之後，把那些痕跡給凱撒看看。在馬塞拉斯的執政官任期屆滿之後，凱撒便開始利用他在高盧獲得的財富，對所有擔任公職的人廣事餽贈；他爲護民官顧里歐淸償大批債務；他送給當時擔任執政官的鮑拉斯（Paulus）一千五百泰倫，鮑拉斯用這筆在市場旁邊建造一座堂皇的法庭，來代替以前的芙維亞會堂。龐培對於他這些準備工作頗感震驚，於是藉着他自己和他的朋友們的努力，公開採取步驟，設法促成派遣一個繼任者去接替凱撒。他並且派遣使者，要求凱撒歸還他以前爲了協助高盧戰爭而派去的軍隊。凱撒把那些軍隊歸還給他了，在他們臨行之前，送給每名士兵二百五十德拉克馬。率領那些軍隊回來的軍官，在人民中間散佈一些對於凱撒不甚有利也不甚公正的傳言，並且以一些虛妄的報導，奉承龐培。他們告訴龐培說，凱撒的軍隊都非常希望接受他的領導，雖然他在羅馬由於遭受旁人猜忌，以及政治上的腐敗現象，而致遭遇若干困難，可是那些軍隊一旦開回意大利來，馬上便會對他表示擁護，他們對於凱撒的無盡無休的征討感到十分厭倦，並且非常懷疑他有實行獨裁政治的企圖。龐培聽到了這些報告，不覺沾沾自喜，無所顧慮，不去從事任何軍事上的準備，因爲他認爲自己的處境並無危險；他只是利用發言和表決來對付凱撒，而凱撒對於這些手段是毫不在乎的。據說，有一次，被凱撒派到羅馬來的一名百人隊長，站在元老院的門前，聽說元老院對於凱撒的任期將不予延長，他竟用手拍擊着自己的劍柄而言曰：「可是這個東西會延長他的任期。」

不過，凱撒所提出的要求，却顯得極其公平合理。他表示，如果他放棄武力，龐培也同樣應該放棄武力，兩個人都恢復平民身份之後，再看看人民對於他們過去的服務會分別做出怎樣的報答；有些人主張解除他的兵權，而容許龐培繼續保持原有的一切權力，這種做法等於一方面指控前者企圖實施獨裁的虐政，另一方面却擁戴後者成爲專制的暴君。當顧里歐代表凱撒把這些意見向人民提出的時候，他受到大家熱烈的喝采，有些人並且向他投擲花環，待之如獲勝的角力者一般。身爲護民官的安東尼也拿出凱撒的一封來信，當場宣讀，雖然執政官們竭力反對他這樣做。但是龐培的岳父西庇歐㉘却在元老院會議席上提出建議，如東凱撒不在限定的日期內放棄武力，就應該宣告他爲人民的公敵；當執政官們要求表決應否使龐培解散他的軍隊，然後再要求表決應否使凱撒解散他的軍隊的時候，投票贊成前一項議案的元老爲數極少，對於後一項議案，差不多所有的元老都投票贊成。但是，當安東尼再度主張他們兩個人都應該解除軍權的時候，差不多全體元老都投票贊成。西庇歐對於這項決議表示強烈的反對，執政官列圖拉斯則高聲喊道，他們在對付一個强盜的時候，必須使用武力，而不必使用表決。於是元老院暫時休會，議員們都穿上喪服，爲這項紛爭誌哀。

不久，凱撒有書信到來，態度似乎更爲和緩，他同意放棄其他的一切，而只保留阿爾卑斯山這邊的高盧地區、伊里瑞卡、和兩個軍團，直至他第二次成爲執政官候選人的時候。演說家西塞羅剛從西里西亞歸來，在設法調解雙方的歧見。他對龐培加以勸慰，龐培表示在各方面都可同意凱撒的要求，只是不容許他保有那兩個軍團。西塞羅終於勸服了凱撒的朋友們，他們同意凱撒保有前述的那些藩屬和僅僅六千名軍隊，藉以解決這場紛爭。龐培也願意接受這個辦法，但是執政官列圖拉斯却不贊成，他對安東尼和顧里歐大肆辱罵，把他們趕出元老院去㉙。這樣一來，竟使凱撒得到一個最好的口實，他利用這件事情來煽動他的士兵們，使他們曉得，像那樣有名望有地位的兩個人，竟然被迫穿着奴隸的衣服，坐着僱用的馬車逃出。因爲他們在逃離羅馬的時候，是化裝成爲奴隸的。

當時，跟凱撒在一處的只有三百名騎兵和五千名步兵；他其餘的部隊都在阿爾卑斯山那邊，已經派遣軍官去把那些部隊調來。但是他認爲，在他現在所進行的計劃之中，第一步還不需要很大的兵力，因爲最要緊的是利用這個大好時機，突然發動，憑着這項行爲的勇敢大膽而使敵人驚駭；據他看來，出其不意地突然發動一場襲擊，要比把一切都準備好，打草驚蛇，再穩紮穩打地對付敵人，更容易使敵人驚恐。因此他命令他的百人隊長和其他軍官們只携帶着劍，而不帶任何其他武器，去佔領高盧的一個大城阿里敏納姆（Ariminum），並且要儘可能地避免騷亂和流血，他把這支兵力交給霍騰夏斯(Hortensius)統率。在白天，他仍在公共場所出現，觀賞鬪劍表演。快到晚上的時候，他沐浴更衣，然後來到大廳裏面，同他請來晚餐的人們談敍，到黃昏時，他起立向客人致歉，說他有事要離開一下，請大家等他回來。他事先已經吩咐他的少數密友隨他一起去，不過不要都走同一的道路，這幾個人走一條路，那幾個人走另外一條路。他自己跳上一輛租來的馬車，最初朝着另一個方向，不久就轉往阿里敏納姆的方向駛去。到達盧比孔河(這條河把阿爾卑斯山這邊的高盧同意大利的其餘部分劃分開)的時候，他的思緒奔騰，因爲危險卽將開始，想到自己爲了這項計劃所將從事的種種冒險犯難，不禁頗爲躊躇。他減低馬車行進的速度，然後下令停住，他自己反覆考慮，有時認爲應該放手幹下去，有時又覺得不可輕舉妄動，意見變來變去，但是始終一語未發。在這段時間，他的意志猶豫得最厲害；然後他又同隨行的朋友們(阿西尼亞斯·波里歐是其中之一)討論，大家估計着他一旦渡過盧比孔河，會爲人類帶來多少災禍，以及人們對於這件事情會有怎樣的敍述和記載，傳給後世。最後，他終於在熱情激昂之中，停止一切考慮，孤注一擲。「事已至此，惟有聽天由命，」他講出了人們在開始冒險時所慣用的這句成語，然後渡過盧比孔河。過河之後，他便以最大的速度繼續行進，在天明之前到達阿里敏納姆，佔領該城。據說在渡河的前一天夜裏，他曾經做了一個不孝的夢，夢見他和自己的母親發生亂倫行爲㉚。

阿里敏納姆一被佔領，戰火馬上燎原，蔓延到陸地和海上的各處，領地的界限橫遭侵越，國家的法律蕩然無存。在其他戰爭之中，也不過是男男女女們在驚恐之中從意大利的一個城市逃到另一個城市，但是這一次，却好像是那些城市本身都離開了自己的位置，彼此互相奔逃到對方那裏求助。羅馬附近各地的居民們，像潮水一般地湧到這個城市，長官們已經無法約束人民，雄辯的演說也無法對他們加以理喻，內部的騷亂幾乎已使羅馬傾覆。最强烈的對立的情緒和衝動，到處都在發揮作用。對於這場變局感覺高興的人們，並不掩飾自己的情緒，當他們和對方的驚懼沮喪的人們相遇——在那樣一個大城市裏面，他們必然會常常相遇的——的時候，總是無所顧忌地表示自己對於事態發展的信心，因而引起一場爭吵。龐培自己在內心裏面已經十分煩惱，旁人對他的紛紛責難，更使他格外難堪。有人對他說，他從前加强了凱撒的武力，使之有力量來反對他和政府，今天可以說是自食其果；也有人說，凱撒從前既已做了那麼多的讓步，並且提出那麼合理的解決辦法，而他却容許列圖拉斯侮辱凱撒，實在太不應該。費佛尼亞斯則叫他在地上跺脚，因爲有一次他曾經在元老院中發表誇張的演說，勸告大家不必爲準備戰爭而煩心，一旦戰爭來臨時，只要他一跺脚，就可使軍隊佈滿全意大利。可是，當時龐培的軍隊仍較凱撒的軍隊爲多。但是，大家不容許他做冷靜的判斷；虛僞的消息和警報不斷地傳來，似乎敵人所向無敵，已經兵臨城下，於是他終於無法支持，只好隨波逐流。他發出一篇佈告，宣佈羅馬進入無政府狀態；他離開這個城市，並且命令全體元老隨他離去，而且凡是愛國家愛自由而厭惡暴政的人，都不可繼續留在那裏。

於是，執政官們馬上逃走了，連通常的祭神儀式都沒有舉行；大部分元老也都趕緊携帶自己的財物逃走，其匆忙的情形，好像那些財物並非他們自己所有，而是偸搶來的一般。有些過去本來很擁護凱撒的人們，現在在普遍的驚慌情緒之中也改變了自己的態度，毫無必要地爲當時的潮流所左右着。處於這種騷亂動盪之中的羅馬城，看起來一片凄涼之象，像是一隻被駕駛者丢棄的船，無目的地漂流着，隨時可以撞到礁石上面。人民們的處境雖很悲慘，却仍然爲了龐培的緣故而把逃亡之地視爲自己的國家，毅然離開羅馬，彷彿那個城市已經成爲凱撒的營地。甚至凱撒的最親近的朋友之一、曾經擔任他的副將、並且在高盧戰爭中很熱心地隨同他一起作戰的賴賓納斯，現在也背棄了他，投到龐培那邊去了。凱撒派人把賴賓納斯的所有的金錢和行李都給他送過去，然後便率軍圍困考芬尼亞姆（Corfinium），當時這個城市的守將是杜米夏斯（Domitius），手下共有三十大隊步兵。杜米夏斯因爲自覺無力防守這個城市，便向侍從的一位醫生索取毒藥；醫生把毒藥給了他，他服下去，等待着死亡的來臨。但是不久之後，他聽說凱撒對待俘虜們非常寬厚，便歎息自己命運多舛，不該這麼匆促地做了決定。他的醫生告訴他說，他所服下去的只是安眠藥，而不是致命的毒劑，他聽了非常高興，馬上跳下床來，去見凱撒，向他保證效忠，可是後來他還是背棄凱撒，再度投到龐培的陣營，這是後話。當這些消息傳到羅馬時，人心便安定下來，若干逃亡的人們也回來了。

凱撒接管了杜米夏斯的軍隊，然後又突襲其他若干城市，把龐培屬下的部隊一一收編。現在他的軍隊既已强大無敵，他便進軍去對付龐培本人。可是龐培並沒有等在那裏，對他加以接待，而逃到布倫杜西亞姆（Brundusium），事先已把執政官們送往德雷邱（Dyrrhachium），並有一批軍隊隨同前往。不久之後，當凱撒逼近的時候，龐培便乘船離去，這些情形，將在他的傳記中詳加敘述。凱撒本想前去追他，但因缺乏船隻，只好作罷。於是他返回羅馬，在短短的六十天之中，他未經殺人流血，而成了全意大利的主宰者。在到達羅馬時，他發現這個城市比他所預料的更爲平靜，並且在那裏見到許多位元老。他很謙恭有禮地同那些元老會談，請他們派人去和龐培商談，以求達成一項合理的協議。但是大家都沒有按照他的話去做，其原因或許由於他們對於他們已經背棄的龐培心存恐懼，或許由於他們覺得凱撒實際並無此意，只是表面上講一些冠冕堂皇的辭令而已。後來，當護民官麥泰拉斯援引若干法律，阻止凱撒從公庫提取金錢的時候，凱撒告訴他說，武力和法律各有其應用之時。「如果我所做的事情使你不快的話，你離開這裏好了；戰爭時期不容許有言論自由。等我放下武器，達成和平協議的時候，你再回來，那時候你儘可放言高論，要說什麼就說什麼。」他並且補充說：「我這樣對你講，實在是很客氣的，因爲我已放棄了自己的若干正當權利。你和所有其他曾經反對我的人，都已落入我的手中，我高興怎樣處置你們，就可以怎樣處置。」他說完這些話之後，便走到公庫的門前，因爲一時找不到鑰匙，他派人找來鐵匠，把門撬開。麥泰拉斯再度表示反對，有些人並且隨聲附和，對他加以讚揚，於是凱撒提高嗓音告訴他說，如果他再繼續加以阻擾，他即將把他處死。凱撒還說：「你應該知道，年輕人，說出這句話，比實際做出這件事情更使我心中不快。」這些話把麥泰拉斯嚇跑了，以後凱撒在作戰供應品方面有所需求時，只要發出命令，人們便馬上遵照辦理。

然後他進軍西班牙，決心先擊敗龐培的副將阿夫蘭尼亞斯（Afranius）和瓦羅（Varro）二人，接管在他們管轄下的藩屬和軍隊，然後就可以毫無後顧之憂，更爲穩妥地發兵對付龐培。在這次遠征途中，敵方伏兵甚多，他的生命時常處於危險之中，部隊則經常感受缺糧之苦，可是他仍然繼續追擊敵人，向他們挑戰，建立一些碉堡來圍攻他們，終於憑藉武力而成爲敵方那些軍營和部隊的主宰者。不過敵方的將領都已逃走，投奔龐培去了。

當凱撒回到羅馬的時候，他的岳父皮索勸他派遣一個代表團，去同龐培講和，但是伊索里卡斯爲了討好凱撒，而反對這個意見。後來，元老院任命他爲獨裁執政者，他就任之後，把流亡者召回國來，對於那些在西拉執政時代曾經受害的人們的子女，都恢復其公民權利；他並且頒布一項法令，豁免欠債的一部分利息，藉以減輕債務人的重負，還批准了若干其他類似的法案，但爲數不多。因爲他做了十一天獨裁執政者，便放棄了這個職位，而使他自己和伊索里卡斯被宣佈爲執政官，然後又率軍出征。他行進得非常迅速，大軍跟隨不上，所以他只率領了六百名精選的騎兵和五個軍團儘速前進，而使其餘的部隊遙遙地隨在後面。他率領着那支軍隊，在一月(January——約相當於雅典人的Posideon)的隆冬天氣之中，出海遠征，在渡過愛奧尼亞海（Ionian Sea）之後，佔領了奧里卡姆（Oricum）和阿坡羅尼亞（Apollonia），然後把船隻遣回布倫杜西亞姆，接運落後的部隊。那些落後部隊的士兵，因爲都已經過了體力極端旺盛的壯年，經過接連的多次征戰之後，甚感疲憊，所以在行軍途中，便不免對凱撒有所抱怨：「究竟要到何時何地，這個凱撒才能讓我們停息下來呢？他領着我們東征西戰，永無休止，好像我們跟本不會疲倦，對於勞累也毫無感覺似的。就是我們的刀劍，用的次數太多了也會發鈍，我們的盾和胸甲用得太久了，也要讓它們休息一下。別的且不說，我們身上所受的創傷總可使他曉得，我們這些被他統率的人們都是些不免一死的凡人，像旁人一樣地會感受到各種痛苦和折磨。就是天神們也約束不了寒冬，阻止不了暴風雨；可是他驅使我們前進，好像我們不是在追擊敵人，而是像望風而逃一般地迅速。」當那些士兵很悠閒地朝着布倫杜西亞姆前進的時候，他們這樣地談論着。但是他們到達那裏之後，發現凱撒已經先行出海，他們的觀感就改變了，紛紛責備自己是大將軍的叛逆。現在他們爲了行進得如此緩慢而辱駡他們的軍官，大家坐在俯瞰大海和伊帕拉斯(Epirus)方向的高崖之上，向遠方眺望，期盼着凱撒派來接運他們的船隻。

在這個期間，凱撒駐紮在阿坡羅尼亞，因爲沒有足够的軍隊去進攻敵人，而留在布倫杜西亞姆的部隊又遲遲不來，所以深感焦慮困窘。最後，他決定做一項最冒險的嘗試，他在任何人都不知道的情形之下，登上一隻十二橹的小船，預備乘那隻船前往布倫杜西亞姆，雖然當時海上正佈滿着敵人的一支龐大艦隊。他是在夜裏上船的，穿着一身奴隸的衣服，上船之後，就躺在船底，像是一個完全無關輕重的人似的。那隻船將沿着安尼亞斯河（Anius）出海，在早晨，通常總有從陸地吹來的緩和的强風，將波浪向前吹動，因而使河口平靜得很；但是在那天夜裏，却從海上吹來了强風，壓制了那股從陸地吹來的風，河流同湧入的海水相遇，雙方的波浪互相撞擊，因而使河口格外波濤汹湧；湧進的海水高漲，使河水倒流，船無法向前行進，於是船長命令船員將船掉過頭來，循原路駛回。凱撒看見這個情形，便顯露身份，握住那個顯得十分驚異的船長的手，對他說：「繼續前進，我的朋友，什麼也不要怕；你的船載着凱撒和他的命運。」水手們聽到了這些話之後，便全力搖櫓，竭盡一切可能地繼續沿河行駛。但是，所有的努力都歸徒然，而且船上已經進了很多水，凱撒發現自己當時在這個河口的處境十分危險，於是很不情願地允許船長將船掉頭駛回。當他上岸的時候，他的士兵成羣地跑來迎接他，紛紛對他加以責備，他們表示非常氣憤，因爲凱撒並不認爲單憑他們這些人的力量就可戰勝敵人，却憂心忡忡，爲了那些遠在他處的人們而甘冒生命的危險，好像他對於這些和他在一起的人們並不信賴似的。

後來，安東尼率領軍隊從布倫杜西亞姆駛來了，於是凱撒有膽量去向龐培挑戰。龐培當時的處境甚爲有利，從海上和陸地都可以獲得大量的給養，但是凱撒在最初就得不到充份的食糧供應，後來竟非常缺乏食糧，士兵沒有辦法，只好從地裏挖掘一種根菜，同牛奶和在一起，當做食物。他們有時候用那種根菜做成麵包，跑到敵人哨兵那裏，把那種麵包扔過去，告訴他們說，只要地裏生長這種根菜，他們便永不停止圍攻龐培。但是龐培竭力封鎖消息，不使這種麵包的情形、和他們所說的那些話傳到他的部隊的耳中，因爲在龐培的士兵們的心目中，都覺得凱撒的部隊有如野獸一般，他們對那些人的兇猛和大膽甚爲畏懼，因而軍心沮喪。在龐培的外壘附近，不斷發生小部隊的戰鬪，凱撒每次都佔上風，但是有一次，凱撒的士兵們大敗而逃，以致他的大營幾乎失守。因爲龐培向凱撒的部隊猛烈突擊，沒有一個人能守住自己的崗位；戰壕裏面充滿了被殺者的屍體；在敵人的追趕之下，士兵們拼命奔逃，許多人倒死在自己的堡壘圍垣和壁壘上面。凱撒遇見那些奔逃的士兵，想促使他們轉回身去，繼續作戰，但是無法如願。當凱撒去掌握軍旗的時候，那些掌旗兵竟都把旗丟下，以致有三十二面軍旗落到敵人手中。而凱撒本人，也幾乎斷送了性命。當一名高大强壯的士兵從他身邊跑過時，他抓住他的手，叫他站住，向後轉，再去和敵人交戰；那個士兵因爲對於自身處境的危險深感恐懼，竟拿起自己的劍，像是要對凱撒砍去，但是凱撒的扈從先行下手，把那人的胳臂砍掉。當時凱撒的處境已經完全無望，幸而龐培不曉得是由於過份審愼，還是由於運氣不佳，未能竟其全功，在把潰敗的敵軍趕回他們的大營之後，即行撤退。凱撒看到這種情形，對他的朋友們說：「如果敵人方面有一位善戰的統帥，今天他們已經可以獲得確定的勝利了。」他回到帳篷之後，躺下就寢，但是徹夜不能成眠，心情困惑而焦灼，他反覆思索的結果，認爲自己這場仗打錯了。因爲他面前本來有一片肥沃的地區，有馬其頓和帖薩利那些富裕的城市，不在那裏打仗，却到這個濱海的地方來進攻敵人，而敵人又擁有强大的艦隊，所以他實際上不是在以兵力圍攻敵人，而是被食糧的缺乏所圍攻着。他輾轉反側，一直在思索着自己當時所面臨的困苦和艱難，到第二天早晨，他便下令拔營，決心率軍到馬其頓去進攻西庇歐；這樣一來，他可能把龐培吸引過去，到了那裏，龐培便不能像現在這樣地從海上取得補給；如果龐培不去，他就可以很容易地戰勝西庇歐。

龐培屬下的士兵和軍官們看到凱撒拔營撤退，認爲他是戰敗逃遁，於是勇氣大增，準備加以追擊。但是龐培對於這樣一場關係重大的戰爭，不敢貿然發動，因爲他的給養充裕，維持多久都沒有問題，而凱撒的力量則不能持久，在這種情形之下，他認爲最好是慢慢消耗凱撒的軍力，使之逐漸枯竭。凱撒的大部分士兵固然都曾身經百戰，所向無敵，但是由於他們時常行軍、改換營地、進攻堡壘、和夜間警戒等原因，他們已經逐漸疲弱；由於年事漸長，他們的身體也比較不勝煩勞，隨着體力的衰退，勇氣也自然消滅。而且，據說一種由於飲食不當而引起的傳染病，正在凱撒的軍中流行，而最關重要的是，他在金錢和食糧方面都缺乏供應，所以不久他必將自行垮台。

由於這些理由，龐培不想和凱撒交戰，但是對於他這個辦法加以讚許的，却只有伽圖一人；伽圖之所以讚許，是因爲他的同胞們可以藉此而免於互相殘殺。在上一次戰役之中，伽圖看到凱撒方面的戰死者的屍體，爲數達一千之多，當時他曾轉過臉去，掩面灑淚。但是所有其他的人們都爲龐培的不肯作戰而責備他，並且用一些綽號來刺激他，他們稱他爲「阿格曼儂」（Agamemnon）㉛，爲「萬王之王」，意思是說他不想放棄至高無上的大權，而高興有那麼許多指揮官陪侍左右，並經常出入他的帳篷。費佛尼亞斯學着伽圖那種無所顧忌的講話作風，很尖刻地抱怨說，由於龐培一味地捨不得統帥大權，他們今年又吃不到塔斯庫拉姆（Tusculum）的無花果了。新近從西班牙歸來的阿夫蘭尼亞斯，因爲在那裏作戰不利，有人指摘他受了賄賂，而出賣自己的軍隊，他聽到之後便反問說，「你們爲什麼不去同那個從我手中買去那些領地的人做戰呢？」這一類的話，逼使龐培違背本意去尋求作戰，於是他率軍出發，追趕凱撒。凱撒在行軍途中，艱苦重重，因爲他在最近的一次失敗，聲望大降，各地都不肯以食糧來供應他。但是，他在佔領戈姆斐（Gomphi）——帖薩利的一個城市——之後，他的軍隊不僅獲得充足的食糧供應，而且得到適當的醫療，因爲那個地方酒類豐裕，他們得以儘情暢飲，在行軍途中大肆飲宴作樂，他們的疾病竟告不藥而愈，體質也較前大有進步。

當雙方的軍隊都進入發舍利亞（Pharsalia）平原並在那裏紮營之後，龐培又恢復從前的想法，不願與凱撒交戰；一些不祥的預兆，和他所做的一個夢，更加使他不願出戰，但是他周圍的人都確信必然可以獲勝，杜米夏斯、史賓瑟（Spinther）、和西庇歐竟然爲了由誰繼凱撒出任高僧團長的問題，而發生爭執。許多人都派員前往羅馬，租賃適於執政官和行政官居住的房舍，因爲他們認爲戰事一結束，他們馬上可以出任那些職位。騎兵尤其特別堅決主戰，因爲他們武器精良，甲胄輝煌，馬匹都餵養得很精壯，士兵也個個英俊，而且他們爲數共有五千之衆，而凱撒只有一千騎兵，這種數目上的優勢，也促使他們躍躍欲試。雙方的步兵人數，也很不勢均力敵，因爲龐培當時有四萬五千名步兵，而對方只有二萬二千名。

凱撒把他的士兵集合起來，告訴他們說，考芬尼亞斯所率領兩個軍團卽將到達，另外還有卡倫納斯（Calenus）屬下的十五個大隊駐紮在麥加拉（Megara）和雅典；然後他問大家是要等待那批軍隊到達呢，還是現在就獨自冒險出戰？大家高呼不要等待，要他儘快對敵作戰。當他爲他的軍隊舉行淨身禮而祭神的時候，在第一隻犧牲死亡時，占卜官告訴他說，三天之內將有一場決戰。凱撒問他是否從犧牲的內臟看到什麼吉兆。那位祭司囘答說：「這個問題最好由你自己來囘答；因爲神預示現狀將有重大的改變。因此，如果你認爲自己現況很好，則將惡轉；如果你認爲現況不佳，則將好轉。」在戰爭的前一天夜裏，凱撒在午夜巡察的時候，看見天上有一道光，很明亮而燦爛，似乎從他的營房上面經過，而落入龐培的營房。當早班哨兵接班的時候，他們看到龐培的軍隊有驚惶紊亂的現象。可是，凱撒不想在那天作戰，他開始拔營，準備把軍隊開往史考圖薩（Scotussa）。

但是，剛剛把帳篷拆除的時候，偵察兵騎馬前來向他報告，說敵人要來挑戰。他聽到這個消息非常高興。向天神禱告之後，便把他的軍隊分爲三部分，列成戰陣。他派杜米夏斯·喀文納斯（Domitius Calvinus）指揮中路，安東尼指揮左翼，他本人則統率右翼，率領第十軍團作戰。但是，他看到敵方的騎兵列好陣勢，準備向他進襲，而那些騎兵儀表俊美，數目衆多，使他深懷戒心，於是他暗中下令從軍隊的後方調來六大隊步兵，配置在他的右翼的後邊，並且指示他們，當敵方騎兵來襲的時候，應該如何如何。在對方，龐培指揮右翼，杜米夏斯指揮左翼，龐培的岳父西庇歐指揮中路。騎兵的全部力量都聚集在左翼，打算由他們來包圍敵軍的右翼，並且擊潰由總司令親自指揮的那一支軍隊。因爲他們認爲，任何的步兵密集方陣，都無從抵禦這樣的一場突擊，在這樣一支强大騎兵的攻擊之下，必然土崩瓦解。當雙方都即將發出開戰訊號的時候，龐培命令他的前線的步兵守住自己的陣地，並且保持原來隊形，靜靜地接受敵軍的第一次進攻，直至他們走到標槍可以投擲得到的範圍以內的時候，再行動手。關於這件事情，凱撒也認爲龐培昧於用兵之道，他似乎不曉得，如果很猛厲而奔馳地發動初步進攻，必可增加打擊的力量，並可使當時由各種因素所協同激勵起來的昂揚士氣，更加如火如荼。當凱撒正在調動他的軍隊出戰、他本人也正前進迎敵的時候，他看見手下的一名百人隊長，一個很可信賴而老練的軍人，正在鼓勵士卒們盡最大的努力殺敵。凱撒喊他的名字，對他說：

「克蘭西尼亞斯，我們的希望有多少？我們的信心大不大？」克蘭西尼亞斯伸出手來，高聲喊道：「我們將獲得光榮的勝利，凱撒；我今天不論死活，一定會受到你的讚美。」他說完這些話，便率領他部下的一百二十名士兵首先衝入敵陣。他在突破第一列敵人之後，仍然節節進逼，殺死許多敵人，直至他被敵人的劍戳傷，才退下來，那隻劍由他的嘴戳進去，其尖端從他的後頸伸出。

當步兵正在這樣很兇猛地從事主力戰的時候，龐培的騎兵滿懷信心地從側翼馳出，展開很寬的隊形，要來包圍凱撒的右翼。但是，在他們還未得襲擊之前，凱撒的那些步兵大隊便衝了出來，向他們進攻。這些步兵並沒有像平常一樣，從遠處向他們投擲標槍，也沒有用標槍來刺戳他們的大腿和腿部，却用標槍對準他們的臉部刺戳。因爲凱撒事先的指示，就是要他們這樣做。凱撒認爲，那些年輕的騎兵不會有過多少作戰和受傷的經驗，他們都正值青年，儀容俊美，蓄留長髮，這種攻擊會使他們格外恐懼，因爲他們不僅害怕目前的危險，而且擔心將來的破相。實際的情形果如凱撒所料，他們完全受不住標槍的刺戳，甚至不敢加以正視，大家都轉過頭去，把臉掩蓋起來，以免遭受刺戳。自己的陣容一經紊亂之後，大家馬上都轉身奔逃，因而極其可恥地斷送了一切計劃，因爲凱撒的那些軍隊馬上乘勝來包圍步兵，襲擊他們的後隊，開始將他們擊潰。在另一翼指揮軍隊的龐培，看到他的騎兵潰散奔逃的情形，非常惶恐，他已忘記了自己是偉大的龐培，而像一個被天神剝奪了健全神智的人似的，一語不發地回到自己的帳篷。他坐在那裏，靜待事態的發展，直至全軍都被擊潰，敵人已經出現在大營前邊的壁壘上面，同守衛的士兵做短兵相接的交戰。這時他的神智才似乎淸醒過來；據說他只說了這樣的一句話：「什麽，居然攻進大營來了？」然後便脫掉總司令的官服，換上一身最適於逃亡的服裝，偷偷地溜走了。他以後的命運如何，他如何在埃及避難並被謀殺，我們已在他的傳記中加以敍述。

凱撒來到龐培大營的前面，看見他的敵手有些已經倒亡在地上，有些在垂死狀態中，他歎息着說：「他們自己願意這樣；他們逼着我走上這一步路。我凱亞斯・凱撒，在許多次戰爭中獲勝之後，如果解散了我的軍隊，便將被他們判罪。」據波利歐（Pollio）㉜說，凱撒這些話當時是由拉丁語說出的，後來他自己又用希臘文寫出來；波利歐並且說，在攻克大營時被殺死的人們大部分是僕役，士兵戰死者不超過七千名。至於所俘虜的步兵，凱撒把他們大部分都編入自己的軍團；對於許多有名望的人物，他都特別赦免，後來殺死他的布魯塔斯（Brutus）就是其中之一。在戰爭結束之後，布魯塔斯並未立即出現，凱撒非常爲他擔心，後來看到他安然健在的時候，也格外欣慰。

有許多奇事，預示着這場戰爭的勝利。但是我們所聽說的一個最奇特的預兆，是在特拉雷斯（Tralles）發生的。在那個城市的勝利女神廟裏，有一座凱撒的雕像。雕像下面的那片地自然是很堅硬的，而且地面上還鋪着一層更爲堅硬的石頭；可是據說有一棵棕櫚樹在那個雕像底座附近很迅速地生長起來。在帕都亞城（Padua），有一個名叫凱亞斯・考內留斯的人，以善於占卜聞名於時，是歷史家李維（Livy）㉝的同鄉和相識者，在戰事發生的那天，他剛好正在做占卜的觀察。據李維告訴我們，考內留斯首先指出了戰鬭的時間，他向當時在他身旁的人們說戰鬭已經開始，雙方的士兵在交戰。他第二次再看的時候，便看到了朕兆，他似乎受了靈感的鼓舞，突然跳了起來，高聲喊道：「凱撒，你勝利了。」旁觀者聽到都很驚奇，他却又把自己頭上的花冠摘下，發誓宣稱直到事實證明他的占卜應驗的時候，他才再度戴上那個花冠。李維很肯定地宣稱這些都是事實。

凱撒爲了紀念這次勝利，給與帖薩利人自由，然後便去追擊龐培。到達亞洲之後，他爲了取悅寓言蒐集者底歐龐帕斯，授給奈都斯（Knidus）人公民權，並且對亞洲的全體人民豁免稅金的三分之一。他到達亞歷山大里亞的時候，龐培已被殺死，當提奧杜塔斯（Theodotus）把龐培的人頭奉獻給他的時候，他不忍正視，而只接受了龐培的小印章，對之灑淚。龐培的許多朋友流浪埃及的時候，曾被埃及國王逮捕，現在他都加以解救，並且對他們表示友善。在他寫給羅馬朋友們的信件裏面，他告訴他們說，他的勝利爲他帶來的最重大的快樂，就是使他能够不斷地拯救那些曾經和他作戰的同胞們的生命。至於埃及的戰爭，有些人說那場戰爭是旣充滿危險而又頗爲可恥的，完全沒有必要，只是由他對於克里奧佩特拉的愛情所引起的。有些人歸咎於埃及國王的大臣們，猶其是宦官波底納斯，這個人是宮廷中最受寵信的份子，曾在最近殺害龐培，也曾經驅走克里奧佩特拉，現在却正密謀消滅凱撒（爲了對付這項密謀，凱撒從那時起便整夜不眠，藉飲酒之名，來保障自己的安全），而他在言行方面公然加給凱撒的侮辱，也是令人不能忍受的。例如，當凱撒的士兵們所領到的是一種發霉而有害健康的穀類的時候，波底納斯告訴他們應該引爲滿足，因爲他們是在吃旁人的東西過日子。他吩咐在他的餐桌上完全要用木製的和陶製的器皿，並且宣稱所有金銀器皿都被凱撒假抵債之名而取走了，因爲今王的父親欠凱撒一千七百五十萬德拉克馬。凱撒從前曾經把一部份債務轉移到老王的子女們的頭上，現在就要求今王償還一千萬德拉克馬，藉以維持軍隊的開支。波底納斯告訴他現在最好走開，去料理其他的更爲重大的事務，至於那筆錢，他們俟來日再懷着感謝的心情償還。凱撒回答說他不需要埃及人來做他的顧問，不久之後，他便秘密派人到克里奧佩特拉的隱居之地，接她前來。

克里奧佩特拉只帶着一名親信——就是西西里人阿坡羅多拉斯——登上一隻小船，於薄暮時分在皇宮附近上岸。他不曉得怎樣才能不被人發現而走進皇宮，後來他想出一個辦法，自己直伸着身體躺在一條被單上面，由阿坡羅多拉斯把那條被單捆紮起來，背在身上，走進凱撒的住所。克里奧佩特拉這種大膽的機智，首先就使凱撒迷惑，經過交談之後，她的美色更使他大爲傾倒，於是他做一個調人，爲她和她兄弟二人和解，條件是由她和他共同治理國家。後來，大家爲了慶祝這項和解而舉行飲宴。凱撒的理髮匠是一個非常善於細心觀察的人，因爲生性非常膽怯，所以對於一切事情都注意探聽，現在他發現埃及國王手下的軍隊總司令阿基拉斯（Achillas）和宦官波底納斯正在從事一項密謀，對付凱撒。凱撒一聽到這個消息，馬上派兵監視正在其中舉行宴會的大廳，並且殺死波底納斯。阿基拉斯逃到他的軍隊中間，對凱撒發動戰爭。以凱撒當時的微少兵力，來對抗那樣一個强大的城市和那樣一支龐大的軍隊，當然困難重重。他所遭遇的第一個困難是缺乏飲水，因爲敵人把運河都堵塞住了。第二個困難是，當敵人試行切斷他的海上交通的時候，他被迫縱火焚燒自己的船隻，藉以消除危險，可是那場火在焚燒船塢之後，又繼續蔓延，燒毀了那所大圖書館㉞。第三個困難是，在費羅斯

(Pharos)㉟附近的一次交戰之中，他爲了援救一些陷於危險中的士兵，從防波堤跳到一隻小船上面，但是埃及人從四面八方緊逼着他，使他不得不跳到海裏，極其困難地泅水逃走。據說，他的手中拿着一些稿件，雖然敵人不斷的向他射擊，逼得他不得不把頭浸在水裏，他還一直在用一隻手把那些稿件舉在水面之上，而用另一隻手游泳前進。在這個期間，他的船已經很迅速的沉沒了。最後，埃及國王去投奔阿基拉斯，凱撒又率軍前往，將他們擊敗，在那場戰爭之中，戰死者爲數甚衆，國王本人以後也沒有再出現過。於是他留下克里奧佩特拉在埃及做女皇（不久之後，她爲他生下一個兒子，亞歷山大里亞人稱之爲凱撒里昂 Caesarion），動身前往敍利亞（Syria）。

他從敍利亞前往亞洲㊱，在那裏獲得消息，知道杜米夏斯已被米斯里戴提斯之子法內舍斯（Pharnaces）擊敗，率領少數人逃出龐塔斯，法內舍斯貪得無饜，雖然已經佔領了畢塞尼亞（Bithynia）和凱帕杜細亞（Cappadocia），還在企圖攻佔小阿米尼亞（Lesser Armenia），因而那一帶所有的國王和屬領統治者們紛紛起而反抗。凱撒馬上率領三個軍團去打法內舍斯，在翟拉（Zela）附近和他交戰，把他趕出龐塔斯，並且把他的軍隊完全擊潰。當他向一位在羅馬的朋友阿曼夏斯（Amantius）報告這次戰事的時候，他只用三個字來表達他這次用兵的迅速敏捷：我來，我見，我勝㊲。這三個字在拉丁文裏面的字尾是相同的，非常簡潔生動。

然後他回到意大利，在年末到達羅馬。他已經第二次被推派爲那一年的獨裁執政者，雖然那個職位以前從來不曾持續一整年之久。然後他被選爲下一年的執政官。有一次，有些士兵反叛，殺死了擔任行政官的考斯科尼亞斯（Cosconius）和高爾巴（Galba），凱撒只對他們加以輕微的責備，不稱呼他們爲士兵們，而稱他們爲公民們，後來又每人送給一份在意大利的田產，和一千德拉克馬，因此大家都對他嘖有煩言。杜賴貝拉的奢侈，阿曼夏斯的貪婪，安東尼的放蕩，和考芬尼亞斯（他認爲龐培的房屋還不够華麗，把它拆毁重建）的浪費，也都使凱撒受人指責，因爲羅馬人對於那些人的所做所爲極感不快。但是凱撒爲了達到他政治上的目的，雖然他知道那些人的品性，而且也很不以爲然，却不得不對那些人加以利用。

在法舍利亞之戰以後，伽圖和西庇歐逃到非洲，在朱巴王（King Juba）的協助之下，在那裏糾合一支很大的部隊。現在凱撒決定去征伐他們。於是他在冬至左右渡海前往西西里，爲了使軍官們不存久留的希望，他在海灘上紮起營帳，一等風勢轉好，馬上率領三千步兵和少數騎兵乘船出港。他把這批軍隊送上非洲海岸之後，又秘密乘船回來。因爲他對於留在後面的大部份軍隊很不放心，但是他却在海上遇見那些軍隊迎面而來，於是他把他們引到同一的營地。他在那裏聽人講到一項古老的神諭，說西庇歐家族在非洲永遠會獲得勝利，這項神諭使敵人的軍心非常振奮。在他的軍隊裏面有一個人，本來是個卑微不足道的份子，但是出身於阿非利坎尼（Africani）氏族，他的名字叫做西庇歐·薩魯修（Scipio Sallutio）。凱撒命令這個人率領他的軍隊（究竟他是爲了要諷嘲統率敵軍的西庇歐呢，還是眞想把神諭的吉兆拉到自己這邊來呢，很難斷定），彷彿是司令官一般，時常要同敵人交鋒對壘。當時他的軍隊的食糧和馬匹的草秣都非常缺乏，他的部下不得不採集海藻，洗去鹹味，再拌上少量的草，使味道比較好些，用來餵馬。在他的軍隊所到之處，人數衆多、騎着快馬的紐米廸亞（Numidia）人馬上趕來，控制了那片地方。有一天，凱撒的騎兵閒暇無事，一個非洲人爲他們表演跳舞，並且吹奏笛子，非常美妙，他們都下馬觀賞，把馬匹交給一些小孩子照管，這時敵人突然出現，把他們包圍起來，殺死了幾個人，其餘的人們就逃回大營，敵人則緊追不捨，要不是凱撒本人和阿西尼亞斯・波里歐出來援救，制止住他們的奔逃，這場戰爭可能在當時便告一結束。還有一次，在另一場戰鬪之中，敵人已經佔了上風，據說凱撒抓住一個正在逃跑的掌旗兵的後頸，强迫他向後轉，對他說：「看，敵人在那邊呢！」

西庇歐最初爲了這場勝利而興高采烈，決心發動一場決戰。他使阿夫蘭尼亞斯和朱巴的兩支軍隊分別駐紮在兩個相距不遠的地方，他自己則率領一支軍隊前往塔普薩斯（Thapsus），預備在一個湖的對岸建立一座設防的營地，當做他們軍事行動的中心點，也可以用做避難之所。當西庇歐正在實行這項計劃的時候，凱撒極其神速地穿過了濃密的森林和一片被認爲無法通過的地區，包圍起敵人的一支軍隊，並且對另一支軍隊做正面進攻。在把這些敵軍擊敗之後，他便趁着好運當頭，利用那個時機，一舉而攻下了阿夫蘭尼亞斯的軍營，並且刼掠了紐米尼亞人的大營。國王朱巴逃之夭夭，倖免於難。在一天裏的一段短短時間之中，他竟佔領了三個軍營，殺死了五萬名敵軍，而他的部下只損失了五十名。這是某些人對於那場戰鬪的記述。另外一些人則說，凱撒並未參與那場戰鬪，因爲他在部署軍隊的時候，舊病復發。當時他的全身已經開始顫抖，他曉得自己的疾病即將發作，便趁着病勢尚未兇猛的時候，回到附近的一個堡壘裏面，在那裏休養。在那次戰後被捕獲的執政官和行政官階級的人物之中，有些人被凱撒處死，有些人則先行自殺。

當時伽圖正在防守幽提卡（Utica），未曾參與這場戰鬥。凱撒一心想活捉伽圖，所以急忙前往幽提卡；伽圖自盡的消息傳來的時候，他感到非常懊惱，其原因何在，各家的說法頗不一致。他的確說過這樣的話：「伽圖，我不願意你死，因爲你不願意使我得到保全你的生命的榮譽。」但是凱撒在伽圖死後所寫出的不利於伽圖的文章，似乎不能表明他對於伽圖懷着善意，或有意與他重修舊好。因爲在伽圖已經死去之後，他尙且對他那麼怨恨，如果他不曾自盡，他怎麼能免他一死呢？但是從他對待西塞羅、布魯塔斯、和許多其他曾經與他作戰的人們的寬大態度看來，我們可以推知，凱撒寫那部書的動機，未必是由於對伽圖的仇恨，主要是爲了替自己辯白。西塞羅曾經寫了一部讚頌伽圖的作品，就以「伽圖」做爲書名。作者是一位文章大家，所寫的又是那麼一個好題目，這部書問世之後，當然是萬人爭誦。凱撒很不高興，他認爲對他的敵人加以頌揚，無異於是在辱駡他；於是他也寫了一部書，對於伽圖儘量地痛加貶斥，並且將那本書命名爲「反伽圖」。這兩部作品，就像伽圖和凱撒本人一樣，各有其一批熱心的擁護者。

凱撒回到羅馬之後，少不得把他的勝利向人民們做一番輝煌的報告，他告訴他們說，他所征服的那片地方，每年將可供給羅馬二十萬希臘蒲式耳穀物，和三百萬磅油。然後他領導舉行三個凱旋式，這三個凱旋是分別爲了慶祝埃及、龐塔斯、和非洲之戰而舉行的。最後一項凱旋式據宣稱是爲了慶祝對朱巴王的勝利，而非對西庇歐的勝利；代表朱巴王出現在這次凱旋式之中的是他的幼小的兒子，這個幼兒可以說是一位空前的最倖運的俘虜了，因爲他雖然本來是一個野蠻的紐米廸亞人，却藉此而得以厠身希臘最博學的史家之列。舉行過凱旋式之後，凱撒向他的士兵分發賞金，並以宴席和表演招待人民。他擺設了二萬二千桌酒席，同時款宴全體人民，並且舉行格鬪和海戰的表演，藉以記念他的已經死去很久的女兒茱里亞。在這些表演完畢之後，舉行了一次人口調查，結果發現人口的數目已從原來的三萬二千名減少到一萬五千名[38]。這次內戰單是對於羅馬就造成了如此重大的損害，至於意大利其他地區和各藩屬所蒙受的災害，更不用說了。

現在凱撒第四度被選任爲執政官，然後他又遠征西班牙，去討伐龐培的兒子們。那些兒子還很年輕，但是已經糾集一支龐大的軍隊，而且表現出充份的勇氣，和優越的將才，所以凱撒的處境極端危險。大戰在曼達城（Munda）附近展開，凱撒看到自己的部隊處境危殆，所做的抵抗甚爲微弱，於是從士兵的行伍中間走過，高聲問他們說，如果把他交付幾個孺子的手中，是不是覺得可恥？最後，他盡了最大的努力，終於極其困難地驅退了敵人，殺死敵軍三萬名之多，雖然他這方面也損失了一千名最優秀的士兵。在戰罷歸來的時候，他告訴他的朋友們說，在過去他總是爲了勝利而作戰，這一次却是爲了保全自己的性命而作戰。這次戰爭是在酒神巴卡斯的節日獲勝的[39]，也就是四年以前龐培率軍出征的日子。龐培的小兒子逃走了；但是在這次戰爭過了幾天之後，戴狄亞斯（Didius）却把龐培大兒子的人頭奉獻給凱撒。這是凱撒所從事的最後一次戰爭。他爲這次勝利舉行的凱旋式，使羅馬人民非常不悅，因爲他不曾擊敗了外國的將軍或野蠻人的帝王，而只是消滅了一個已經陷於不幸的偉大羅馬人物的兒子和家屬；而且，他舉行凱旋式來慶祝自己的國家的災難，他對於自己所發動的這場戰爭，除了「迫不得已」之外，實在沒有任何言辭可以向天神或人們辯解，現在却還爲了這種成就而歡欣鼓舞，實在不大應該。此外，他以前始終未曾寄信或派遣使者來宣佈他對於其他本國公民所獲得的勝利，似乎他自己也並不以爲這是什麼光榮的事，而頗引以爲恥。

儘管如此，羅馬人面對着這位幸運的人物，還是採取了完全忍讓的態度，一切認頭，他們都以爲，經過這麼許多場內戰和災禍之後，由一人主政，總可以使人民得到一段休養生息的時間，所以他們推選他爲終身獨裁執政者。這的確是一種公認的專制，因爲他現在所擁有的權力不但是絕對的，而且是永久的。西塞羅首先在元老院裏提出一些建議，加給凱撒一些榮譽，那些榮譽總算還未超越一個人所能承受的限度。但是另外一些人却在互相爭勝，紛紛建議加給凱撒一些過份的榮譽，結果竟使那些最無所謂最溫和的公民們都爲了頒贈給凱撒的那些頭銜過於虛矯越份，而憎惡凱撒。據說，凱撒的敵人們也像他的阿諛者們一樣地盡力促成他的那些榮譽和頭銜。這種情形對於他們是有利的，將來他們一旦對他有所圖謀的時候，便可以利用那些頭銜作爲口實；因爲自從內戰結束之後，他已經沒有什麼旁的可供指摘之處。他們當然有充份的理由，下令修建一座寬仁廟，藉以對於他在獲勝之後的寬大態度表示感謝。因爲他不僅寬恕了許多曾經對他作戰的人們，而且還向其中的一些人授與頭銜和官職；特別是布魯塔斯和喀西亞斯(Cassius)，現在都作了行政官。龐培的雕像本來已被拆除，他又下令把它重新設置起來；西塞羅對於這件事情表示意見說：凱撒設置起龎培的雕像，無異於爲他自己設置了一座雕像。他的朋友們勸他用一名保鑣，有些人並且自願效勞，但是他不同意；他說他寧願一死百了，也不願經常生活在對於死亡的恐懼之中。他認爲人民的好感乃是最好最可靠的保鑣，所以又設宴款待人民，並以穀物分發給他們；他爲了博得軍隊的歡心，而派遣殖民團前往許多地方，其中最著名的是迦太基和哥林斯（Corinth）；這兩城市在過去曾同時遭受毁滅，現在又同時被重新建設起來，安置起居民㊵。

對於那些顯貴的人物，他則許諾某些人在將來可以出任執政官和行政官，以其他各種職位和頭銜來安撫另外一些人，並使所有的人們都存着希望，因爲他非常希望在全體一致的擁戴之中主持政務。麥克西瑪斯在執政官任期屆滿的前一天死亡，凱撒還使萊維里亞斯（Caninius Revilius）擔任爲期一天的執政官。當許多人前往祝賀這位新執政官的時候，西塞羅說道：「我們要趕快，否則不等我們到達，這個人就要卸任了。」

凱撒天生具有不凡的抱負，而且熱愛榮譽，他已經完成的一些偉大事蹟，但是並未能促使他安於現狀，享受過去的辛勞的收穫，反而激使他繼續向前邁進，計劃從事一些更偉大的事蹟，爭取更多的榮譽，好像他已經獲得的一切，都已被他耗用完畢一般。實際上，他是在同自己爭勝，好像把過去的自己看成另外一個人，他總在計劃將來能够做出一些什麼事情，來超越自己過去的成就。爲了實現這個計劃，他決定征討帕底亞人；把帕底亞人征服之後，再經過赫凱尼亞（Hyrcania），沿着裏海（Caspian Sea）前進，到達高加索山（Mount Caucasus），再繞過龐塔斯，抵達塞西亞（Scythia），然後把鄰近日耳曼國的所有國家和日耳曼國本身完全佔領；最後取道高盧返回意大利。這樣一來，就可以完成他的圓周帝國的計劃，並且使那個帝國四週都被海洋環繞着。在準備發動這次遠征的期間，他還打算鑿通哥林斯地峽，已經任命安尼納斯(Anienus)主持這項工程。他並且計劃將台伯河（Tiber)改道，使它經過一條很深的河床從羅馬直接流到舍爾塞（Circeii），在泰拉辛納（Tarracina）附近入海，使所有前來羅馬從事貿易的商人們獲得一條安全而便利的通路。此外，他又打算把飽門夏姆（Pomentium）和塞夏（Setia）附近沼澤地區的積水抽乾，使之成爲可供數萬人耕耘的沃野。他還計劃在最靠近羅馬的海岸築堤，以阻止海水侵襲陸地，並且把奧斯夏（Ostia）沿海所有影響航行安全的暗礁和淺灘一律消除，建造適於容納大量船隻的港口和碼頭。

這些事情都在計劃之中，尚未付諸實施。但是他爲了矯正時間計算之差誤而從事的曆法改革，却不但由他以非常合乎科學的巧思設計出來，而且加以完成，結果極爲適用。不但在古時候，羅馬弄不清楚太陰曆同太陽曆的關係，以致他們的節日和祭神的日期都漸漸錯移，最後竟致轉移到完全相反的季節去了，甚至到了現在，羅馬人還是不曉得計算太陽年的方法，只有祭師們曉得正確的時間，他們時常憑着自己的高興忽然加進一個閏月，叫做 Mercedonius。紐瑪王是第一個挿入閏月的人，但是這種權宜辦法並不高明，不足以糾正由恆星和太陽週期所造成的一切錯誤，這種情形我們已在紐瑪的傳記中加以敍述。凱撒邀請當時的一些最優秀的哲學家和數學家來解決這個問題，並且按照他已經研究出來的一些方式，制訂一種更爲準確的矯正曆法的新方法，一直被羅馬人沿用着，直到現在。羅馬人藉着這種方法，似乎比任何其他民族都更能避免由週期不均所引起的錯誤。可是那些嫉妬他的地位不滿他的權勢的人們，甚至把這件事情也用作指責的口實。演說家西塞羅在聽旁人講到天琴座(Lyra)將於第二天早晨昇起的時候，這樣囘答說：「是的，按照敕諭，」好像這也是一種被迫出現的現象。

但是，最使旁人對他發生一種明顯而深切的憎恨心情的，乃是他的作帝王的願望，這種願望促使人民破例地怨恨他，並且供給那些暗中仇視他的人們一個最好的口實。想推他爲王的人們散播一項傳言，說根據預言家的書籍所載，羅馬必須等到有一位國王領導作戰的時候，才能征服帕底亞，在沒有一位國王之前，休做此想。有一天，當凱撒從阿爾巴(Alba)前來羅馬的時候，有些人竟大膽地呼他爲王；但是他發現人民們很討厭這個稱呼，所以也表示很不高興，他說他的名字叫凱撒，不叫王。大家聽到他這句話之後，一片沉默，於是他繼續前進，面色顯得很不愉快也很不滿意的樣子。還有一次，元老院又投票通過頒贈凱撒一些過份的榮譽，執政官和行政官們陪同全體元老前來向他報告這項消息，當時他正坐在演說臺上，那些人到來的時候，他並未起身相迎，好像來者不過是普通的百姓一般，他只冷冷地囘答他們說，他的榮譽應予減少，而不可再行增多。這種態度不僅觸犯了元老們，就是平民也深感不悅，因爲他們覺得侮辱元老就等於侮辱整個國家，所以一切沒有停留必要的人們都悄然離去，心情顯得非常煩亂。凱撒發現自己做錯了事，也馬上囘家；他敞開領口，高聲對他的朋友們說，任何人如果圖謀刺殺他，他準備引頸受戮。但是後來他對自己的行爲加以辯解，他說他之所以未曾起立，是因爲染患一種病症，如果站着講很多話，便心緒慌亂，然後暈眩，抽搐，終致失去理性。這當然都是假話，因爲當時他本想站起來迎接元老們，但是他的一個朋友，或者可以說他的一個逢迎者柏爾巴斯 (Cornelius Balbus) 阻止了他，對他說：「不要忘記你是凱撒，要保持與你的功勳相配合的尊榮。」

後來，他又侮辱護民官，使人民對他的反感更爲加深。那是在慶祝盧帕克斯 (Lupercus) 的節日的時候。據某些作家說，這個節日在古時候本來是由牧人們慶祝的，現在同阿伽廸亞的賴西亞(Arcadian Lycaea) 有相當的關係。許多年輕的貴族和官員們脫去上衣，在城中跑來跑去，用皮鞭子抽打他們所遇到的一切人，以爲嬉戲；許多婦女們，甚至那些最高貴的婦女們，都故意站在道路中間，像被老師責罰的學童一般地伸出手，接受鞭打，因爲據說一經被打之後，懷孕的婦女可以很順利地生產，不能生育的婦女則可以懷孕。凱撒穿着凱旋的盛裝，坐在演講臺的一把金椅上面，在看這項慶祝儀式。身爲執政官的安東尼，也是參加奔跑的一份子。他衝進市場時，人民們爲他讓路，他走到凱撒的前面，向他獻上一頂綴着月桂花環的王冠。人羣中傳出喝采的聲音，但是很微小，是由預先爲了這個目的而安排在那裏的少數人所發出的；但是當凱撒拒絕接受那頂王冠的時候，全體人民一致發出了喝采之聲。安東尼二次獻上王冠，少數人又發出微小的喝采之聲；當凱撒二次加以拒絕時，又是全體一致地喝采。凱撒發現這個辦法行不通，便從座位站起，吩咐把那頂王冠拿到邱比特神殿去。後來人們發現，凱撒雕像的頭上都戴起了王冠。兩位護民官富雷維亞斯 (Flavius) 和馬魯拉斯 (Marullus) 馬上去到雕像那裏，把王冠取下；他們逮捕了那些最初高呼凱撒爲王的人們，把他們關進監獄。人民們跟在這兩位護民官的後邊，高聲歡呼，稱他們爲布魯塔斯，因爲布魯塔斯是第一個廢止王位繼承、把操於一人之手的大權轉移到元老院手中的人。凱撒非常憤恨，免除了富雷維亞斯和馬魯拉斯的職務；在指控這兩個人的罪名的時候（雖然他同時也是在對人民加以譏嘲），他不止一次地稱他們爲愚蠢的人們（Bruti）和庫密人（Cumaei）㊶。

在這種情形之下，民衆們的念頭便轉向瑪卡斯·布魯塔斯，據說這個人在父系方面是第一個布魯塔斯的後裔，母親則系出塞維里（Servilii）望族，他並且是伽圖的外甥和女婿。但是他從凱撒得到的榮譽和恩惠，使他無意從事任何活動，來消滅這個新興的專制政體。因爲不但他自己於龐培戰敗之後，在法舍利亞受到赦免，他的許多朋友也由於他的請求而得以保全性命，而且他還是特別受凱撒信賴的一個人。他是那一年的地位最高的行政官，並且壓倒了他的競爭者喀西亞斯，而被提名爲以後四年中的執政官。據說在決定這個人選的時候，凱撒曾說喀西亞斯具備較優的條件，但是他却不能放過布魯塔斯。後來，在反對他的密謀已在進行的時候，有人向他指控布魯塔斯，他也不肯聽信，當時他曾把手放在自己的身體上面，對那些告密者說：「布魯塔斯會等待着這付皮囊，」他的意思是說，憑着布魯塔斯的德行，他是有資格執掌統治大權的，但是他不會爲了取得那項權力，而做一個不知感恩的卑鄙小人。那些希望凱撒下臺、並且把布魯塔斯視爲唯一的、或至少是最適當的繼任人選的人們，都不敢直接同布魯塔斯談這件事，只是在夜裏把許多字條放在他處理訟事所坐的座椅上面，那些字條上面所寫的都是這一類的話，「你是在睡覺，布魯塔斯，」「你已經不是布魯塔斯了。」喀西亞斯發現布魯塔斯的雄心已經稍微被激動起來一些，便也更爲急切地加以激勵，因爲他內心裏很怨恨凱撒，其大部份理由我們已在布魯塔斯傳中講過。凱撒也已經對他的圖謀有所猜疑，有一次曾對左右的朋友們說：「你們認爲喀西亞斯有什麼企圖？我不喜歡他，他的面色那麼蒼白。」當有人報告他說安東尼和杜賴貝拉（Dolabella）正在密謀反對他的時候，他說對於這種肥胖長髮的人們他並不怕，他所怕的倒是那些蒼白瘦削的人，意思就是指着喀西亞斯和布魯塔斯。

可是，命運的無可避免的成份，似乎比出乎意料的成份爲多。因爲在這件事情發生之前，出現了許多奇異的朕兆和怪事。那些空中的亮光，夜間的響聲，落在市場的野鳥，在這樣一項重大的事件之中，也許並不值得注意；但是哲學家史特拉波(Strabo)告訴我們說，有人看見許許多多的人好像都在燃燒着，彼此互相爭鬭，從一個士兵的奴隸的手上發出了大量的火焰，旁觀者以爲這個人一定被燒焦了，但是在火焰熄滅之後，他却絲毫未受傷害。當凱撒獻祭的時候，發現犧牲沒有心臟，這是一個很不祥的朕兆，因爲任何動物沒有心臟是不能生存的。而且，許多作家都留下這樣的記載：一個預言家要他當心三月十五日，因爲他在那一天會遭遇一項重大的危險。到了那一天，凱撒在前往元老院的途中遇見那位預言家，曾以嘲笑的口吻對他說，「三月十五日已經到了，」那位預言家却靜靜地回答說，「是的，三月十五日已經到了，可是還沒有過去。」在被刺殺的前一天，他同瑪卡斯·賴匹德斯(Marcus Lepidus)共進晚餐；當他斜臥在那裏就餐的時候，他按照平素的習慣簽署一些信件，他們的話題轉換，討論哪一種死法是最好的死法。凱撒不等任何旁人開口，馬上發表了他的意見：「突然的死亡。」

後來，當他和他的太太共寢的時候，房屋的所有的門窗突然都開了，他被這種響聲和照射進來的月光所驚嚇，在床上坐起來，在月光之下，看見他的太太仍在熟睡，但是聽到她在夢中發出一些含糊的言語和不淸晰的呻吟，因爲她當時夢見自己抱着被殺害的丈夫，爲他而哀哭着。可是，有些人說她夢中的情形並非如此，她夢見元老院下令在凱撒房屋上裝置起來的、做爲裝飾和尊崇之標誌的尖頂（史家李維的著作中曾記載此事），突然倒落下來，因而引起她的哭泣和驚叫。到天明時，她請求他的丈夫在可能範圍之內不要外出，可以把元老院的會議延期舉行，如果他不重視她所做的夢，也應該藉着獻祭或其他方式來測知自己的命運。凱撒本人也不免有些疑慮和恐懼，因爲卡波尼亞 (Calpurnia) 以前從來不曾表現過任何女人氣的迷信，現在却如此地驚惶。後來祭司們向他報告，已經殺了好幾隻犧牲，兆頭都是不祥的，於是他決定派遣安東尼去通知元老院休會。

綽號叫做阿爾賓納斯(Albinus)的狄西瑪斯·布魯塔斯(Decimus Brutus)原是凱撒所最信任的人，並已被列爲他的第二繼承人，可是這個人却參與另一個布魯塔斯和喀西亞斯的密謀。就在這個時候，狄西瑪斯來到凱撒的家，他擔心如果凱撒把元老院會議延期舉行，他們的密謀可能外洩，所以他先把那些預言者嘲笑一番，然後又責備凱撒不該貽元老院以口實，讓他們說他輕視他們，因爲他們是應了他的召集而開會，並且準備一致通過宣佈他爲意大利以外所有各藩屬的王，不論他由海路或陸路到意大利以外的任何地方，都可以戴着王冠。如果派人去告訴他們暫行休會，等卡波尼亞做較好的夢的時候再行集會，他的敵人們會說些什麼呢？如果他的朋友們爲他辯護，說他的政府不是獨斷專制的，誰還會有耐心來聽呢？不過，如果他的確覺得這個日子不吉利，最好親自到元老院去一趟，由他本人宣佈休會。布魯塔斯一面說着這些話，一面就拉着凱撒的手，引他往外面走。凱撒走出門沒有多遠，有某一個人的僕人朝着他跑來，但是有許多人擁集在他的四週，無法到達他的身邊，於是那個人便走進凱撒家裏，把自己交付給卡波尼亞，請她保護他的安全，直到凱撒回來的時候，因爲他有非常重大的事情向凱撒報告。

奈都斯人阿提米都勒斯（Artemidorus）是一位教授希臘邏輯的教師，因而和布魯塔斯那一班人非常熟識，獲悉了他們的秘密，他把他所要洩露的秘密，寫在一個紙卷上面，預備當面交給凱撒。據他觀察，凱撒每次收到紙卷的時候，馬上交給隨行的僕人，所以他儘可能的走近凱撒，對他說：「讀一讀這個紙卷，凱撒，獨自讀，而且趕快讀，因爲其中有非常重要的消息，同你有密切關係。」凱撒接過那個紙卷，好幾次想要閱讀，但是許多人走過來要同他講話，使他一直讀不成。可是，他把那個紙卷握在手裏，直到走進了元老院。有些人則說，向凱撒遞紙卷的是另外一個人，因爲阿提米都勒斯一直被羣衆阻隔着，始終無法走到他的身邊。

所有這些事情可能都是偶然發生的。但是這次謀殺的場所，也就是元老院那天開會的地方，裏面有一座龐培的雕像，而且那所建築物是由龐培建造的，連同他的劇院一起奉獻給公衆使用，這件事情明白地表示着，有一種超自然的力量在指導着這項行動，並且安排它在那個地點發生。據說喀西亞斯在快要動手的時候，曾經望一望龐培的雕像，默默的祈求他加以援助，雖然他本來是服膺伊匹鳩魯(Epicurus)的學說的，但是那個緊張的場合，和迫在目前的危險，促使他失去了冷靜的理智，內心暫時充滿了一種靈感。至於對凱撒非常忠誠、身强力壯的安東尼，則被布魯塔斯·阿爾賓納斯設法阻留在外邊，故意同他做冗長的談話。凱撒走進會場時，元老們都起立向他表示敬意；至於那些和布魯塔斯同謀的人們，有些走到他的座椅附近，站在那個座椅的後邊，有些人則去迎接他，假裝向他提出一些要求，來支援提利亞斯·辛勃（Tillius Cimber）爲他的被放逐的弟弟而提出的請願；就這樣，他們一邊向他要求，一邊隨着他走到他的座位。他坐下之後，拒絕了他們的請求；後來他們再度嘵嘵不休地向他懇求，他便很嚴厲的責備他們，這時提利亞斯便用兩手抓住他的袍子，把它從他的頸子上拆下來，這就是攻擊的信號。喀司卡（Caska）向他的頸子砍出第一刀，那一刀並不是致命的，也不很深，因爲他剛剛開始做出這種大膽的行爲，心緒自然非常慌亂；凱撒馬上轉過身來，拿過那把刀，緊緊地握在手裏。兩個人同時大叫，被刺的人用拉丁語喊道：「卑鄙的喀司卡，你想怎麼樣？」行刺的人對着他的弟弟用希臘語喊道：「弟弟，來幫忙！」這場兇殺就這樣開始了，未曾與聞這項密謀的人們看到這種情景，非常驚愕而恐怖，既不敢跑開，又不敢援救凱撒，甚至連一句話都不敢說。但是那些準備參與其事的人們却從四面八方把他包圍起來，拔出短刀，持在手中。不論他轉到哪一面，都會遭遇砍擊，看到那些人的刀劍對着他的臉和眼睛砍來，他的處境像一隻陷入羅網中的野獸。謀殺的人們事先曾經商量好，每個人要動手刺一刀，都嘗嘗殺死凱撒的味道；因此，布魯塔斯也向他的鼠蹊刺一刀。據某些作家記載，凱撒對抗所有其餘的人們的攻擊，竭力自衛，東躲西閃，來避開對方的襲擊，並高聲求助，但是當他看到布魯塔斯拔劍相向的時候，他便用袍子把臉掩蓋起來，不再做任何掙扎，慢慢地倒下，也許是由於湊巧，也許是被謀殺者們故意朝那個方向擁過去的，他正好倒在龐培雕像的底座下面，因而那個底座也被凱撒的鮮血沾濕。看起來，好像龐培在主持着這場復仇，現在他的敵手躺在他的脚下，因爲受了許多創傷而陷入垂死狀態，據說他一共挨了二十三刀。至於那些密謀者們，因爲大家都搶着向這同一個人刺擊，有許多人竟彼此互相砍傷。

凱撒死了之後，布魯塔斯站到前面來，要爲他們所做的事情做一番說明，但是元老們不肯聽他說話，他們大家急忙跑出門外，人民看到這種情形，非常惶恐，有些人關起家門，有些人離開了櫃臺和店舖。所有的人們都在街頭奔跑，有人是去看那場悲慘的景象，有人是在看過之後回來了。凱撒的兩個最忠實的朋友安東尼和賴匹德斯則偸偸溜走，躲在朋友的家裏。布魯塔斯和他的黨羽們，剛剛殺過人，情緒仍然十分激昂，他們全體持着刀從元老院前往天神廟，不像是要逃走的樣子，而是帶着一種充滿自信的神情。他們在行進的途中，號召人民恢復他們的自由，遇見比較有地位的人士，則邀請他們參加他們的行列。有些有地位的人士眞地應了他們的邀請，和他們一起行進，彷彿他們也曾參與密謀，可以在這項行爲中分享一份光榮。凱亞斯·奧大維亞斯（Caius Octavius）和列圖拉斯·史賓瑟就是其中的兩個人，這兩個人後來終於被安東尼和小凱撒處死，爲了他們的虛榮心而付出重大代價，他們不僅喪失了性命，而且並未得到所希冀的榮譽，因爲誰都不相信他們曾參與其事。就是那些懲罰他們的人們，也曉得他們未曾經實際參與罪行，只是認爲他們居心不善。第二天，布魯塔斯和他那一夥人從天神廟下來，向人民發表一篇演說；人民在聽他演說的時候，既不顯得高興，也不顯得憤恨，他們只是用沉默來表示他們憐憫凱撒，而敬重布魯塔斯。元老院通過議案，決定對於已經過去的事不必再提，並且採取步驟，使所有各方面和解。他們下令把凱撒當作天神崇拜，他執政時所制訂的一切法律，都不得稍加更改。同時他們委派布魯塔斯和他的黨羽們分別擔任一些藩屬的總督，和其他重要的職位。因此大家都認爲事情已經獲得最圓滿的解決。

但是，當凱撒的遺囑被打開的時候，大家曉得他對每個羅馬公民都有豐厚的遺贈，當他的屍體被抬着經過市場的時候，大家看到那種傷痕累累、血肉模糊的樣子，於是民衆再也不能保持安靜和秩序了。他們把一些櫈子、欄杆和桌子堆聚起來，把凱撒的屍體放在上面，點火焚燒。然後他們從火堆裏拿起一些在焚燒着的木條，舉在手中，有些人前去放火焚燬那些密謀者的家屋，有些人則走遍城中各處，尋找那些人，要把他們撕成碎片，但是那些人已經隱匿得無影無蹤，一個也找不到。

有一個名叫辛納（Cinna）的人，是凱撒的朋友，恰巧在前一天夜裏做了一個怪夢。他夢見凱撒請他吃晚飯，他不能去，凱撒却拉着他的手，勉强他非去不可，雖然他一直不肯。他聽說人民正在市場焚燒凱撒的遺體，由於關懷亡友，便起身前往市場，雖然那場夢使他發生一些不祥的憂慮，而且他當時正在發燒。羣衆中之一人看見了他，向另外一個人打聽他是誰，得到答覆之後，便把他的名字轉告身旁的人。於是人羣中間馬上傳遍了一個消息，說這個人是謀殺凱撒者之一，因爲在參與密謀刺殺凱撒的那批人之中，的確有一個人也叫辛納，現在他們以爲這個辛納就是那個辛納，馬上當場把他的四肢撕掉。

這種情形使布魯塔斯和喀西亞斯非常恐懼，他們在幾天之後就離開羅馬。他們以後所做的事情，所遭受的痛苦，怎樣死的，將在布魯塔斯的傳記中加以敍述。凱撒死時爲五十六歲，比龐培晚死不過四年多一點。他終生冒險犯難，擴展帝國領域，爭取權力，最後總算勉强如願以償，但是除了一個虛名和受人猜忌的榮耀之外，他並沒有其他的收穫。但是，在他生前一直呵護着他的那位偉大的守護神，在他死後，還爲他的死難復讐，訪遍天涯海角，尋覓那些謀殺份子，不容一人脫逃，所有曾經實際動手刺殺或出謀劃策的人們，沒有一個人不受到懲罰。

人間的一項最奇異的巧合，是喀西亞斯的遭際，他在腓力比（Philippi）戰敗的時候，就是用刺殺凱撒的那把刀自戕的。天上的最奇異的現象，是大彗星在凱撒死亡之後一連很輝耀地出現七夜，然後便不見了，太陽變爲幽暗，在那一整年中，它始終是發暗的，昇起之後並沒有顯現出平常的那種光耀，所發出的熱也甚爲微弱。空氣變爲潮濕濃濁，因爲沒有較强的陽光來對它加以照射和稀釋。水果也都不能圓滿地成熟，因爲缺少熱力，沒有等到長好就枯萎凋落了。但是，出現在布魯塔斯面前的鬼魂，最能表明刺殺凱撒是使天神不高興的。這件事情的經過情形如下：

當布魯塔斯率軍從阿貝托斯（Abydos）前往另一個大陸的時候，有一天夜裏，像平常一樣躺在帳篷裏面，並沒有睡，而是在思索自己的事情和前途。因爲據說在一切統率軍隊的將領之中，他是睡眠最少的人，他具有一種天賦的能力，使他的睡眠時間比任何旁人都短，能夠不休息而繼續工作較長的時間。當時他覺得自己聽到帳篷門口有響聲，藉着幾乎要熄滅了的微弱燈光，朝着那個方向望去，看到一個可怕的人影，像是一個男人，但是身材非常高大，面貌特別嚴酷。最初他有些害怕，後來看到那個人影既沒有做出任何動作，也沒有講任何話，他便問它是什麼人。那個鬼魂回答他說：「我是你隨身的厲鬼，布魯塔斯，你將要在腓力比見到我。」布魯塔斯很勇敢地回答說：「噢，那麼我就在腓力比再見你好了。」於是那個鬼魂馬上消逝。後來，他在腓力比附近列陣同安東尼和小凱撒對戰的時候，第一仗他打勝了，把敵軍擊潰，並且刼掠了小凱撒的營房。在第二戰的前夜，那個鬼魂又出現在他的面前，但是一言未發。布魯塔斯曉得自己的死期不遠，便不顧一切地冒着這場戰鬭中的種種危險。但是他並未死於戰鬭之中，他看着自己的部下戰敗之後，走上一座岩石的頂上，用一把劍戳進自己的胸膛（據說，還有他的一位朋友幫忙他把那隻劍往裏面戳得深一點），結束了他的生命。

註解：

①許多作家認爲這篇傳記的最初幾段，敍述凱撒的誕生和幼年時代，已經失佚。

②死於 76 B. C.

③亦作 Sulla（138–78 B. C.），羅馬獨裁執政者。

④（Gaius, 155–86 B. C.）羅馬將軍與執政官。

⑤小亞細亞西北部之一古國。

⑥小亞細亞東西部之一古國，亦爲羅馬之一省。

⑦地中海上之一島，在小亞細亞西南海岸外。

⑧（106–43 B. C.）羅馬演說家、政治家、與文人。

⑨（70?–43 B. C.）羅馬將軍。

⑩柯尼莉亞是凱撒的第二個太太，他的第一個太太爲 Cossutia。

⑪（106–48 B. C.）羅馬將軍與政治家，爲第一個三人執政團之一員。

⑫爲羅馬的一條軍用大路，由羅馬監察史 Appius Ceaudius Caecuv 而得名，全長約三六五哩，從羅馬經 Capua 而至 Brundisium。

⑬aedile——掌管公共建築物、街道、衞生設施、公共遊戲等之官吏。凱撒於公元前六十六年出任此職。

⑭（152?–87 B. C.）羅馬執政官。

⑮在公元前六十三年。

⑯爲司生產與貞節之女神。

⑰爲羅馬神話中司自然之神，農作與動物之守護者，亦爲神諭之發佈者。

⑱Apollo 之子，爲音樂之鼻祖。

⑲因爲這種記念儀式通常在執政官或行政官的家裏舉行。

⑳cohort，爲羅馬的軍隊單位，由三百名至六百名兵士組成，每十個大隊構成一個軍團（Legion）。

㉑凱撒於紀元前五十九年就任執政官。

㉒高盧爲歐洲西部一古國，包括今日的意大利北部、法國、比利時、荷蘭、德國、瑞士。

㉓赫爾維細亞即今之瑞士。

㉔紀元前五十九年，在凱撒擔任執政官的時候。

㉕紀元前五八——五七年的冬季。

㉖在意大利北部。

㉗在意大利中部。

㉘龐培已經娶克拉蘇斯的年輕遺孀柯尼莉亞爲妻。

㉙在公元前四十九年一月七日。

㉚根據 Suetonius 的記述，凱撒是在西班牙擔任財務官時做的這個夢。釋夢者說「母親」代表做爲萬物之母的大地，以後她將聽命於凱撒。

㉛阿格曼儂爲 Mycenae 王，在希臘人對 Troy 作戰時擔任統帥。

㉜（B. C. 75–5 A. D.）羅馬歷史家與演說家。

㉝（B. C. 59–17 A. D.）羅馬歷史家

㉞此圖書館係在第一個托勒密所建立的博物館中，僅局部被焚燬。

㉟費羅斯爲亞歷山大里亞海岸外之一島，由一防波堤或堤道與大陸通連，該堤道將海港劃分爲兩部份。

㊱在公元前四十七年七月。

㊲拉丁原文爲 Veni, vidi, vici.

㊳據 Suetonius 記述，此次所舉行者並非全民戶口調查，而僅訂正有資格領取穀物救濟之貧苦公民的人數。

㊴在公元前四十五年三月十七日。

㊵此二城市均於公元前一四六年被佔領，公元前四十四年被恢復。

㊶在拉丁文中，Brutus 爲「愚蠢」之義；小亞細亞 Cumae 地方的人，以愚笨著稱。

狄摩西尼斯

蘇西亞斯①，當阿爾西柏亞底參加奧林匹克競技會賽車獲勝的時候，有人做一首詩慶祝他的勝利，那個做詩的人，也許如一般人所認爲的是幼里披底斯，也許是旁的什麼人，詩裏面告訴我們說，一個人的幸福的首要條件是出生在「一個著名的城市」。但是我認爲，眞正的幸福大部份仰賴着自己的品德和心性，對於一個想獲致這種眞正幸福的人，生長在一個卑陋的小地方實在不是什麼缺陷，正如他的生身之母身材矮小或面貌庸陋，對他不會有任何妨礙一樣。幽里斯是西奧斯(Ceos)小島的一小部份，伊介納島(Aegina)曾被一個雅典人②認爲好像是百利阿斯港(Piraeus)的眼睛上的小膿瘡，應該把它割掉，如果認爲這兩個地方能够培育出優秀的詩人和演員③，而不能產生公正、穩健、明智、品格高尙的人，實在是一種可笑的想法。以獲得財富和榮譽爲目的的技藝，在卑陋無聞的小城裏面，當然可能會枯萎凋殘；但是美德好像是一棵堅强耐久的植物，只要它能獲得一個坦誠的天性和勤勉的心靈，在任何地方都可以根深葉茂，欣欣向榮。就我個人而言，對於自己在判斷或行爲方面的任何不當之處，我覺得應該反躬自問，而不可歸究於自己出生之地的鄙陋。

但是如果一個人想寫一部歷史，必須藉着觀察和博覽羣書來蒐集資料，而他所要閱讀的那些書籍，並不是在所有各地都能很容易地得到，也不完全是用本國語文寫出的，其中許多是外國書籍，散藏在多人的手中，這樣的一個人當然最應該住在一個著名、文風繁盛、而人口衆多的城市裏面；在那裏，他可以獲得大量的各種書籍，並且查訪到其他作家未曾寫過、而更爲眞實地保藏在人們記憶之中的細節，以免他的作品在許多方面，甚至在最基本的方面，都有缺陷。

至於我自己，我是住在一個小城裏面，而且我願意在那裏住下去，因爲如果我一搬走，那個城市豈不將變得更小了；當我停留在羅馬和意大利其他各地的期間，因爲公務繁忙，並且要向許多學生講授哲學，沒有餘暇練習羅馬語言，直到我的暮年，爲時已經很遲，我才開始閱讀拉丁文學。在閱讀的時候，我有一種似乎奇怪但是千眞萬確的經驗：我之所以能够瞭解那些作品的內容，主要並非靠着文字，而且憑着我對世事的閱歷，使得我明白那些文字的意義。但是，鑑賞羅馬語言的優美便捷，瞭解詞藻、韻律、以及其他構成這種語言之美的裝飾，是一種高雅而使人愉悅的才能，對於這一點我毫不懷疑；但是想要獲得這種才能，必須經過相當的練習和研究，這對於我並非易事，只有求之於那些有更多餘暇，而且來日方長有充份時間來做這些事情的人們了。

因此，在我這部「對比的傳記」的第五卷裏，在敍述狄摩西尼斯(Demosthenes)和西塞羅(Cicero)的生平的時候，我將根據他們的事蹟和政治生涯來比較他們的氣質和性格，而無從把他們的演說作批判性的比較，或者表明其中哪一個是更爲動人而有力的演說家。因爲對於這件事情，如艾昂 (Ion) 所說的——

「我們只是像乾地上的一條魚；」

一向不知天高地厚的西舍利亞斯（Caecilius），在大膽地試行把狄摩西尼斯和西塞羅加以比較的時候，也許忘記了這句格言；而且，如果有自知之明是人人都容易做到的事，那句箴言也無須列爲神諭了④。

神最初似乎是按照同一的設計來塑造他們兩個人的，使他們在生性方面有許多相似之處，例如希望出人頭地，在公民生活中喜愛自由，在危險和戰爭之中缺乏勇氣；而且，除了這些天生的相似之處而外，在命運方面他們也有許多相同的遭遇。我們幾乎找不出另外兩位演說家，像他們兩人一樣地都是發軔於微賤的開端，後來成爲偉大而有權威的人物；都曾與帝王和暴君相爭；都曾損失了一個女兒，被逐出本國，又光榮地歸來；都曾在再度逃離本國之後，被敵人捕獲，最後在國人失去自由的時候，結束了他們的一生。如果造物和命運是像藝術家一樣地在舉行技巧競賽，我們很難斷定究竟是前者把他們二人的性格和態度塑造得更爲相同，還是後者把他們二人的一生遭際安排得更爲相像。現在我們先從年長的講起。

狄摩西尼斯的父親狄摩西尼斯是一位出身世家的公民，如底歐龐帕斯（Theopompus）告訴我們的，他的綽號叫做「刀匠」，因爲他開了一所大工廠，雇用一些具有專門技巧的奴隸，製做刀劍。據演說家艾斯基尼（Aeschines）說，狄摩西尼斯的母親是一個名叫蓋倫（Gylon）的人和一個蠻族女人所生的女人，蓋倫曾經因爲被控叛國的罪名而逃離本國，究竟這個說法是眞實的，還是惡意誹謗，我無從斷定。我所確實知道的是，狄摩西尼斯七歲時，他的父親就去世了，爲他留下了豐厚的財產，總値將近十五泰倫（Talent）⑤，但是他的監護人們很對不起他，把他的財產侵吞了一部份，對於其餘的部份也未善加經管；他們甚至把他的教師們的薪水都騙去了。因爲這個緣故，他並受到他所應該受到的那種通才教育；此外，由於他的身體荏弱，他的母親不許他做劇烈的運動，教師們也不勉强他做。他從最初就瘦弱多病，據說因此其他男孩子們爲他取一個綽號，叫做「貝塔拉斯」（Batalus），來嘲笑他的體格和儀表。貝塔拉斯是什麼意思呢？據有些人說，貝塔拉斯是一個柔弱的吹笛者，安提芬尼斯（Antiphanes）曾經寫過一個劇本譏嘲這個人；有些則說貝塔拉斯是一些淫蕩詩和飲酒歌的作者。人體上的說起來很不文雅的某一部份，似乎也被當時的雅典人稱做貝塔拉斯。據說狄摩西尼斯還有一個綽號，叫做阿葛斯（Argas），這個綽號的起因，也許是由於他的舉止粗野而懷有惡意，因爲「阿葛斯」在若干詩歌裏是蛇的意思；也許是由於他的講話方式使人感覺不快，因爲「阿葛斯」是一個寫作粗拙而不予人好感的詩人的名字。關於這些事情，我們談到此處爲止。

據說，狄摩西尼斯想做演說家的熱望，最初是這樣引起的。有一次，演說家凱里斯特雷塔斯（Callistratus）將在法庭的一次公開庭中爲奧羅帕斯（Oropus）⑥問題辯護，大家對於這場訴訟的結果都懷着熱切的期待心情，那位富有辯才的演說家當時的聲譽正隆，而這個案子本身又很出名。因此，當狄摩西尼斯聽說那些私人教師和學校教師都將前往旁聽的時候，便竭力央求他的私人教師帶他一同前去；那位教師同法庭的守門人相識，設法爲這個孩子弄到一個座位，使他可以坐在那裏旁聽，而不致被人看見。凱里斯特雷塔斯辯論獲勝，大受讚美，這個孩子看到他被大家祝賀，在途中被羣衆簇擁的情形，不禁興起一種志願，有朝一日，也要獲得像他那樣甚至超過他的榮譽；但是，最能引起這個孩子的驚奇的，還是他的辯才的力量，那種力量似乎能夠壓制並且征服一切反對的勢力。因此，從這時起，狄摩西尼斯便放棄所有其他的學科，很辛勤地練習演講，希望將來成爲一個演說家。他雇用艾塞亞斯（Isaeus）爲他的演講術指導人，雖然艾所克拉底（Isocrates）當時也在授課；其原因，也許如某些人所說的，是由於他是個孤兒，無力負擔艾所克拉底所規定的十邁納（Mina）⑦的學費，也許是由於他比較喜歡艾塞亞斯的演講風格，認爲那種風格切實而有效，更爲實用。赫米帕斯（Hermippus）說他曾看到過一部未署作者姓名的回憶錄，其中講到狄摩西尼斯是柏拉圖的學生，在演講術方面得到他很多（的傳授；他並且引述泰史畢亞斯（Ctesibuis）的話，說狄摩西尼斯曾從西拉庫斯（Syracuse）人凱里亞斯Callias）和另外幾個人秘密獲知艾所克拉底和亞爾西達瑪斯（Alcidamas）的演講方法，並徹底加以精通。

因此，狄摩西尼斯一屆成年，便對他的監護人們提起訴訟，並且撰寫演講稿攻擊他們。那些監護人用種種的藉口來搪塞，並且要求重新審訊；雖然如修西的底斯（Thucydides）所說的，狄摩西尼斯經歷許多艱險，使自己的口才頗有進益，而且憑着他的辛勤努力，終於勝訴，但是他的遺產，却連一小部分都未能收回。他的收穫，只是在演講方面獲得相當的自信，和相當的經驗。因爲在法庭的辯論之中，體驗到一些勝利的榮譽和權威，於是他有勇氣出頭參與公衆事務。據說奧扣米尼亞（Orchomenia）人勞密頓（Laomedon）曾經接受醫生的勸告，練習長跑，藉以防止一種脾病，他辛勤練習，恢復身體的健康之後，却又參加運動大會，成爲最優秀的長跑選手之一。狄摩西尼斯的情形也是如此，最初爲了恢復個人財產而研習演講術，漸漸培養成卓越的口才，終於像爭雄於運動場上的勞密頓一樣，在講臺上壓倒所有的競爭者，而高居首位。但是，當他初次對人民演講時，却遭遇很大挫折，備受聽衆訕笑，因爲他的演講似乎很古怪而笨拙，句子冗長，議論呆板，聽起來非常不順耳。而且，他的聲音有些弱點，言辭不淸晰，常常喘氣，弄得語句斷斷續續，大爲影響了他的言語所欲表達的意義。因此，他在講完之後，十分氣餒，悄然退出會場；當他很沮喪地在帕里亞斯（Piraeus）漫步的時候，遇見色萊西亞（Thriasia）人歐諾瑪斯（Eunomus）。歐諾瑪斯看見了他，便責備他說，他的措辭頗有柏立克里斯之風，但是他的心情懦怯，態度畏葸，無法發揮自己的能力，既未能勇敢地面對民衆的叫囂，也未能在體力方面做適當的準備，只是在怠惰疏忽之中，任憑自己萎靡下去。

據說還有一次他被聽衆轟下臺來，很沮喪地蒙着頭往自己的家裏走，戲劇演員薩特拉斯(Satyrus)跟在他的身後，因爲彼此是熟人，便開始同他交談起來。狄摩西尼斯自嘆時運不濟，他說在所有的律師之中，他是最勤勉的，把全部精力用在這種職業上面，却得不到人民的垂靑，那些酒鬼、水手、和目不識丁之輩都有人願意聽，可以高踞講臺之上，大放厥辭，而他自己却遭受蔑視。薩特拉斯回答他說：「你說得很對，狄摩西尼斯，不過如果你現在爲我把幼里披底斯或索福克里斯的劇本背誦幾段出來，我可以很快地把造成這種情形的原因矯正過來。」在狄摩西尼斯背誦幾段之後，薩特拉斯馬上把那幾段重新朗讀一遍，在朗讀時配合着適當的態度和姿勢，使狄摩西尼斯覺得那幾段文字經過薩特拉斯朗讀之後，完全變成另外一種東西了。於是他才明白，動作可以爲言語增添怎樣的裝飾和優美，從此以後，他便改變想法，認爲一個人在練習演講時，如果忽略了發音、聲調、和姿勢，是不會有什麽成就的。於是他爲自己建造一座地下的書房（這座書房在我們這個時代仍然存在），每天經常到那裏去培養動作，練習聲音；他常常一連在那裏待上兩三個月，把頭髮剃光了一半，即使在自己很想外出的時候，也不好意思外出與人相見。

這還不算，他並且把在外面同旁人的接談、普通談話、和事務處理，都用作研習演講的根據和資料。他一離開那些人之後，馬上就跑到下面的書房裏邊，把跟那些人辦過的交涉按照發生的順序重新覆核一遍，並且把每件事情的正反理由都重新加以斟酌。他每次聽到旁人的演講，回來之後自己便照樣講說一遍，並且用明確的文句寫在紙上；旁人對他所說的話，他對旁人所說的話，他都要一一地用種種不同的方式加以修改、變換、和潤飾。因此，大家都認爲他並不是一個很有天才的人，他在演講方面的一切能力和本領，都是辛勤用功的結果。他很少臨時起立發表演說，每當人們指名請他發言的時候，除非他事先已經對那個題目加以考慮，並且有所準備，他絕對不肯起立發言——這個事實就是一個很大的佐證。許多很孚衆望的律師們都利用這件事情，做爲取笑他的資料；有一次，西錫亞斯(Pytheas)以嘲笑的口吻說，他的議論帶有燈油的氣味。狄摩西尼斯很鋒利地回答說：「不錯，不過你的燈光所照耀的，和我的燈光所照耀的，並不是同樣的工夫。」可是，他對於其他的人們却並不怎樣加以否認，而坦白承認他的演講既非完全都是事先寫好草稿，也非完全是毫無準備地即席發言。他並且宣稱，事先用心準備演講是一種眞正民主的行爲，因爲這種準備乃是一種尊重人民的表示；而馬馬虎虎，不去理會人民對於自己所說的話會有怎樣的反應，則顯示着寡頭政治的氣息，只有那些想用强力代替說服的人們，才會使用那種辦法。還有一個事實，可以幫助證明狄摩西尼斯確實缺乏未經準備而卽席發表演說的膽量：在他狼狽失措的時候，狄邁德斯(Demades)往往挺身發言，對他加以支持，而他却從來不會對狄邁德斯做過同樣的支持。

有些人也許要問，爲什麼艾斯基尼會說他在演講時是一個大膽得令人驚奇的人呢？當拜占庭人匹桑(Python)非常充滿自信而滔滔不絕地痛篤雅典人的時候，何以只有狄摩西尼斯站起來和他針鋒相對，加以反駁呢？邁林尼亞(Myrinaea)人拉瑪卡斯(Lamarchus)寫了一篇讚美費力浦王和亞歷山大的頌辭，其中對於底布斯人和歐林底亞(Olynthia)人頗多責難之辭，並在奧林匹克競技會中公開宣讀，當時狄摩西尼斯何以會挺身而起，根據史實娓娓縷述底布斯人和凱爾西狄亞(Chalcidia)曾經對於全希臘有多少好處，而馬其頓人的阿諛者們則會爲全希臘帶來多少禍害，因而改變了全場聽衆的情緒，竟使那位詭辯家在聽衆的叫囂之下，嚇得偸偸地溜出會場？但是，雖然狄摩西尼斯認爲柏立克里斯的其他特點對他並不適合，他却認爲後者的審愼拘謹，不肯隨時隨地就任何問題發表演說（因爲他的偉大並非建立在這種事情上面），値得效法，所以他竭力加以模仿，既不完全忽略偶發的緊急事件所可能爲他帶來的榮譽，也不願意常常使自己的才能冒着風險，去發表那種沒有十分把握的演說。實際上，如果艾拉托塞尼(Eratosthenes)、費勒里亞(Phaleria)人狄米特里亞斯(Demetrius)和那些喜劇詩人所言不虛，狄摩西尼斯所做出的那些卽席演說，比他的那些事先寫出講稿的演說，蘊含着更多的勇氣和自信。艾拉托塞尼說他在演說的時候，時常陷入一種忘我的出神狀態，第米里亞斯說他曾向人民發出了這個著名的韻律鏗鏘的誓——

「對着大地，清泉，河流，和溪水。」

像是受了靈感的啓示，而神經完全錯亂了。有一位喜劇詩人稱他爲一個 rhopoperperethras（華而不實的大言炎炎之人），另一位喜劇詩人則嘲笑他使用對比的句法：

「他取得那些東西，實際好像是在收回；這句話正投合了狄摩西尼斯之所好。」

不過，安梯芬尼斯（Antiphanes）的用意，也許是在嘲笑狄摩西尼斯那篇談論哈羅尼薩斯（Halonesus）問題的演講，他在那篇演講之中勸告雅典人不要從費力浦的手中取得那個島嶼，而是收回。

可是，大家一致認爲，狄邁德斯對於自己的演講天才的發揮，是無人能够勝過的，而他乘一時之興所發表的卽席演說，也比狄摩西尼斯殫精竭慮準備的結果爲優。柴阿（Chia）人阿里斯頓（Ariston）的著作裏曾經記載着提奧夫雷塔斯對於這兩位演說家的評語：在被問到他認爲狄摩西尼斯是怎樣一位演說家的時候，他回答說：「不愧爲一個雅典人；」然後，在被問到對於狄邁德斯的看法時，他回答說：「做雅典人未免有些委屈。」這位哲學家還告訴我們，雅典當時的一位政治領袖史費夏(Sphettia)人波留克塔斯（Polyeuctus）常說，狄摩西尼斯是最偉大的演說家，而福細溫（Phocion）⑧則是最有本領的演說家，因爲他用最少的字句表達最多的意義。的確，據說每當福細溫起立反駁狄摩西尼斯的時候，後者自己總要對他的熟人說：「這把刀子又來斬割我的演說了。」不過我們很難斷定，狄摩西尼斯之所以有這種感覺，究竟是由於福細溫的演說本領高强，還是由於他的地位和聲望，而認爲一個眞正被信賴的人講一句話，或者點點頭，其作用勝於旁人講一千句冗長的話。

據底歐龎帕斯告訴我們，狄摩西尼斯曾在老年時代向他講述自己當年努力克服身體上的缺陷的情形。他在嘴裏含着小石卵，練習演講，藉以克服並且矯正了自己的口齒不淸和結巴；他在沿着陡坡向上跑或走的時候，在氣喘吁吁的情形中高聲朗誦演講詞或詩句，藉以訓練自己的聲音；他還在家中預備一面大鏡子，每天站在鏡子前面，對着它練習演講。據說，有一次，某人前來請他代爲辯護，並且向他講述自己在辯論之中被人擊敗而受了委屈的情形。狄摩西尼斯說：「不對，你一定不曾被人擊敗。」那人聽了之後，提高聲音喊道：「什麼，狄摩西尼斯，你說我一定不曾被人擊敗？」狄摩西尼斯說：「啊，這句話說得才像是曾經被人擊敗受了委屈的樣子。」他認爲演講者的聲調和動作，對於博得聽衆的相信，具有非常重大的作用。至於他自己在演講時所使用的動作，一般人都認爲非常優美，但是在那些教養高深的人士——例如費勒里亞人狄米特里亞斯——的心目中，却被視爲猥瑣而缺乏大丈夫氣概。據赫米帕斯（Hermippus）說，當伊遜（Aesion）⑨被要求對古代演說家和當代演說家做一番比較的批評的時候，他回答說，古代演說家在演講的時候，安詳鎭定，風格高雅，令人讚佩，但是狄摩西尼斯的演講，在被宣讀出來的時候，於結構和佈局方面的確高人一等，而且比其他演說家的演說更富有效力。他那些事先寫出的演講，當然都很莊重嚴肅；但是在一些臨時的應對和反駁之中，他却也時常詼諧幽默。例如，狄邁德斯說：「狄摩西尼斯教我！那就等於說牝猪教敏諾華（Minerva）⑩」

他回答說：「是否就是最近被人發現在科里塔斯（Collytus）嫖妓的敏諾華？」有一次，一個綽號「厚臉皮」（Brazen）⑪的竊賊取笑他深夜不睡，還點着蠟燭寫作，他回答說：「我很明白，你是希望所有的燈光一律熄滅。雅典的人們，你們想想看，我們的牆壁都是泥土做的，而竊賊却有黃銅之軀，也就難怪發生這麼許多竊案了。」這類事例很多，不必多舉。現在，讓我們根據他在政治方面的事蹟和生涯，來對他的性格做一估評。

他最初參與政治，大致是在佛西斯戰爭（Phocian war）的時期——他自己如此說，我們從他那些篇攻擊費力浦王的演說也可以推知。因爲在那些演說之中，有幾篇是在佛西斯戰爭結束之後發表的，最早的幾篇則談論那場戰爭結束時的一些事情。顯然地，他在準備控訴米廸亞斯（Midias）⑫的時候，才三十二歲，論勢力和聲望，還都不配從事政治活動。據我想，他之所以接受了一筆金錢，和對方妥協，停止指控，主要就是爲了這個緣故。因爲就他的爲人來說——

「他並不是一個溫厚和善的人，」

而是一個意志堅決睚眦必報的人。可是，他發現米廸亞斯有金錢，有口才，有朋友，實力雄厚，要想對付這樣的一個人，實在非常困難，而且不是他的能力所能達到的事，於是他便屈從了那些爲對方說項的人們的要求。我相信，如果他覺得有勝過對方的希望或可能，三千德拉克馬是不會和緩他的報復意念的。他以替希臘辯護，攻擊費力浦王，作爲政治活動的開端，可以說是名正言順，目標崇高；他表現得非常良好，很快就因此成名，他演講時的口才和勇氣引起大家普遍的注意。全希臘的人們都讚美他，波斯國王對他表示好感，連費力浦王對於他的敬重也超過所有其他演說家們。就是他的那些仇敵們，也不得不承認他是一個顯赫人物；艾斯基尼和海坡里狄斯（Hyperides）在對他加以指責和抨擊的時候，都曾這樣說過。

因此，我實在不解，何以底歐龐帕斯要說狄摩西尼斯的性格輕浮不定，不能長期地繼續忠於同一的人們或同一的政策；相反地，他在政治方面最初參加了什麼集團，後來一直始終不渝地維持下去；他不但生時沒有改變立場，甚至最後還為了維護自己的立場而犧牲生命。他和狄邁德斯不同，狄邁德斯改變立場，自己還巧言辯解，說他時常說違背自己的話，但是從來不說違背國家的話；他不像麥蘭諾帕斯（Melanopus），麥蘭諾帕斯一向反對凱里斯特雷塔斯，却常常被他用金錢收買，還大言不慚地對人民說：「不錯，這個人是我的敵人，但是我們應該為了國家的利益而讓步。」他也不像麥西尼亞人尼考德瑪斯（Nicodemus），尼考德瑪斯最初屬於凱珊德（Cassander）的集團，後來又投到第米特里亞斯的門下，他說這兩件事情本身並不矛盾，因為服從勝利者往往是最上之策。狄摩西尼斯完全不是那類的人，不論在言語或行為方面，他都絕不朝三暮四，或支吾搪塞。他在政治方面，始終固守自己的原則和立場。哲學家潘尼夏斯（Panaetius）說，狄摩西尼斯的大部份演講詞的目的，好像都是為了要證明一個結論，那就是：誠實和善本身就是可取的；例如，他的論王權，斥亞理斯多克雷塔斯，主張「豁免」，和攻擊費力浦王等篇演講，都在申明這種主張；而且，在所有這些篇演講之中，他都在勸導他的同胞們不要追求那些看來似乎可以為人帶來最大的愉快、安適、和利益的事物，並且反覆地主張，大家應該把正當和榮譽看得比安全和自保更爲重要。因此，如果他在那些高超的主張和卓越的演講之外，再能表現出一種廉潔清正，勇於赴戰，則他的名字大可以躋於賽孟、修西的底斯、和柏立克里斯之列，而要比摩羅克理斯 (Moerocles)、波留克塔斯、和海披里狄斯等人高出一等了。

在和狄摩西尼斯同時代的那些演說家之中，福細溫在政治方面的主張雖然不能令人恭維，並且被目爲親馬其頓份子，可是他的正直和勇氣，却已經使他的名聲不在艾斐阿提 (Ephialtes)、阿里泰廸 (Aristides) 和塞孟諸人之下。但是狄摩西尼斯這個人，既然——如狄米特里亞斯所說的——戰陣無勇，又不能完全保持清廉（因爲雖然他毅然拒絕了費力浦和馬其頓人的餽贈，對於其他方面的賄賂却完全不能潔身自好，來自蘇薩 Susa 和艾克巴坦納 Ecbatana 的黃金竟把他完全征服），所以對於過去的美德，他只能加以讚揚，而未能效法。可是，和同時代的演說家們比較起來，他却可以說是鶴立鷄羣，甚至在生活和舉止言談方面，也是如此。那些演說家們都不敢像他那樣大膽地同人民講話；他指責人們的錯誤，反對他們的不合理的願望，我們從他的演說詞中可以看出這種作風。據底歐龎帕斯記載，有一次，雅典人民推選他去控訴某一個人，他不肯應命，於是羣衆嘩然，對他表示不滿，他站起來對大家說：「雅典同胞們，我願意做你們的顧問，即使你們不願望我做，我也要做；但是如果要我做一個阿諛或虛僞的控訴者，即使你們願意我做，我也絕對不肯做。」在安提封(Antiphon)的案子當中，他的行爲完全是一派高尙的作風。安提封本來已經被人民大會宣告無罪了，狄摩西尼斯却把他帶到裁判所，對於人民的反感不理不睬，指控他曾經答應費力浦要放火焚燬軍械庫，於是裁判所將他判成死罪，隨即執行。他並且控訴女祭司提奧瑞絲（Theoris）的許多罪行，其中之一是教唆奴隸們欺騙主人，那個女祭司因而被判死罪，並予執行。

據說，阿坡羅多拉斯（Apollodorus）在一次債務訟案中控訴提摩修斯將軍（Timotheus）的講詞，是由狄摩西尼斯捉刀的；他控訴佛米昂（Phormion）和史提反納斯（Stephanus）的講詞，也由狄摩西尼斯執筆，這件事情很受物議，因爲佛米歐用以對抗阿坡羅多拉斯的講詞，也出於狄摩西尼斯之手，這位演說家好像是刀劍店的老闆，把武器供給敵對的雙方，使他們互相斷殺。在他的以人民大會爲對象的演說之中，反對安德羅遜（Androtion）的演說，以及反對提摩克雷底（Timocrates）和阿里斯克雷底（Aristocrates）的講詞，都是爲旁人捉刀的，他寫出那些作品的時候，尙未進入政壇，當時的年紀也不過二十七八歲。他的指責亞理斯托季頓（Aristogiton）的講詞，和爲「豁免」而辯護的講詞，都是由他自己宣講的，後一篇演講是應凱布里亞斯（Chabrias）之子提西帕斯（Ctesippus）之請而做出的，據說當時他正在追求這個青年的母親。不過，他並沒有和這個女人結婚，因爲根據邁格尼西亞（Magnesia）人狄米特里亞斯在他的一部名爲「同名之人」的著作裏面的記述，他的太太是薩摩斯人。他的譴責艾斯基尼出使辱命的講詞是否曾經宣講過，不得而知；不過，據艾都密尼亞斯（Idomeneus）說，艾斯基尼僅以三十票之差，未被判罪。這個說法未必正確，至少從那兩位演說家的有關王權的演說詞推斷起來，是如此的；因爲在他們二人的演說詞裏面，都不曾淸楚明白地講到這項紛爭曾經引起審訊。不過，我對於這個問題不想多加探討，可以留待他人解決。

甚至在和平時期，狄摩西尼斯的政治態度已經頗爲明顯，因爲他對那個馬其頓人所做的任何事情，都加以挑剔指責，並且利用一切時機，煽動挑撥，促使雅典人反對他。因此，在費力浦的宮廷裏，狄摩西尼斯是一個最常被談論、最受人注意的人；當他參加十人代表團前往馬其頓的時候，費力浦雖然同他們全體接談，可是對於他的言談的回答，極其審愼。但是，在其他方面，費力浦對他却不像對其餘人員那麽恭敬客氣，而且對於艾斯基尼和斐洛克雷底二人特别垂青。因此，當其他的人們稱讚費力浦言談有力、儀容俊秀、而且善於飮酒的時候，狄摩西尼斯便表示不能苟同，他認爲，第一種長處適於雄辯家，第二種長處宜於女人，第三種長處則只配做食客，完全與帝王的風範無關。

一方面，費力浦不能過着安安靜靜的生活，另一方面，狄摩西尼斯一直在煽動雅典人，所以雙方終於兵戎相見。這時候，狄摩西尼斯所做的第一件事，是促使雅典攻佔幽比亞(Euboea)，這個海島由於它的暴君們的奸詐行爲，已經完全聽命於費力浦；在他的建議之下，這項議案得以通過，於是雅典人渡海進攻幽比亞，把那裏的馬其頓人驅逐出去。他所做的第二件事情，是解救當時正遭受馬其頓人攻擊的拜占庭人和波林底亞（Perinthia）人。他勸服雅典人捐棄他們對於那兩個城市的仇恨，忘記他們在聯合戰爭所犯的過錯，並且派遣軍隊去援助他們，使他們轉危爲安。不久之後，他出使希臘各城邦，從事遊說工作，終於促使那些城邦共同（只有幾個少數城邦除外）締結一個對抗費力浦的聯盟。因此，除了雅典公民自己組成的軍隊之外，這個聯盟還募集一支包括一萬五千名步兵和兩千名騎兵的軍隊，所需兵餉也是由各城邦很情願地捐獻出來的。據底歐夫雷塔斯（Theophratus）說，這時各盟邦曾提出要求，希望把他們對於戰爭的捐獻明確地規定一個數目，演說家克羅貝拉斯（Crobylus）却用這樣的話回答他們：「在戰爭之中，無從規定每天要用多少糧餉。」現在全希臘都已經武裝起來，躍躍欲試。幽比亞、阿凱亞（Achaea）、科林斯、麥加拉（Megara）、路凱狄亞（Leucadia）、和科西拉（Corcyra）諸城邦及其人民共同結成一個聯盟。但是狄摩西尼斯還有一項最艱鉅的任務，就是要把底布斯拉進這個聯盟。底布斯人的國土與阿提喀接壤，擁有强大的軍力，他們並且被認爲是全希臘最優秀的戰士。但是要想使他們同費力浦絕裂，並非易事，因爲在最近的佛西斯戰爭之中，費力浦曾幫了他們很多忙，而且底布斯和雅典相距太近，時常發生一些瑣屑的爭，使這兩個城市間的紛爭和歧見不斷加深。

但是，費力浦因爲在安姆斐薩（Amphissa）⑬大獲成功，趾高氣揚，竟出兵突襲伊雷提亞（Elatea），並佔領了佛西斯。雅典人獲悉這個消息，非常驚惶，在人民大會中，誰也不敢登臺發言，誰也不曉得應該說些什麼，寂靜和困惑籠罩全場，大家都茫然不知所措。在這個緊要關頭，只有狄摩西尼斯走上講臺，他所提出的主張是同底布斯人結盟。他對人民們多方鼓勵，使他們心中充滿希望，然後他就和另外幾個人一起被派往底布斯，擔任談判結盟的使者。在另一方面，據瑪士雅斯（Marsyas）說，費力浦也派遣使臣前往，對抗狄摩西尼斯，他的使臣包括兩名馬其頓人阿門塔斯和克利卡斯，帖薩利人陶卡斯（Daochus）和色雷西狄亞斯（Thrasydaeus）。底布斯人在商討這個問題的時候，對於自身利益之所在當然看得淸淸楚楚，但是他們最近在佛西斯戰爭⑭中所遭受的損失記憶猶新，每個人都對戰爭的恐怖猶有餘悸；可是，如底歐龐帕斯所說的，狄摩西尼斯鼓其如簧之舌，激勵他們的勇氣，煽動他們的爭勝之心，其效力非常宏大，竟使他們有如着魔一般，丟開一切審愼、恐懼、或義務的念頭，而遵照狄摩西尼斯的指點，選取了榮譽之路。這位演說家所獲得的這項成就，被認爲是非常輝煌而具有重大意義的，以致費力浦馬上派遣使臣求和，而整個希臘已經振奮起來，武裝備戰，準備幫助狄摩西尼斯實現他的主張。不僅阿提喀的總司令們對他俯首聽命，就是比奧細亞 (Boetia) 的司令官們也遵從他的指示。底布斯人的一切人民大會，像雅典的人民大會一樣，都由他來主持，這兩個城市的人民都對他十分愛戴，他也對於這兩個民族行使着同樣的至高無上的大權；他這種大權的行使，如底歐龐帕斯所宣稱的，並非得自任何不正當的手段，也不是沒有一個名正言順的目標，而是完全憑着自己的本領，造成了這種衆望所歸的地位。

但是在冥冥之中，神靈似乎已經對於時勢的演變預做一番安排，要來終止希臘人的自由，阻撓他們的各種活動，並且藉着許多朕兆預示未來所將發生的事情。其中包括德爾菲阿坡羅神殿女祭司所做的預言，和由女預言家的書冊裏面所引出的這項古老的神諭：

瑟茂頓 (Thermodon) 之戰將要發生，
我但願像一隻老鷹徘徊雲端，
老遠地作壁上觀，
失敗者哀哭，戰勝者死亡。

據說這個瑟茂頓是一條小河，就在我的家鄉凱洛尼亞（Chaeronea），那條小河流注到西斐薩斯河（Cephisus）裏面。但是，凱洛尼亞現在並沒有叫這個名字的河，據我們猜想，現在從赫庫力斯神殿（也就是昔日希臘人紮營的所在）旁邊流過的名爲希蒙（Haemon）的小河，也許當年就叫做瑟茂頓河，經過那次戰爭之後，裏面充滿了血和死屍，人們便把它改爲現在這個名稱。可是杜瑞斯（Duris）却認爲這個瑟茂頓並不是一條河，據他說，有些士兵在搭設帳幕並在四週挖掘壕溝的時候，發現一座很小的石頭雕像，根據刻文所說，那是瑟茂頓⑮的雕像，他的懷中還抱着一名受傷的亞瑪孫族女戰士。關於這個說法，則流傳着一項如下的神諭：

瑟茂頓之戰將要發生，
烏鴉你一定要前往觀看，
那裏將有大量人肉供你啖食。

究竟哪一種說法正確，很難斷定。至於狄摩西尼斯，他對希臘人的軍力極具信心，那許多準備對敵交戰的勇士們所表現的勇氣和決心，使他看了非常興奮，所以他絕不容許大家理會神諭，或聽信預言，他甚至宣稱他懷疑那個女預言家已被收買，故意製造有利於費力浦的神諭。他提醒底布斯人不要忘記伊帕敏諾達斯（Epaminondas），雅典人不要忘記柏立克理斯，這兩位偉大領袖都能自作主張，遵從理性，而把這類東西視爲懦怯的藉口。到這時爲止，狄摩西尼斯的一切表現都不失爲一個勇者。但是在戰爭⑯之中，他却沒有做出任何令人尊敬的事情，而且他的所做所爲，也與他的言語不相符合。

因爲他極其可恥地放棄自己的崗位，丟下武器，臨陣脫逃，而且如皮底亞斯 (Pytheas) 所說的，完全辜負了用金字寫在他的盾上的「好運」二字，而不以爲恥。

至於費力浦，他在剛剛獲勝之後，喜不自勝，有些得意忘形，在豪飲之後去觀看敵人的屍體，這時候他吟詠着由狄摩西尼斯提議而獲通過的那項議案的起首的字句：

由狄摩西尼斯之子狄摩西尼斯的提議，

他把這句話讀得音韻鏗鏘。

但是後來他神智清醒過來，把自己最近陷入的危險處境仔細考量一番，想到一個演說家竟能在短短的幾小時之內，迫使他的生命和帝國面臨極大的危險，這種奇妙的力量實在使他不寒而慄。這位演說家的威名甚至遠遠地傳播到波斯的宮廷，波斯國王寫信給他的鎮守邊遠地區的屬僚，命令他們就近以金錢供給狄摩西尼斯，對他特別巴結，因爲全希臘只有這一個人，能够在希臘發動戰爭，牽羈費力浦的兵力，使之無從興兵遠征。波斯國王和狄摩西尼斯之間的往來，後來被亞歷山大獲悉，因爲他在薩廸斯 (Sardis) 發現狄摩西尼斯的一些信件，並且得到波斯官員的若干文件，上面載明波斯國王付給狄摩西尼斯的大筆金錢的數額。

可是，現在希臘既已遭逢失敗的噩運，那些和狄摩西尼斯敵對的份子便乘機攻擊這位演說家，揑造一些口實和罪名，對他提出控訴。但是人民不但認爲他清白無罪，而且對他尊敬如昔，仍然把他視爲一位忠誠的人士，邀請他繼續參與公衆事務。當那些死於凱洛尼亞的戰士們的骸骨運回安葬的時候，狄摩西尼斯仍然被推選發表葬禮演說的人。希臘人民在遭逢噩運之後，並沒有像底歐龐帕斯以誇張文體所敍述的，表現出一種卑鄙猥瑣的精神，由他們對於這位顧問所表示的尊崇敬重，足可看出他們對於他所提供的一切建議，毫不覺得後悔。所以他們推選狄摩西尼斯擔任那次葬禮的演說人，但是以後狄摩西尼斯每有議案提出，都不用自己的名義，而假藉朋友們的名義提出，因爲他認爲自己的名字不祥，沾滿晦氣；直到後來，費力浦死去之後，他才再度鼓起勇氣。費力浦是在凱洛尼亞獲勝不久之後死去的⑰，這種情形似乎應驗了那道神諭的最後一行：

失敗者哀哭，戰勝者死亡。

關於費力浦之死，狄摩西尼斯曾經獲得秘密消息，他想利用這個機會，振奮一下人心，所以他帶着愉快的面容走進人民大會會場，宣稱他夜得佳夢，預示着雅典將有好運；果然，過了不久，使者便傳來費力浦死亡的訊息。人民們聽到這個消息之後，馬上祭神，並且投票通過贈給刺殺費力浦的鮑舍尼亞斯（Pausanias）一頂花冠。狄摩西尼斯盛裝出場，頭上還戴着一個花環，艾斯基尼因此而對他加以奚落，因爲據艾斯基尼說，當時狄摩西尼斯的女兒死去剛剛七天，他這種行徑可以表示其對於子女毫無親情。可是，如果艾斯基尼確實認爲只有哀悼慟哭是親切摯愛的表現，以冷靜態度忍受這種憂傷的人應受責難，適足以表明他自己是一猥瑣怯弱的人。在我看來，雅典人一聽到費力浦的死訊，馬上就祭神，並且戴上花環慶祝，實在不能算是一種明智可敬的行爲，因爲費力浦在勝利之後，對待被征服的雅典人民非常寬大仁厚。從前在他活着的時候，曾經把他封爲雅典公民，對他尊敬，等到他一死在另外一個人的刀劍之下，便馬上狂歡無度，侮辱死者，高唱勝利的歌曲，好像他們已經憑着自己的勇猛而征服了他，這種行爲不僅會遭受天譴，而且十分卑鄙，令人齒冷。同時，我還必須對於狄摩西尼斯的行爲加以讚揚，因爲他把流淚、哀悼、和爲親屬憂傷之類事情留給婦女去做，自己則一心以國家利益爲己任，實在是大丈夫之所爲。我認爲，一個眞有大丈夫氣概和政治家風範的人，會永遠着眼於國家的利益，讓私人的憂傷困苦從公衆福利之中得到彌補，他應該比扮演帝王和霸主的演員們更能保持自己身份和地位的尊嚴，那些演員們在舞臺上的哭笑，都不是出於自己的情緒的趨向，而是按照劇情和角色身份的需要。而且，當我們的朋友遭遇不幸的時候，我們也不可不加理睬，而應該溫語慰問，善加寬解，使他們的心思轉移於令人娛悅的事物，正如對於害眼疾的人，我們要勸他不要看那些耀眼刺目的顏色，而應該去看綠色或其他柔和的色彩；一個人在遭受家屬喪亡之慟的時候，他所能得到的最大安慰，莫過於把私人憂傷同公衆福祉溶混爲一，用國運的昌隆來冲淡並且掩飾自己的不幸遭際。我對於這個問題講得太多了，因爲我知道許多人受了艾斯基尼那番話的影響，而產生一種婦人孺子的感情。

現在書歸正傳。希臘各城市在狄摩西尼斯的鼓動之下，再度結成一個聯盟。底布斯人得到狄摩西尼斯的武器供應，進襲馬其頓駐軍，殺死很多人；雅典人也準備和他們並肩作戰；狄摩西尼斯在人民大會中主宰一切，並且致書波斯王麾下的將領們，鼓動他們對亞歷山大作戰，並且稱之爲黃口孺子。可是，等到亞歷山大把國內問題解決完畢，親自率軍來到比奧細亞的時候，雅典人的勇氣馬上消沉，狄摩西尼斯也噤若寒蟬；底布斯人既被這個盟邦背棄，便單獨作戰，失去了他們的城市⑱。雅典人民在憂苦惶惑之中，決定派遣一個代表團去和亞歷山大商談，狄摩西尼斯也被選爲代表之一，但是他恐怕亞歷山大怒氣未消，有些膽怯，走到西底龍(Cithaeron)便行折回，脫離了代表團。在這個時候，亞歷山大却派人前來雅典，要求交出一些演說家；據艾多密尼亞斯(Idomeneus)說，他所要求交出的是十個人，但是大多數最著名的歷史家則都說是八個人——狄摩西尼斯、波留克塔斯、艾斐阿提、賴喀葛士(Lycurgus)、摩羅克理斯、狄蒙(Demon)、凱里斯底尼斯和喀里狄瑪斯(Cheridemus)。狄摩西尼斯針對着這件事情，爲人民們講述一個羊把狗交付給狼的寓言，他說他自己和那些爲人民的安全而奮鬪的演說家們，就好像那些保護羊羣的狗，稱亞歷山大爲「馬其頓的狡狼」。他並且告訴他們說，「小麥商人在販賣小麥的時候，帶着幾粒小麥，放在碗裏，當做樣品；那少數幾粒實在就代表着全部小麥的命運；同樣地，如果你們現在把我們幾個人交付出去，便等於把你們全體連同我們一起交付出去了；」這件事情，見於歷史家喀桑德里亞(Cassandria)人亞理斯托布拉斯(Aristobulus)的記載。

雅典人民正在考慮這個問題，不知道究竟應該如何處理，這時戴瑪狄斯受了亞歷山大要求交出來的那些人的請托，接受他們的五泰倫的餽贈，願意到亞歷山大那裏爲他們求情；他之所以同意接受這項任務，也許因爲他自恃和亞歷山大有交誼，也許他覺得亞歷山大已經饜足，像一頭飽餐獵物的獅子，不會再來計較這種事情。他終於不辱使命，勸服亞歷山大恕宥了那些人，並且同雅典恢復舊好。

因此，當亞歷山大離去的時候，戴瑪狄斯和他的朋友們大權在握，狄摩西尼斯則被冷落下來。可是，當斯巴達人艾吉斯（Agis）發動叛亂的時候，他也曾企圖加以支持，但是不久即行退縮，因爲雅典不肯參加那場叛亂，而且在艾吉斯被殺之後，拉西第蒙人也被征服了⑲。在這個時候，控訴提西封（Ctesiphon）的有關金冠的案子被提付審訊。這個案子在凱洛尼亞戰爭不久之前就被提出，當時是由凱朗達斯（Chaerondas）擔任執政，但是直到十年之後，才加以審訊⑳，現在的執政是阿里斯托封（Aristophon）。這個訟案成爲一個最著名的案子，不僅因爲那些演說家都享有盛名，也因爲審判官們完全大公無私，雖然控訴狄摩西尼斯的人們當時正掌握大權，並且受到馬其頓人的全力支持，可是他們却能不畏權勢，毅然宣判狄摩西尼斯無罪，艾斯尼基方面所得到的票數還不到五分之一㉑，因此在這個訟案完結之後，艾斯基尼便離開雅典，在羅德斯島（Rhodes）和愛奧尼亞（Ionia）教授修辭學，度其餘生。

不久之後，哈帕拉斯（Harpalus）㉒從亞洲來到雅典，他是從亞歷山大那裏逃出來的，因爲他知道自己由於奢侈無度，犯了許多罪行，而亞歷山大對待屬僚的態度却愈益嚴厲，連他的最好朋友也不例外。這個人來到雅典之後，向人民發表談話，把自己的財寶和船隻交出，一切都聽人民發落，雅典的其他演說家們因爲貪圖他的金錢，都來幫他的忙，設法勸服人民接納並且保護這個懇求者。狄摩西尼斯最初建議把哈帕拉斯驅逐出境，並且要大家提防，不要使雅典爲一個既不必要也不正當的理由而陷入戰爭。但是幾天之後，當大家在登記那些財寶的時候，哈帕拉斯發現狄摩西尼斯非常喜歡一隻波斯製造的杯子，極其細心地察看它的刻技術和樣子，於是他便要他放在手上顚一顚，看看那隻金杯有多重。狄摩西尼斯覺得那隻杯子非常重，便問他究竟有多重。哈帕拉斯微笑着對他說：「如果你不嫌棄，我將把它和二十泰倫一起送到你的手裏。」到了晚上，他就把二十泰倫連同這個金杯一起送交給他。哈帕拉斯似乎具有一種特殊的才能，善於從一個人的眼神和面部表情，看出他是貪財的。狄摩西尼斯果然無從抗拒這種誘惑，接受了他的餽贈，這樣一來，無異於引狼入室，以後便一定要全力爲哈帕拉斯的利益效勞了。第二天早晨，他的頸子圍着毛織的圍巾和紗布，走進人民大會會場，當人民請他起立發言時，他做些手勢，表示喉嚨壞了，不能講話。有些富於機智的人却加以諷嘲，說這位演說家害的不是喉頭炎，而是銀炎。後來人民們知道他受了賄，都很憤怒，不許他發言或爲自己辯解，把他哄下臺去，並且有一個人站起來，大聲喊道：「怎麼，雅典的公民們，你們難道不許這個『持杯者』㉓講話嗎？」最後，他們終於把哈帕拉斯驅出雅典；因爲恐怕將來會被要求說明各演說家受賄的情形，他們便對那些演說家逐戶做嚴格的搜查，只有阿倫奈達斯（Arrhenidas）之子考利克理斯（Callicles）例外，因爲如底歐龐帕斯所記載的，當時正值他新婚燕爾，人民爲了對新娘表示尊重，未加搜查。

狄摩西尼斯對這項搜查表示異議，他提出一項議案，要求由裁判所來調查這件事情，並對犯罪者加以懲罰。可是在裁判所判明有罪的第一批人之中，就有他在內，他出庭接受審訊之後，被判決罰鍰五十泰倫，因爲繳不出這筆鉅額金錢，便被關在獄中。在監獄裏面，因爲他對自己的罪名覺得可恥，而且身體也很虛弱，所以對於鐵窗生活頗感難於忍受，於是他由於一部份看守人的疏忽，和另一部份看守人的縱容，設法從獄中逃出。但是，據說他逃離雅典城沒有多遠，就有幾個人追來，他發現那幾個人都是敵對份子，便躲藏起來。可是那幾個人喊着他的名字，漸漸走近，告訴他說他們從家裏帶來一些錢，想送給他，以供旅途之需，希望他能接受，他們追來的目的就是如此，他們並且勸他鼓起勇氣，善處逆境，不要爲目前的不幸遭遇而難過，狄摩西尼斯聽到這些話之後，不禁慟哭失聲，他說：「在另一個城市裏面的朋友們，也不會像這個城市裏面的仇敵們待我這麼好，現在我離此而去，怎能不深感憂傷呢？」他的流亡生活，大部分是在伊琴納和特羅眞（Troezon）度過的，在這個期間，他並未表現出堅忍的態度，時常眼淚汪汪地朝着阿提喀的方向遙望。他當時說過的一些話，仍然留有記載，那些話和他從前在臺上時所標榜的那種大丈夫氣概完全不符。據說，當他離開雅典的時候，他曾朝着衞城舉起兩手，說出這樣的話：「啊，敏諾華女神，你何以竟會喜歡那三種兇猛而無法駕馭的禽獸——貓頭鷹、蛇、和民衆？」有些青年人去訪晤他，同他交談，他便勸他們不要參與政治，他告訴他們說，如果有兩條路供他選擇，一條路通往演講壇和人民大會，另一條則直達滅亡，假使當時他能預知從政者所將面臨的許多弊害，如恐懼、嫉妬、誹謗、和勾心鬥角等等，他一定會毅然選擇那條死亡之路。

但是，在狄摩西尼斯仍然過着這段流亡生活的時候，亞歷山大逝世了㉔。希臘人再度連合起來，準備作戰；里歐西尼斯（Leosthenes）把安提培特圍困在拉密亞，並且在四週修築牆垣，挖掘壕溝，這種英勇的表現對希臘人頗有鼓勵作用。演說家皮西亞斯和綽號鹿角蟲的凱里密頓（Callimedon）逃離雅典，投入安提培特的陣營，偕同這位攝政的朋友和代表們各處奔走，勸阻希臘人不要從事叛亂或與雅典結盟。另一方面，狄摩西尼斯却參加來自雅典的代表們一夥裏面，盡最大的努力協助他們，勸服各城市聯合一致，協力攻擊馬其頓人，把他們逐出希臘。據費拉卡斯(Phylarchus)說，皮西亞斯和狄摩西尼斯曾經相遇於亞伽狄亞，一個爲馬其頓人發言，另一個替希臘人講話，彼此互相詬罵。皮西亞斯說，我們一向認爲如果把驢奶送到某一家去，那個家庭必有人患病，同樣的，如果雅典代表來到某個城市，那個城市便一定有災。狄摩西尼斯反唇相譏，回答他說：「送來驢奶，可以使人恢復健康，雅典人到達，則可以使患病者得救。」雅典人民曉得狄摩西尼斯的這些表現，甚爲高興，開會通過請他返回雅典。這個議案是狄摩西尼斯的表兄弟匹安尼亞(Paeania)人狄蒙提出的。於是雅典人民派遣一隻船前往伊琴納，接他回來，當他在派里亞斯上岸的時候，所有公民全體前往迎接，對他表示熱烈的歡迎，連執政官和祭司也沒有一個不到場的。據邁格尼西人狄米特里亞斯說，狄摩西尼斯對天高舉雙手，爲了自己的愉快歸來而祝福，他認爲他這次從流亡中返回故國，比當年的阿爾西柏亞底更榮耀，因爲同胞們之所以請他回來，對他熱烈歡迎，完全出自他們本身的善意和自由意志，絲毫沒有勉强的成份。現在剩下來的只有那筆罰金的問題了，按照法律的規定，人民沒有權力免除罰金。但是他們想出一個逃避法律的方法。他們有一個慣例，在舉行邱比特天神祭典的時候，對於備置和裝飾祭壇的人物，要致送一些金錢，做爲報酬。現在他們就派狄摩西尼斯擔任這項職務，給他五十泰倫，這個數目剛好用以償付罰金。

可是，他在流亡歸來之後，並未能長久享受故國的快樂生活，因爲希臘人的一切努力，不久卽完全被馬其頓人所擊敗。八月裏，發生了克蘭嫩（Cranon）之戰㉕；九月裏，馬其頓軍隊進入慕尼契亞(Munichia)；十月裏，狄摩西尼斯離開人世，其經過情形如下。

因爲聽說安提培特和克雷提拉斯（Craterus）卽將來到雅典，狄摩西尼斯和他一班朋友便偷偷地逃離這個城市；但是，由於戴瑪狄斯的提議，人民把他們判處死刑。他們分別朝着不同的方向逃去，安提培特派出一些士兵，四處緝捕他們。負責率領那批士兵的是阿基亞斯(Archias)，當時被稱爲「逃犯追捕者」。他是圖里亞(Turia)人，據說曾經做過悲劇演員，當時最優秀的演員伊琴納人鮑拉斯(Polus)就是他的學生；但是赫米帕斯說阿基亞斯是演說家賴克瑞塔斯（Lacritus）的弟子，狄米特里亞斯則說他曾受教於安奈克西密尼斯(Anaximenes)。這位阿基亞斯在伊琴納找到了演說家海坡里狄斯、馬拉松(Marathon)的阿里唐尼卡斯(Aritonicus)、和費勒里亞人狄米特里亞斯的兄弟海默里亞斯(Himeraeus)，把他們從伊卡斯（Æcus）神殿裏面拖出來，押解到當時駐在克里歐尼(Cleonae)的安提培特那裏。到了那裏，他們都被處死，據說海坡里狄斯的舌頭曾被割掉。

阿基亞斯聽說狄摩西尼斯躲在卡勞里亞（Calauria）的海神廟裏，便乘着輕舟前往那個島嶼，他和隨行的一些色雷斯槍兵登岸之後，便去勸導狄摩西尼斯跟他去見安提培特，並且保證安提培特不會苛待他。但是狄摩西尼斯在前一天夜裏做了一個奇異的夢，夢見他在演出一齣悲劇，而且是和阿契亞斯競賽，雖然他演得很好，觀衆也都極感滿意，但是由於缺少較好的道具和服裝的關係，他終於敗在阿契亞斯之手。因此，當阿契亞斯用許多好話勸他的時候，他坐在那裏，用眼睛盯着他說：「阿基亞斯呀，我現在不會爲你的諾言所動，正像我過去不曾爲你的行爲所動一樣。」阿基亞斯聽到這句話之後，怒氣頓生，便對他加以威脅。狄摩西尼斯說：「現在你才算現出本來面目，講出了眞心話，方才你只是在演戲。你且容我一點時間，讓我給家人寫幾句話。」說完之後，他便退回廟裏，拿出一個紙卷，像是要寫信的樣子，然後把筆桿伸在嘴裏，像平常執筆思索時一樣地咬着那隻筆桿，並且讓它在嘴裏停留一些時候。然後他就垂下頭，並且把頭蒙起來。站在門口的士兵們看到這種情形，以爲他懦怯怕死，便嘲笑他沒有丈夫氣概，是個懦夫。阿基亞斯走近一些，要他起來，向他重複以前講過的那些好話，並且再度保證安提培特不會把他怎麼樣。但是，狄摩西尼斯覺得毒藥已經侵襲到內臟，正在發揮作用，於是他拿掉頭上的覆蓋物，兩眼注視着阿基亞斯，對他說：「現在只要你高興，馬上可以開始扮演那齣悲劇中的克里昂(Creon)，把我的屍體拋擲出去而不予葬埋。但是，仁慈的海神呀，趁我現在一息尚存，我要起來，離開這個神聖之所，雖然安提培特和那些馬其頓人連你的神殿也不肯輕易放過，一樣地要加以褻瀆。」他講了這些話，並且要人扶持他，因爲他在往前走的時候，已經全身顫抖，搖搖欲倒。他剛一走過聖壇，便倒在地上，發出一聲呻吟而死去了。

據阿里斯頓(Ariston)說，狄摩西尼斯的毒藥是從筆管裏面取出的，和我在前文中所講的情形一樣。但是另一位歷史家柏坡斯(Papus，赫米帕斯曾經以他的記述做爲根據)却說，當他在聖壇附近倒下的時候，人們發現在他的紙卷上面已經寫出一封書信的開端，只有這寥寥的幾個字——「狄摩西尼斯致安提培特書」；當人們對於他的突然死亡大感驚奇的時候，在門口守衞的色雷斯士兵們宣稱他從一塊布裏面拿出毒藥，放進嘴裏，當時他們還以爲他吞下去的是金子，但是侍候他的女僕在受到阿基亞斯的隨從人員詰問的時候，却說他很久以來就把那塊布和臂鐲戴在一起，當做驅邪符。艾拉托賽尼斯也說狄摩西尼斯把毒藥藏在一個中空的圓環裏面，那個圓環就是他戴在胳臂上的臂鐲。其他許多作家在記述這件事情的時候，還有種種不同的說法，我們無須加以探討，不過狄摩西尼斯的親屬狄摩凱瑞斯(Demochares)的意見，我却必須告訴讀者，他認爲狄摩西尼斯之所以能够迅速而容易地死去，免得遭受馬其頓人的殘酷折磨，並非藉着毒藥的幫助，而完全是由於衆神的格外護佑。他死於十月十六日，也就是農神和婚姻女神節期(Thesmophoria)的最陰沉而森嚴的一天，婦女們在過這個節的時候，都要到這位女神的廟裏守齋。

在他死後不久，雅典人民賜給他一些應得的榮譽。他們爲他建立一座銅像㉖，並且議決他的家屬中之最年長者應由貴賓館供養；在銅像的底座上，刻着這兩行著名的文字：

如果你的力量能和你的智慧媲美，
希臘便不會被馬其頓人所征服。

有人說這兩行詩是狄摩西尼斯在臨服毒之前，自己在卡勞里亞寫出的，這完全是無稽之談。

在我前往雅典之前不久，據說曾經發生如下的事件。一名士兵被他的長官傳召，要他對被指控的一項罪名提出答辯，他在臨去的時候，把自己所有的一點金子放在狄摩西尼斯雕像的手中。雕像兩手的手指互相交叉着，附近長着一棵小篠懸木，那棵樹的許多葉子，也許是偶然被風吹拂過來，也許是被那個人故意拉過來的，都聚攏起來，把那些金子遮掩很久。那個士兵回來的時候，發現他的財寶安然無恙，於是這件事情成爲一個奇談，傳播很廣。城中的許多才子們，以此爲題，各展所長，道出一些妙句，爲狄摩西尼斯的淸廉操守辯白。

至於戴瑪狄斯，他也沒有得意很久，因爲好像冥冥之中有一種力量在爲狄摩西尼斯復仇，鬼使神差，促使他前往馬其頓，在那裏，他竟被他從前卑躬屈節阿諛奉承的人們處死。馬其頓人本來已經對他印象不好，這一次又抓住他的一個明顯而無可否認的罪名。他們截獲了他的一封信，在那封信裏，他籲請柏廸卡斯 (Perdiccas) 進攻馬其頓，解救希臘人，他說希臘人只是被馬其頓用一根舊爛的細線所牽羈着，當然是指着安提培特而言。這件事情是由科林斯人丁納卡斯 (Dinarchus) 告發的，卡桑德 (Cassander)㉗大爲震怒，先把戴瑪狄斯的兒子在他的懷抱之中刺殺，然後下令把他處死。由於自己這種極其悲慘的下場，他也許終於明白，一個賣國者在賣國之前，已經先把自己賣掉了——在過去，狄摩西尼斯時常向他講述這個道理，不過他在未曾身受其禍之時，是絕對不肯相信的。蘇西亞斯，現在我已根據我所讀到或聽到的資料，把狄摩西尼斯的生平敍述完畢。

註解：

① Sosius 是普盧塔克的一位羅馬朋友。

②這個雅典人是柏立克理斯，見柏立克理斯傳。

③偉大詩人 Simonides 是西奧斯人，偉大演員 Polus 是伊介納人。

④指 Delphi 的 Apollo 神殿的這條著名的神諭：Know Thyself。

⑤一泰倫約合美金一千二百元，其購買力約爲現代錢幣之五、六倍。

⑥奧羅帕斯是 Attica 和 Boeotia 邊境的一個城市，在公元前三六六年被底布斯人從雅典人的手中奪去。後來在雅典舉行一次叛國審訊，演說家凱里斯特雷塔斯和將軍查布里亞斯（Chabrias）都出庭，但是這次審訊的實情則不詳。

⑦十萬納約合美金二百元。

⑧福細溫（402?-317 B.C.）——雅典將軍及政治家。

⑨伊遜是一個和狄摩西尼斯生於同時代的人。

⑩敏諾華爲羅馬神話中司智慧、技藝及發明之女神。

⑪原文爲 Brazen，此字有兩個意義，一爲「黃銅的」，一爲「厚顏的」，此處爲雙關語。

⑫約在公元前三五〇年。

⑬在公元前三三九年，費力浦受近隣同盟會議（Amphictyonic Council）之推派，前去懲罰 Delphi 附近之安姆斐薩城，因該城褻瀆神聖。

⑭卽所謂第二次神聖戰爭（Sacred War）。在此次戰爭中，雅典人幫助佛西斯人，費力浦幫助底布斯人。

⑮瑟茂頓爲 Thermodon 河之河神，亞瑪孫族卽居於該河之濱。

⑯指公元前三三八年凱洛尼亞之戰，

⑰費力浦於公元前三三六年被他的衞士鮑舍尼亞斯刺殺身死，參看亞歷山大傳。

⑱在公元前三三五年十月。

⑲公元前三三三年至三三〇年，斯巴達王艾吉斯與波斯聯合對馬其頓作戰。在公元前三三〇年，艾吉斯被安提培特（亞歷山大屬下的馬其頓攝政）擊敗並殺死。

⑳此案在公元前三三〇年審訊。

㉑此種投票結果，可以使艾斯尼基被罰一千德拉克馬，而且以後不得再在雅典法庭提出訴訟案。

㉒哈帕拉斯爲亞歷山大的司庫官，於公元前三二四年來到雅典。

㉓在宴會中，賓客互相傳杯，杯在誰的手中，誰就有權利講話或唱歌，旁人不得阻斷。

㉔在公元前三二三年五月，死於巴比倫。

㉕公元前三二二年八月六日。

㉖此銅像爲 Polyeuctus 的作品，係由狄摩西尼斯之甥 Demochares 的建議，於公元前二八〇——二七九年間建立的。梵蒂岡的著名的狄摩西尼斯大理石雕像，被認爲係此一雕像之摹倣品。

㉗卡桑德爲安提培特之子，後爲其繼任者。

西塞羅

大家都知道西塞羅（Cicero）的母親海爾維亞（Helvia）出身名門，生活高雅，但是關於他的父親的身世，則是衆說紛紜，而且各走極端。有人說他的父親以漿洗布疋爲業，他小時候也學習這種手藝，但是其他的人們則把他的世系追溯到都拉斯・阿特秀斯（Tullus Attius），這個人是佛爾細亞（Volscia）的一個顯赫的國王，曾經同羅馬人做戰，而有卓越的表現。無論如何，這個家族第一個以西塞羅爲姓的人，一定是個相當了不起的人，因爲後代的子孫們不但不反對，而且很喜歡這個姓氏，雖然人們時常把它作爲嘲弄的對象。因爲在拉丁文中，西塞（Cicer）的意思是山藜豆，大概那位祖先的鼻尖上有一個微凹，很像山藜豆上的裂口，因而取得西塞羅這個姓氏。

我現在爲他做傳的這位西塞羅，當他初次競選公職從事政治活動的時候，有些朋友勸他更改這個姓氏，他却意氣豪邁地回答說，他將努力使西塞羅這個姓氏比史考魯斯（Scaurus）和凱圖拉斯（Katulus）等姓氏更爲榮耀。他在西西里擔任財務官的時候，曾向衆神奉獻一個銀盤，他命令工匠把他的前兩個名字瑪卡斯（Marcus）和圖里亞斯（Tullius）都刻在上面，至於他的姓，他則以玩笑的態度吩咐工匠刻上一個山藜豆的圖形，用以代替「西塞羅」。

據說西塞羅生於元月三日①，也就是羅馬官員爲皇帝祈禱和祭神的日子，他母親在分娩時，完全沒有痛楚的感覺；他的乳母則看到一個幽靈，預言她所哺乳的這個嬰兒日後將做出一番轟轟烈烈的事業，造福羅馬。在一般人看起來，這種預言只是一些幻想和無稽之談而已，可是西塞羅本人在不久之後，却用事實來表明其並非虛語。因爲他一到入學的年齡，便顯得才華出衆，成爲儕輩中之翹楚，聞名全校，許多同學的父親都特別到那個學校去，爲的是一睹幼小的西塞羅的丰采，並且對於他那種出名的聰明才智親眼觀察一番，做爲談資。也有那種沒有修養的家長，看到自己的孩子們在走路時，因爲西塞羅加入他們的一夥而引以爲榮的情形，不禁大爲生氣。雖然西塞羅完全像柏拉圖認爲一個愛好學問追求眞理的人所應該的那樣②，對於一切知識都深感興趣，對於任何學問都不肯忽略，可是他對於詩表現出一種更大的喜愛；他幼年所做的詩，現在還有一首留存下來，是用四音步句寫成的，題目叫做龐提亞斯·格勞卡斯 (Pontius Glaucus)。後來，他更加多方面地孜孜努力於這些學術，當時他不僅博得羅馬最優秀演說家的令名，而且被視爲最優秀的詩人。他的做爲演說家的盛名，到今天仍然存在，雖然從他的時代以來，演講的風格已經頗有改變；可是他的詩篇現在却已經默默無聞，被人遺忘，因爲繼起的富於天才的詩人，爲數極衆。

他在受完這段幼年時期的教育之後，便去旁聽柏拉圖學派的費羅 (Philo) 的講學，羅馬人對於這位學者的敬重，超過了克萊托邁卡斯 (Clitomachus) 門下的任何其他弟子，他們爲了他的口才而敬佩他，爲了他的品格而愛慕他。同時，他還和穆夏斯·西佛拉 (Mucius Scaevola) 一派人結交，那些人都是元老院中著名的政治家和領導人物，他從他們習得法律的知識。有過一個很短的時期，他曾服役軍中，在西拉（Sylla）的屬下，參與瑪西亞（Marsia）戰爭。後來，他因爲發現政界人士分崩離析，產生許多派系，再由派系之爭而趨於君主專制，他便退而過着一種隱遁沉思的生活，同希臘學者交往，潛研學問，直至西拉出來主政，國事似乎穩定的時候爲止。

在這個時候，西拉的一名已獲解放的奴隸克里梭戈納斯，舉發一個已經被處死刑的人的一筆產業，並且以二千德拉克馬的代價把那筆產業買下。後來死者的兒子和繼承人羅秀斯（Roscius）提出控訴，表明那筆產業實值二百五十泰倫，西拉甚爲憤怒，反而指控羅秀斯謀殺自己的父親，由克里梭戈納斯揑造一些證據。律師們對於西拉的心狠手辣，深爲恐懼，都袖手旁觀，不敢幫助羅秀斯。這個青年人在一籌莫展之餘，向西塞羅求助。西塞羅的朋友們鼓勵他接受這個案子，他們認爲如果他想側身政界，這實在是一個千載難逢的良機，於是他出面爲羅秀斯辯護，官司打贏了，因而名噪一時。

但是，因爲恐懼西拉報復，他便前往希臘，對外間只說這次旅行只是爲了自己健康的關係。實際上，他也的確瘦弱得很，而且患着很重的胃病，只能在每天晚上吃少許淸淡的食物。他講話的聲音高大宏亮，但是很刺耳，而且未能做適當的調節，講到激昂慷慨的時候，總是把音調提得很高，使人不禁爲他的健康擔心。

到達雅典之後，他經常去聽艾斯凱隆（Ascalon）人安泰歐卡斯（Antiochus）講學，對於這位學者的口才便捷，措辭典雅，大爲傾倒，雖然對於他在學說方面的革新，並不贊同，安泰歐卡斯當時已經脫離了所謂「新學院」，棄絕了卡尼亞狄斯（Carneades）③的一派，他也許因爲受了感官的明證④

的影響，也許因爲對於克萊托邁卡斯和費羅懷着一種敵對的感覺，逐漸改變了自己的意見，在大多數情形之中都接納斯多亞學派（Stoics）的學說。但是西塞羅却很喜愛並且信奉新學院的學說，他拿定主意，如果將來在羅馬政界不能立足，便移居雅典，遠離演講壇和政治，而潛心於哲學的研究。

但是，後來他得到西拉的死訊⑤，這時他已經藉着運動而恢復健康，體質强壯，對於聲音也能善加調節，使之聽起來宏亮悅耳，而且和自己的整個體質相協調；他在羅馬的朋友們紛紛寫信給他，勸他重返政界，安泰歐卡斯也對他做同樣的勸促，於是他決定努力充實自己的演說本領，發揮自己的政治才能，很勤勉地練習演說，並且就教於當時的一些最著名的雄辯家。他從雅典乘船前往亞洲和羅玆島。在亞洲的大師之中，他曾向艾德拉邁夏姆（Adramytium）的翟諾克里斯（Xenocles）、邁格尼西亞的截奧奈秀斯（Dionysius）、和凱瑞亞（Caria）的門尼帕斯（Menippus）請教；在羅德斯島，他曾從摩倫（Molon）之子阿坡羅尼亞斯（Apollonius）學習演講術，從波西頓尼亞斯（Posidonius）學習哲學。據說阿坡羅尼亞斯因爲不懂拉丁語，要求西塞羅用希臘語演說。西塞羅欣然照辦，因爲他以爲這樣一來，自己的錯誤可以得到更爲明確的指點。他講完之後，所有其他聽者都大感驚訝，爭加讚美，但是阿坡羅尼亞斯在聽演講的時候就沒有什麼興奮的表示，等他講完之後，仍然默坐在那裏，茫然沉思，久久不置一辭。西塞羅對他的這種態度深感不安，這時他才開口說道：「西塞羅，我敬佩你，讚美你，但是我憐憫希臘，因爲演講術和口才是希臘的僅存的光榮，現在這些光榮却由你來轉移到羅馬名下了。」

充滿希望的西塞羅，再度努力朝着政界邁進，這時却有一項神諭頓挫了他的鋒芒。他到德爾非去，向阿波羅神請示怎樣才能獲致最大的名望，女祭司給他的答覆是：要以自己的本性、而不要的人民的輿論做爲自己生活的指針。因此，他到羅馬之後，最初一段時期的行爲極其審愼⑥，不肯出頭競爭公職，所以不大受人重視，羅馬的一些卑陋無知之輩並按照他們的慣常作風，稱他爲「希臘人」和「學者」。但是他本來胸懷大志，又受了父親和親戚的督促，終於很認眞地出頭擔任辯護工作。他的進展很快，馬上光芒四射，在律師界中壓倒羣倫，高居首位。據說，他最初也像狄摩西尼斯一樣，在演說的姿勢和態度方面很有缺點，因此他就接受喜劇演員羅秀斯和悲劇演員伊索（Æsop）的指點，刻意模倣。據說這位伊索，有一次在舞臺上扮演阿特魯斯（Atreus），思量着如何向塞埃提斯（Thyestes）復仇，情緒非常激昂，以致心神恍惚，這時正好有一個僕人從臺上跑過，他就用寶杖向他猛擊，把他當場打死。後來，西塞羅演講時的姿勢態度也達到爐火純靑的地步，使他的說服能力大爲增强。他時常嘲笑那些高聲講話的演說家們，他說他們之所以大聲叫喊，是因爲他們不會講話，正如瘸腿的人不能走路，只好騎馬。人們認爲他這種談吐詼諧妙語如珠的本領，是一個辯護人的寶貴特長，極能博得聽衆好感，但是因爲他把這種本領運用得太過份了，使許多人發生反感，爲他留下刻薄的名聲。

他在一個荒歉時期奉派到西西里擔任財務官⑦，到了那裏之後，因爲他强迫人民繳納小麥，以便轉送到羅馬去，許多人最初對他很不高興。後來他們看他治事謹嚴公正，待人寬厚，對他的尊敬，超過對於過去的任何一位長官。有一次，有一些出身望族的羅馬靑年被控在參加戰爭期間不守軍紀，臨陣無勇，這個案子由西西里的行政官負責審訊。西塞羅出頭爲那些青年辯護，獲得勝利，使他們都被宣判無罪。因此他在返回羅馬的時候，爲了這些事情而志得意滿，據他自己告訴我們，他在途中曾經遭遇一件頗爲可笑的事情。在坎培尼亞（Campania），他遇到一個很有名望的公民，因爲他把那個人看成朋友，便向他詢問羅馬人對於他自己的所做所爲，有些什麼批評和想法，言外之意，好像他的大名和光榮事蹟，在羅馬已經是無人不曉。他的朋友被問之後，卻以這句問話做爲回答：「西塞羅，你這一向在什麼地方？」這一問，使他感到十分屈辱，心灰意冷，因爲他發現關於自己的所做所爲的消息，傳到羅馬之後，無異石沉大海，絲毫未能增長他的名望。後來他自己思量一番，覺得他所追求的名望實在是無窮無盡，沒有一個確定的邊際，想到這裏，不禁雄心大減。可是，他一直非常高興聽到旁人的讚美，特別喜歡出名，這種心理時常妨礙他的極其明智的決定，使之不能順利地付諸實施。

在他更爲堅決地開始致力於公衆事務之後，他有一種感觸，覺得使用無生命的器皿和工具的匠人，對於每一件器皿和工具的名稱、位置、和用法都能瞭如指掌，而政治家實行公共措施的工具就是人，他們對於人的各種情形卻馬馬虎虎，所知不多，這種現象實在荒謬得很。因此他不僅儘量記住人們的名字，而且曉得每一個比較著名的公民住在何處，在哪裏有田產，哪些人是他的朋友，哪些人是他的鄰居；當他在意大利任何一條道路上面旅行的時候，他能隨時隨地指出他的朋友和熟人們的地產和別莊。他的產業雖然足可應付自己的開支，爲數實在甚爲有限，可是訴訟當事人所致送的費用或禮物，他卻一律不肯接受，尤其是，在他承辦控訴維勒斯（Verres）的案件的時候，西西里人送給他的豐厚餽贈，也被移做公益之用，這種情形的確使大家很感驚奇。曾任西西里行政官的維勒斯，被西西里人民控告他在任職期間曾有許多邪惡措施，西塞羅幫助促使他被定罪，所使用的手段不是雄辯滔滔，而是緘口不言。在那個案子的審訊期間，各行政官都偏袒維勒斯，故意多方拖延，把這個案子延到最後一天⑧，而一天的時間顯然不够，各辯護人不能有充份的發言時間，那麼這個案子就無法結束。可是西塞羅却宣稱無須發言，他把證據提出並加以查驗之後，就要求法官們投票判決。當時西塞羅所說的許多妙語，却都已被紀錄在案。例如，「維勒斯」在羅馬語中是「猪」的意思；有一個名叫西塞利亞斯的已獲自由的奴隸想要按照猶太人的辦法，把那些西西里人原告丟開不管，而只控訴維勒斯本人，這時西塞羅便問道：「猶太人和猪有什麼關係呢？」當維勒斯開始指責西塞羅生活頹廢的時候，他便回答他說：「你應該回到家裏用這個話去罵你的兒子們」，因爲維勒斯有一兒子行徑卑劣。演說家霍騰夏斯（Hortensius）不敢直接承當爲維勒斯辯護的責任，却答應對於罰款的估定問題替他講話，並且接受他所送的一個人面獅身像（Sphinx）做爲報酬；當西塞羅旁敲側擊地對他加以指責的時候，霍騰夏斯說他不善於猜謎，西塞羅却對他說：「可是你的家裏却擺着一個人面獅身像！」

維勒斯就這樣地被判定罪名了；西塞羅把他的罰金額估定爲七十五萬狄奈里亞斯（Denarius）⑨，有人懷疑他是受了賄賂，故意低估罰款的數額。但是西西里人很感激他，從那個島嶼爲他送來種種的禮物，當時他正擔任營造官⑩，他並沒有自己享用那些禮物，而利用它們來降低食物的價格。

他在阿比（Arpi）有一所很幽美的別莊，在那不勒斯（Naples）附近和龐貝附近各有一所農場，但是這兩所農場都不值很多錢。他的太太泰倫夏(Terentia)帶來的嫁粧共值十萬狄奈里亞斯，他自己所繼承的遺產約值九萬狄倫尼亞斯；他靠着這些錢財，和一些博學的希臘人相交遊，過着一種優裕而有節制的生活。他很少在日落之前進餐，主要原因並非事務繁忙，而是由於害胃病，健康情形不佳。在其他方面，他對於自己身體也特別注意，例如，他每天一定要散步若干次，摩擦身體若干次。因爲他這樣注意攝生，身體漸漸康健起來，可以應付生活當中的許多煩勞和艱苦。他把他父親遺留下來的那所房屋讓給他的兄弟，自己住在巴拉坦山(Palatine)附近，以便前往訪晤的人們不必走很遠的路。實際上，每天到他住所訪問的客人，絕不少於克拉薩斯和龐培兩府的訪客，那兩個人是當時羅馬最有名望最有勢力的人物，前者以財富著稱，後者則在軍人中間擁有權勢。甚至龐培本人也時常是西塞羅的座上客，而西塞羅的政治活動，對於龐培的權勢和名望，也大有幫助。

無數的傑出人物和西塞羅一起競爭行政官的職位，但是他竟能以最多票數膺選首席行政官⑪，人們認爲他對於案件的處理，始終保持公正而淸廉的態度。據說有一個名叫里西尼亞斯・梅舍(Licinius Maser)的人，被控勒索之罪，由西塞羅主審，這個人本身很有權勢，又有克拉薩斯等人做靠山，他自覺有恃無恐，在法官們討論應該如何判決的時候，竟離開法庭，回到家中，匆匆地把頭髮修剪整齊，穿上一件乾淨的外袍，好像已經被宣告無罪一般，穿戴好了以後，動身再回到法庭去；但是他在門口遇見克拉薩斯，克拉薩斯告訴他說，法庭已經全體一致投票判他有罪，他聽到這個消息，便折回室內，倒在床上，馬上就死去了。這項判決使西塞羅的聲譽大增，大家都認爲他很善於主持法庭的審理工作。還有一個人，名叫瓦丁尼亞斯（Vatinius），態度很粗魯，在法庭上時常對法官們傲慢無禮，這個人的頸子上長着許多腫瘤。有一次，他在西塞羅主持的法庭受審，向西塞羅提出一項要求，西塞羅沒有馬上回答，說要考慮一些時候，那人却說如果他是行政官，對於這類事情可以立即裁決。西塞羅馬上對他反唇相譏：「可是我並有長着像你那樣的頸子。」

在他的任期屆滿的兩三天以前，曼尼里亞斯（Manilius）被控勒索的罪名，由他主持審理。人民們對曼尼里亞斯很有好感，熱烈擁護，大家認爲他之所以遭受控訴，完全是由於龐培的關係，因爲他是龐培的好朋友。曼尼里亞斯要求將審理的日期延緩幾天，以便他可以有充份時間設法爲自己辯護，西塞羅只准許延緩一天，就是第二天，人民對於他的這項處置，非常憤慨，因爲按照慣例，行政官至少對被告寬限十天；於是護民官們把他召到講壇之前，對他提出指控，他要求人民聽他解釋。他說他一向儘量在法律許可的範圍之內，對一切被告採取公正寬厚的態度，這次未能完全准許曼尼里亞斯的請求，自己也覺得很難過，但是他之所以決定在那一天審理，是經過審愼考慮的，因爲那一天是他的任期的最後一天，相信凡是希望幫助曼里尼亞斯的人們當然也都不願意把他的案件留給下一任行政官去審理。人民聽到這些話之後，對他的觀感馬上大變，他們對他大加頌揚，並且要求他親自出頭替曼里尼亞斯辯護；他對於這項要求欣然同意，主要是爲了龐培的緣故，龐培當時並不在場。於是他再度登上講臺，向人民發表演說，痛罵寡頭政治的集團和那些嫉妬龐培的人們。

可是，西塞羅之被擢昇爲執政官，不僅平民擁護，貴族也極力贊成，大家都是爲城市的利益着想；平民和貴族協力促成他的擢昇，其緣由如下。西拉所做的政制的改革，最初未能予人以良好印象，似乎有些荒謬愚蠢，但是時間一久，人民漸漸習慣，他們終於覺得那些辦法還算令人滿意。但是有一部份人却想推翻並且改變整個現狀，他們這種企圖的動機並非爲了公益，而只是謀求私利；當時龐培正在同龐培斯（Pontus）和阿米尼亞（Armenia）的國王們作戰，羅馬沒有足够兵力來制服任何叛亂的企圖。那些企圖改變現狀的人們的領袖是一個鹵莽大膽而野心勃勃的人，名字叫做魯夏斯·凱提萊因（Lucius Catiline）。這個人曾經被人指控許多重大的罪名，其中有兩項是奪取自己親生女兒的童貞，和殺死自己的親兄弟；他爲了掩飾後一項罪嫌，勸服西拉把他那個兄弟的名字列在判處死刑者的名單中，使人以爲他仍然活在世間。那些放蕩的公民們就擁這個人爲領袖，大家互做許多誓約，曾用活人獻祭，並且吃了他的肉。城中的大部份青年都被凱提萊因所敗壞，他以大量金錢供給他們，任憑他們花天酒地，追尋各種逸樂。而且，整個伊圖里亞（Etruria）和阿爾卑斯山這邊的高盧大部份地區也都發生叛亂。在羅馬，也由於財富分配的不均，有一種極其危險的希求改變的傾向，因爲那些最有地位最有名望的人們把金錢耗費於表演、酒宴、謀求官職、和豪華的房舍上面，而漸漸淪爲貧困，城中的財富已經流入那些卑微公民的手中。因此，只要有一點兒輕微的推動力，就可以使天下大亂；任何一個大膽的人都有力量來推翻這個病弱的政府。

但是，凱提萊因希望先取得一個强固地位，然後再來實行自己的計劃，所以他出頭競選執政官，而且認爲他會當選，和凱阿斯·安多尼亞斯（Caius Antonius）共同出任執政官，安多尼亞斯本人無論在好的方面或壞的方面都不會有所做爲，却可以成爲一個很優秀的助手。羅馬的絕大多數善良誠實的公民們曉得這種情形，便推促西塞羅出來競選執政官，人民欣然接受，於是凱提萊因失敗，西塞羅和安多尼亞斯當選⑫，雖然在所有競選者之中，只有西塞羅的父親不是元老，而是一位騎士。

當時人民們對於凱提萊因的圖謀還毫無所悉，可是西塞羅出任執政官之後，馬上就遭遇許多初步的重大困擾。一方面，一些按照西拉的法律沒有資格出任公職的人們，爲數不少，勢力也不弱，現在都出來競爭公職，竭力拉攏人民；他們提出許多事情，攻擊西拉的暴虐專制，所說的固然都很眞實而公正，但是他們在這個時際用那些指責來擾亂政府，實在非常不合時宜；在另一方面，護民官們也爲了同樣的目的而建議制訂一些法律，要求任命一個擁有無限權力的十人委員會，這十個人實際就是最高統治者，有權出售全意大利、敘利亞、和龐培新近征服的地區的公共土地，隨着自己的高興審訊並放逐任何人，建立新殖民地，從公庫支取金錢，徵集並且維持他們認爲有其需要的任何數量的軍隊。有幾位貴族也很贊成這項法律，其中尤以西塞羅的同事凱阿斯・安多尼亞斯支持最力，因爲他希望本身能成爲十人委員會中之一員。但是大家認爲安多尼亞斯與聞凱特萊因的密謀，而且因爲自己負債累累，也並不反對那項密謀，這件事情使貴族極感憂懼。

爲了應付這個危機，西塞羅首先放棄了委派他統治的高盧，而請求改派他管轄原來分配給安多尼亞斯的馬其頓。這一着竟把安多尼亞斯完全拉攏過來，使他甘願俯首帖耳，像一個受僱的演員一般，只要西塞羅認爲於國家有益之事，他無不樂於協助。現在他的同事既然已經對他如此俯首帖耳，他便可以更爲大膽地反對那些陰謀者們。於是，他在元老院中發表演說，反對那項成立十人委員會的法律，聲勢奪人，竟使那些建議者噤若寒蟬。那班人再度努力，經過充份準備之後，召請執政官們出席人民大會，西塞羅毫不畏懼，首先挺身而出，要求元老們隨同他一起前往，他憑着自己的雄辯，不僅使那項法律遭受否決，而且把那些護民官們完全慴服，使他們把其餘的計劃也一併打消。

西塞羅以其過人的口才，向羅馬人民表明雄辯可以爲正義增加多大的魔力，公理如果經人巧妙道出，便將顚撲不破；他並且使人民覺得，一個善於治理國事的政治家，在行爲方面應該做自己認爲對的事情，而不可只圖取悅人民，在言語方面則不可激起人民的反感，以免妨害有益國家的措施。他擔任執政官期間在戲院裏發生的一個事件，可以表明他的口才具有怎樣的魔力。在從前，羅馬的騎士們看戲時都和平民混坐，臨時有什麼座位就隨便坐下，瑪卡斯．歐索（Marcus Otho）擔任行政官的時候，首先把騎士同其餘的公民們加以分別，爲他們在戲院裏指定一些特殊的座位，直到現在，他們仍然享受着這種差別待遇。可是一般人民認爲這個辦法對於他們是一種侮辱，當歐索在戲院出現的時候，他們就對他發出噓聲；在另一方面，騎士們却大聲鼓掌歡迎他。人民繼續對他發出噓聲，騎士們則繼續鼓掌。然後雙方針鋒相對，互相詬罵起來，戲院秩序大亂。西塞羅得到這個消息之後，便親自來到戲院，他把人民叫到戰爭女神（Bellona）廟去，對他們申斥勸導一番，竟然發生奇效，等他們回到戲院之後，便對歐索高聲喝采，並且同騎士們競賽，看誰對他表示出更大的尊敬。

凱提萊因和他屬下那一批陰謀者們最初很害怕，有些氣餒，但是不久就又鼓起勇氣。他們再度聚集起來，彼此互相勸勉，要在龐培回來之前，勇敢地舉事，據說龐培當時已經率軍在返回羅馬的途中。但是，促使凱特萊因採取行動的主要推動力，還是昔日西拉屬下的一批士兵。那些士兵已被遣散，現在散居在全意大利各地，但是其中絕大多數和極其兇猛好戰的份子們則散居在伊圖里亞各城市之中，都還懷着夢想，希望一旦時機來臨，能對意大利的聚積的財富重新刼掠一番。那些士兵們以曼里亞斯（Manlius）爲首領（這個人曾在西拉的麾下參加多次戰爭，頗有功勳），同凱提萊因聯合起來，到羅馬來參加執政官選舉，幫助凱提萊因達成願望。因爲凱提萊因現在又在競選執政官，而且決定要趁着選舉的騷亂之際殺死西塞羅。天神在藉着地震、霹靂、和妖魔鬼魂的出現等預示着即將發生的變亂。在人事之中，也不乏證據，那些證據都是很眞實的，但是還不足以使高貴而有權勢的凱提萊因確實相信。因此西塞羅決定延緩舉行選舉，把凱提萊因召到元老院去，就旁人對他所做的指責，加以詰詢。凱提萊因相信元老院中許多元老都希望改變現局，而且想對在場的陰謀者們誇耀一番，竟做了一個非常鹵莽的回答。他說：「我看見兩個軀體，一個軀體細瘦虛弱而有頭，一個軀體碩大健壯而無頭，如果我爲那個無頭的軀體添加一個頭，有何不可？」他這個譬喻，當然是指着元老院和人民，西塞羅聽到之後，更加憂慮。他穿上甲胄，由全體貴族和許多靑年陪伴着，從他的家前往教場。他故意使長袍從肩部溜開一些，讓大家看到裏面所穿的甲胄，因而明瞭他處境的危險；那些人大爲所動，羣集在他的四週，來保護他。最後，經過投票之後，凱提萊因終告落選，塞蘭納斯（Silanus）和穆瑞納（Murena）當選爲執政官⑬。

不久之後，凱提萊因的士兵在伊圖里亞聚集起來，編組成爲一些小的部隊單位，因爲他們預定舉事的日期已經不遠。在午夜時分，幾位居於領導地位的最有力量的羅馬公民瑪卡斯・克拉薩斯、瑪卡斯・馬塞拉斯（Marcus Marcellus）、和西庇歐・麥泰拉斯（Scipio Metellus）前往西塞羅的寓邸，他們扣門，把門房叫來，說他們要見西塞羅。事情是這樣的：那天克拉薩斯用過晚餐之後，他的門房遞交給他一些信件，是由一個不認識的人送來的。那些信件是分別寫給一些不同的人的，其中之一的收件人是克拉薩斯，但是寫信的人並未署名；克拉薩斯只閱讀了寫給他的那一封信，上面說凱提萊因將發動一場大屠殺，勸他離開羅馬。他沒有打開其餘的信件，而帶着那些信件去見西塞羅，一方面因爲對於卽將來臨的危險深感恐懼，一方面也想藉此洗刷自己的嫌疑，因爲他同凱提萊因很熟諗，許多人都對他有所猜疑。西塞羅經過考慮之後，在天明時召開元老院會議。他把那些信件都帶到元老院去，分別遞交各收信人，並且命令他們當衆宣讀；那些信件的內容都是報告一項陰謀。一位具有行政官身份的昆塔斯・阿瑞亞斯（Quintus Arrius）也向大家報告說，士兵們正在伊圖里亞被編組爲小的軍事單位，曼里亞斯則正率領一支很大的軍力徘徊在伊圖里亞各城市，期待着來自羅馬的消息。於是元老院通過一項決議，把全權交付給執政官們，責成他們負責處理一切事務，盡最大的努力拯救國家。這個辦法是很不尋常的；只有在面臨重大危機的時候，元老院才會做出這種決議。

西塞羅接受這項大權之後，把外間的事務都託付給昆塔斯・麥泰拉斯，羅馬城中的一切政務則完全由他親自處理。他每天外出時，都帶着大批的保鑣；每當他走進市場的時候，市場的大部份都被他的扈從所佔滿。凱提萊因沒有耐心再等待下去，決定趕緊離開羅馬，到曼尼拉斯那裏去，但是他命令瑪夏斯和塞底格斯持着劍，在凌晨前往西塞羅寓所的門口，假裝拜訪致敬，然後就地加以襲擊，把他殺死。一個地位崇高的婦人芙維亞（Fulvia）夤夜訪晤西塞羅，向他報告這項消息，勸他對塞底格斯和瑪夏斯二人加以提防。到黎明時，那兩個人果然來了，閽者不許他們進去，他們便在門口吵鬧，使人覺得他們的來意更加可疑。後來西塞羅外出，召集元老們到軍神廟（Jupitor Stator），那座廟座落在聖街（Sacred Street）的盡頭，往上通到巴拉坦山。後來凱提萊因也偕同他的一批朋友來到會場，想爲自己的行爲提出辯護，但是所有元老都不肯和他坐在一起，他在一個座位坐下來的時候，坐在旁邊的人們都紛紛轉移到較遠的座位去。他開始發言時，大家用叫囂來阻斷他的言語。最後西塞羅起立，命令他離開羅馬，因爲在他們兩個人之中，一個人是藉着言語治理國政，另一個人則藉着武器治理國政，所以必須有一道牆把他們二人隔離起來。於是凱提萊因馬上率領三百名武裝份子離開羅馬，並且攜帶着束棒、斧頭、和軍旗，彷彿身爲一個官員一般，浩浩蕩蕩的前往曼尼拉斯那裏；他在那裏糾合了將近兩萬之衆，然後率領這批隊伍前往好幾個城市，企圖說服或強迫他們從事叛亂。現在公開的戰爭即將發生，安多尼亞斯奉派率軍和他交戰。

留在羅馬城中的凱提萊因的同黨，由考內留斯．列圖拉斯糾合起來，加以鼓勵。列圖拉斯綽號「蘇拉」（Sura），出身貴族，但是生活放蕩，從前曾因此而被逐出元老院，但是正第二度擔任行政官之職，因爲按照慣例，凡是希望恢復元老身份的，都要經過這個步驟。據說他那個綽號蘇拉的來歷是這樣的：在西拉的時代，他擔任財務官，濫用了大量公帑，西拉很不高興，要他到元老院提出說明；他以滿不在乎的態度出現在元老院中，宣佈他不預備提出任何說明，他只抬起了小腿，告訴大家說，小孩子們在玩球時如果有了失誤，總是把小腿抬起，現在他所能奉獻大家的也只有這條小腿。於是大家就以蘇拉做爲他的綽號，因爲在羅馬語文中，蘇拉就是小腿的意思。還有一次，他被控違法，向幾位法官行賄，結果以兩票之差被宣判無罪，他却抱怨說，既然多一票就可使自己無罪，賄賂另一位法官實在是花了冤枉錢。這個人本性如此，又受了凱提萊因的煽動，若干虛妄的預言者和算命者也激起他的一些空洞的希望，他們引述一些揑造的詩句和神諭，並且用神巫的預言證明有三個名叫考內留斯的人命定要做羅馬的帝王，其中兩個人已經應驗了神諭，就是辛納 (Cinna) 和西拉，現在天命就要把帝位賜給第三個考內留斯，因此他必須盡全力加以接受，不可像凱提萊因那樣因循拖延，坐失良機。

因此，列圖拉斯所做的計劃眞是非同小可，他決定把元老全部殺光，對於其他公民，也儘量殺死，並且焚燬全城，除掉龐培的子女而外，要斬盡殺絕，他預備把龐培的子女抓起來，做爲人質，以便同龐培和解。因爲當時有一項普遍而正確的報導，說龐培已經結束他的偉大的遠征，正在返國途中。他們預定舉事的夜晚是在農神節 (Saturnalia) 期間，事先把刀劍、亞蔴纖維和硫磺都運到塞底格斯的家中，藏在那裏；他們並且指派一百個人，把全城劃分爲一百區，每人負責一區，到時候大家同時放火，在很短的時間內就可使全城成爲一片火海。另外還派定一些人，負責把水管堵塞起來，凡有企圖取水滅火者，一律殺死。當他們正在安排這些計劃的期間，正好有阿羅布洛治人（Allobroges）的兩名使者住在羅馬；阿羅布洛治人當時的處境甚爲困苦，深受羅馬統治的壓迫。列圖拉斯和他的同黨們認爲那兩名使者頗可利用，可以由他們去煽動高盧人叛亂，於是邀請他們參與密謀。他們致送那兩名使者一些信件，其中有些信件是寫給阿羅布洛治的官員們的，有些信件是寫給凱提萊因的；在寫給官員們的信件裏面，他們許諾給與阿羅布洛治人自由，在寫給凱提萊因的信件裏面，他們請求他釋放所有奴隸，把他們一起帶到羅馬來。他們並且派定一個人，陪同那兩名使者到凱提萊因那裏去，那個人名叫泰特斯（Titus），是克羅頓（Croton）人，那些信件都將由他携帶着。

那些密謀者們都是輕率鹵莽之輩，每次集會必有醇酒婦人，而西塞羅則頭腦冷靜，睿智過人，深謀遠慮，不殫煩勞地注意着他們的各種謀劃，同時還派出一些特務人員，調查他們的一切活動，並且同許多僞裝參與密謀的份子秘密保持連繫。因此他對於他們同那兩名外國使者的談判情形，完全知道；於是他在夜間埋伏以待，並且取得兩名阿羅布洛治使者的暗中合作，把那個克羅頓人連同全部信件一起捕獲。

天亮之後，他召集元老在和諧神殿（Temple of Concord）開會，由他高聲宣讀那些信件，並詰問告密的人們。朱尼亞斯·塞蘭納斯也宣稱，有好幾個人曾經聽到塞底格斯說準備殺死三名執政官和四名行政官。位列執政官的皮索也提出了類似的報告；身爲行政官之一的凱亞斯·蘇爾庇夏斯（Caius Sulpicius）被派前往塞底格斯的住所搜查，發現那裏存放着許多標槍和甲冑，還有大量的劍和匕首，都是新近磨過的。最後，元老院通過不對那個克羅頓人加以懲罰，但是要他必須把全部情形招供出來，列圖拉斯則被宣告有罪，放棄官職（因爲當時他是行政官），當場脫掉那身紫邊的官服，換上一件適合他目前處境的衣服。然後，他和當時也在場的一些同謀者們都被交付行政官們監禁起來，但是未上脚鐐。

這時已到晚間，平民們成羣結隊地在外面等候着，於是西塞羅走了出去，向他們報告一切經過情形，然後在他們的陪伴之下，去到一位朋友和近鄰的家中，因爲他自己的家被一批婦女佔用着，她們正以神祕的儀式，慶祝一位女神的節目，那位女神被羅馬人稱爲「好神」，被希臘人稱爲「婦女神」。按照習俗，每年要在執政官的家中，由他的太太或母親當着守護女竈神聖火的處女們的面，向那位女神獻祭一次。西塞羅到了朋友家中之後（這時只有少數幾個人和他在一起），便開始考慮怎樣處置列圖拉斯那一班人。對於那種重大的罪行，是應該施以最嚴厲的懲罰的，但是他沒有膽量那樣做，因爲他生性仁厚，同時也恐怕引起物議，說他濫用職權，以這種嚴厲手段對待城中那幾位門第最高貴並且結交一些最有權勢的朋友的人們，未免失之苛刻；可是，如果他以比較溫和的手段對待他們，他們必將繼續危害國家。因爲如果他們受到比死爲輕的懲罰，他們也不會覺得滿意，而且要變本加厲，從事各種新的狂妄的嘗試，而一般人民本來已經認爲他不够勇敢，到那時候將更認爲他極端懦怯而缺少大丈夫氣概。

當西塞羅正在猶豫不決的時候，那些獻祭的婦女們却獲得一個預兆。祭壇上的火，本來似乎已經完全熄滅了，却忽然從木柴的灰燼之中迸放出一片極爲强烈的火焰；其他的人們看到這種情形都很驚恐，但是那些神聖處女們却招呼西塞羅的太太泰倫夏，吩咐她趕快去到她的丈夫那裏，叫他爲了國家的利益而實行自己的决定，因爲這位女神已經投下一道巨大的光芒，來助長他的安全與榮耀。泰倫夏既非心腸柔軟，也不膽怯，而是一個雄心勃勃的女人（如西塞羅本人所說的，她並不甘於做他的內助，而寧願參與他的政治工作），她把這個消息告訴西塞羅，並且勸他嚴厲處置那些密謀者們。對他做同樣勸告的，還有他的兄弟昆塔斯（Quintus），和他的一位精研哲學的朋友普布里亞斯·尼吉狄亞斯（Publius Nigidius），他對於最重大的政治事務的處理，時常向這個朋友請教。

第二天，元老院爲了對於那些人如何懲治的問題舉行辯論。塞蘭納斯首先被徵詢意見，他主張把他們都送到監獄裏面，處以極刑。繼續發言的元老們都同意他的意見，直至輪到凱亞斯·凱撒的時候爲止，這個人後來做了獨裁執政者。他當時還是個靑年，事業剛剛開始，但是他的希望和政策已經沿着一個特定的路線前進，以致後來他終於把羅馬變一個君主國家。當時其他的人們都不曾注意到他的這種企圖，但是西塞羅却發現了極爲可疑之點，雖然他並未得到可靠的證據。有些人曾經說過，凱撒的企圖差一點兒沒有被西塞羅發現，有些人則認爲西塞羅已經獲得確實證據，但是爲了懼怕他的朋友們和他的權勢，故意不去理會；因爲大家都看得很淸楚，如果把凱撒和那些密謀者們一起加以控訴，不但不會使凱撒隨着他們受到懲治，反而會使他們隨着凱撒得救。

因此，輪到凱撒發言的時候，他起立表示意見，主張不要把密謀者們處死，而沒收他們的財產，並把他們遞解到爲西塞羅所贊同的意大利任何城市，加以監禁，直到凱提萊因被征服之時爲止。這是一項最寬大的處置辦法，而建議者又是一位最有口才的演說家，西塞羅似乎要促其實現，他站起來，從兩方面的立場來討論這個問題，一部份是贊成前一種辦法，一部份是贊成後一種辦法。西塞羅的全體朋友們都認爲凱撒的辦法最有利於西塞羅，因爲如果不把那些密謀者們處死，他便可以少受責難，所以他們都贊成第二種建議；於是塞蘭納斯也改變主意，收回自己的主張，他表示他的提議未說死刑，只說極刑，在一位羅馬元老看來，極刑就是監禁。第一個反對凱撒建議的人是喀圖拉斯·魯泰夏斯（Catulus Lutatius）。接着伽圖也發言反對，他慷慨陳詞，表示對凱撒本人具有強烈的懷疑，並使全場議員充滿憤怒的決心，結果通過一項建議，把那些密謀者們處死。但是凱撒又反對沒收他們的財產，他認爲大家把他的建議的最寬大部份否決，而採納其中的最嚴厲部份，是不公平的。許多人堅持沒收財產，凱撒便向護民官們呼籲，護民官們也置之不理；後來還是西塞羅本人讓步，免除了判決中的沒收財產部份。

然後，西塞羅便偕同元老們去提解那些密謀者們；他們並不在一個地方，而是分別拘禁在好幾位行政官的家中。他首先把列圖拉斯從巴拉坦山領出來，帶着他從聖街走過，經過市場的中間，一批最有名望的公民環繞在他的身邊，護衛着他。人民們對於這件事情很感恐懼，都默默地從旁走過，尤其是那些青年們，更是驚恐顫慄，彷彿他們正被引導參與貴族政權的一種古代秘密宗教儀式。經過市場，到達監獄，西塞羅便把列圖拉斯交給獄吏，命令他把他處死；然後他又把塞底格斯和其餘的人們一一帶到監獄，執行死刑。許多參與密謀的份子聚集在市場那裏，對於已經發生的事情全然不知，還在等待黑夜來臨，他們以爲那些人仍然活在世間，而且可能獲救，西塞羅看見這種情形，高聲對他們說：「他們曾經活在世間」；因爲避免使用不祥字眼的羅馬人總是以這樣的話來形容已經死去的人們。

到了晚上，西塞羅從市場往家中走去，現在公民們已經不再像白天那樣默默而井然有序地伴隨着他，當他經過的時候，他們向他歡呼喝采，稱他爲國家的救星和建立者。家家戶戶都把燈和火把放在門口，使街上光耀如白晝一般。婦女們在屋頂展示燈光，藉以向西塞羅表示敬意，並且看着他在一大羣最顯赫的公民們陪伴之下，向家中走去。在那些公民之中，許多人曾經指揮重大的戰爭，接受凱旋慶祝，在海上和陸地爲羅馬增添許多屬地。他們陪他行走，在言談之間，大家一致承認，當代的一些將軍和司令官，爲國家帶來許多財富和戰利品，並使國勢强盛，固然很有功勞，但是那些財富和强盛的國勢之得以保全，却要完全歸功於西塞羅一個人，因爲他把它們從這樣一場巨大而急迫的危險之中解救出來。阻止那項陰謀的實現，並對陰謀者加以懲罰，也許沒有什麼了不起，但是他竟能里閭不驚而撲滅了一場最大的陰謀，這種作爲實在不同凡響。至於那些前往投效凱提萊因的人們，大部份人在聽到列圖拉斯和塞底格斯的下場之後，馬上離他而去，凱提萊因率領着殘餘部隊同安多尼亞斯交戰，都被消滅。

可是也有一些人，準備對於西塞羅的所做所爲加以指摘，並且設法對付他；這些人的領導者，是幾位已經當選的下年度的長官，其中有被選爲下年度行政官之一的凱撒，護民官麥泰拉斯和柏思夏

(Bestia)。這些人就職的時候，西塞羅的執政官任期還差幾天就要屆滿⑭，他們不許他對人民發表任何演說，把凳子扔在講臺前邊，阻止他講話，他們告訴他說，如果他願意的話，可以上臺去做退職宣誓，完了馬上下來，不可講其他的話。西塞羅接受這個條件，走上臺去，發表他的退職誓言；可是等到大家安靜下來之後，他所宣讀的並不是通常的退職誓言，而是一種特殊的新奇的退職誓言，他說他曾經拯救國家，並且保持國家的權威；全體人民都證明他的誓言爲不虛。凱撒和護民官們更加氣惱，他們又想出一些新辦法來對付西塞羅，他們提出一項法令，要使龐培率軍回國，來制止西塞羅的專權。但是，幸而伽圖當時也是護民官之一，使西塞羅和整個國家受惠不少。他同那些人勢均力敵，聲望却高於他們，所以足能對抗他們的圖謀。他很輕易地打消了他們的其他計劃，並且在一次演說之中，對西塞羅的執政大加讚揚，人民竟通過以最大的榮譽加給西塞羅，並且稱他爲國家之父。當伽圖在演說之中把這個頭銜加給他的時候，他似乎是第一個博得這種榮譽的人。

所以，在這個時候，他在羅馬享有極大的權威；但是他頗受人們的嫉妬，引起很大的反感，並非由於任何卑劣的行爲，而是因爲他總在讚揚並且誇大自己。每次元老院、人民大會、或法院開會的時候，他總要談論凱提萊因和列圖拉斯的事情。而且，他所著的書籍和文章裏面也充滿了對於自己的讚美之詞；他的演講的風格本來極爲悅人，現在爲了時常頌揚自己，而使聽者厭惡欲嘔；這種討厭的氣質竟像疾病一般永遠糾纏着他。可是，他雖然過份喜好自我頌揚，却絕不嫉妬旁人，相反的，他對於古人和當代的人們都極力加以讚美，任何人從他的作品裏面，都可看到這種情形。他的許多這類頌讚之詞，我們仍然記得；例如，他稱亞理斯多德爲流金之河；在談到柏拉圖的「對話集」的時候，他說如果邱比特像人類一樣地講話，便將使用那樣的語言。他常稱提奧夫雷塔斯的作品是他的特殊奢侈享受。當旁人問他最喜歡狄摩西尼斯的哪一篇演說的時候，他回答說「最長的一篇」。若干自命模倣狄摩西尼斯的人們，對西塞羅表示不滿，因爲在他寫給朋友的一封信裏有一段話，大意說狄摩西尼斯在演講期間有時打瞌睡；但是他對狄摩西尼斯時常做出高度的讚揚，以及他把自己最精心結構的攻擊安東尼(Antony)的演說定名爲「費力浦篇」(Philippics)，藉以表示他對狄摩西尼斯的敬意，那些人對這些事情却一字不提。至於那些和他同時代的人物，不論是演講方面還是哲學方面的名人，沒有一個不曾在他的演說或文章之中受到讚揚。他曾向當時在位的凱撒替消遙派哲學家克拉提帕斯(Cratippus)取得羅馬公民資格，並且促使法院的會議通過一項命令，要求他住在雅典，向青年們講授哲學，爲羅馬增光。在現仍留存的西塞羅寫給希羅狄斯(Herodes)的一些信裏面，和他寫給他的兒子的一些信裏面，他都曾勸促他們跟克拉提帕斯研習哲學。在一封信裏，他曾指責雄辯家高吉亞斯(Gorgias)誘使他的兒子奢華飲酒，因此不許那個人和他的兒子在一起。這一封信，連同另一封寫給拜占庭人匹羅普斯(Pelops)的信，是僅有的兩封他在發怒時寫出的希臘文信件。如果高吉亞斯眞像他所認爲的是一個生活放蕩的人，他對他的責難是應該的；但是他對匹羅普斯的不滿，實在是因爲後者未能爲他從拜占庭人那裏取得某項榮譽，其動機甚爲可鄙。

有時他爲了使自己的演說更爲動聽，而忽略了禮儀和品德，這種情形也可以表明他是如何喜歡爭取旁人的讚美。例如，穆奈夏斯（Munatius）得到他的辯護，被宣告無罪，但是馬上就去控訴他的朋友塞賓納斯，他在盛怒之下，指責穆奈夏斯說：「你以爲你之所以被宣告無罪，是憑着你自己的優點嗎？你曉得不曉得，是我把這個案情弄得昏暗迷茫，才使得庭上無從看見你的罪過？」有一次，他在講臺上讚揚瑪卡斯・克拉薩斯，受到熱烈的喝采，幾天之後，又對這個人公開責罵，於是克拉薩斯質問他說：「在兩天之前，你不是曾經站在這同一的地方稱讚過我嗎？」「是的，」西塞羅回答說，「我不過是利用一個惡劣的主題來練習我的辯才而已。」還有一次，克拉薩斯說他家族中的人沒有活到六十歲以上的，然後又加以否認，並且自責地說，「我爲什麼要說出那樣的話呢？」「是爲了博得人民的好感，」西塞羅回答說，「你當時曉得他們聽到那個消息，將是如何的高興。」當克拉薩斯對於斯多亞派的「善人都富有」的主張加以讚美的時候，西塞羅說：「你所讚美的恐怕是他們認爲『一切東西都屬於智者』的主張罷？」因爲當時克拉薩斯正爲了貪婪而被人控訴。克拉薩斯有一個兒子，和一個名叫艾克西亞斯（Axius）的人長得非常相像，因而引起一項流言，說他的母親同那個人有曖昧關係，這個兒子有一次在元老院發表演說，頗爲成功。當人們請求西塞羅對於這件事情發表一些意見的時候，他用這兩個希臘字作爲回答：Axios Crssou⑯。

當克拉薩斯即將前往敍利亞的時候，他希望在動身之前使西塞羅成爲他的朋友，而不是他的仇敵，所以他在某一天很客氣地告訴西塞羅說，希望能和他一起吃晚飯，西塞羅也欣然同意，很慇懃地加以接待。幾天之後，西塞羅的幾個朋友替瓦丁尼亞斯（Vatinius）向他說項，希望同他言歸於好，再度成爲朋友（當時他們兩人是仇敵），他回答說：「怎麼，瓦丁尼亞斯也要來和我一起吃晚飯嗎？」以上所說，是他對待克拉薩斯的態度。瓦丁尼亞斯的頸子上長着一些腫瘤，當他爲一個案件辯護的時候，西塞羅稱他爲腫瘤演說家；有一天，他聽說瓦丁尼亞斯死了，不久之後，又聽說他仍然活在世間，他便說道：「願那個傳播不確消息的惡棍死去。」

有一次，西塞羅提出一項議案，要把坎培尼亞的土地分配給士兵們，許多元老都反對這項議案，一位最年老的元老路夏斯・蓋里亞斯（Lucius Gellius）並且宣稱，只要有他活在世上一天，絕對不容通過這項議案。西塞羅說：「我們稍微緩一緩好了，蓋里亞斯並沒有要求我們等待很久。」有一個名叫奧克泰維亞斯(Octavius)的人，據說是非洲人的後裔。有一次，當西塞羅發言辯護的時候，他說他聽不見西塞羅所說的話，西塞羅對他說：「可是你的耳朵是有洞的。⑰」麥泰拉斯・尼坡斯(Metellus Nepos)對西塞羅說，他以證人身份所陷害的人，比他以辯護士身份所拯救的人爲多，西塞羅回答說：「我承認，我所講的話的眞實性大於我的辯才。」有一個涉嫌用毒餅謀害自己父親的青年人，態度不遜，聲稱要對西塞羅大肆謾罵，西塞羅回答說：「我寧願接受你的謾罵，而不願接受你的毒餅。」普布里亞斯・塞克夏斯(Publius Sextius)在某次訴訟之中，聘請西塞羅和另外幾個人擔任辯護人，可是在開庭的時候，一切的話都要自己去講，不讓旁人代他發言；當法官們即將投票表決，宣告他無罪的時候，西塞羅大聲對他說道：「塞克夏斯，趕快利用這最後的機會，明天就顯不著你了。」布里亞斯・柯塔(Pulius Cotta)雖然生性愚魯，不學無術，卻很想做一名律師，有一次，西塞羅召請他出庭做證，但是在回答詢問的時候，他總是說：「我對於這件事情毫無所知。」西塞羅便對他說：「你大概以爲我們所詢問的，是法律上的問題罷。」麥泰拉斯·尼坡斯在和他爭辯的時候，屢次問他：「西塞羅，誰是你的父親？」他回答說：「就你的情形來說，你的母親的行徑使得這個問題更難回答；」因爲尼坡斯的母親是一個聲名狼藉的女人，這個兒子本人也很輕浮。有一次，他突然丟下執政官的職務，乘船到敍利亞去投奔龐培，然後又同樣毫無緣由地歸來。他以過份隆重的禮儀把他的老師費雷格拉斯（Philagrus）埋葬起來，然後在他的墓前設置一座烏鴉石像。他說：「這是最恰當不過的，因爲他不會教你演講，而會教你飛翔。」瑪卡斯·艾匹亞斯（Marcus Appius）某次在法庭演說，先說了幾句開場白，大意說他的朋友期望在爲這個案子辯護的時候要表現出勤勉、雄辯、和忠實，西塞羅便問他說：「你怎樣忍心不實行你的朋友對你的要求呢？」

對於敵人和法庭上的對手做這種尖刻的諷嘲，似乎還情有可原，不失雄辯家的本色。但是他時常爲了取笑，不分皂白地對任何人都加以嘲弄，因而引起很大的反感。關於這類事件，我現在略舉數例。瑪卡斯·阿昆尼亞斯（Marcus Aquinius）有兩個女婿，都被放逐國外，西塞羅便稱他爲亞德拉斯塔斯王（King Adrastus）⑱。在西塞羅競選執政官的時候，好酒貪杯的路夏斯·柯塔（Lucius Cotta）正擔任監察吏。在進行選舉時，西塞羅口渴了，當他喝水時，朋友們站在他的四週，他對他們說：「你們有理由擔心監察吏會跟我過不去，因爲我喝的是水。」有一天，他遇見佛科尼亞斯（Voconius）帶着三個極醜的女兒，便吟詠這一行詩：

他未經阿坡羅神的許可而養育這些孩子。

瑪卡斯・蓋里亞斯據說是奴隸之子，有一次他在元老院中宣讀幾封信件，聲音嘹亮而高亢，西塞羅聽到之後就說：「這不足爲奇，因爲他出身於一個爲自由而呼號的家庭。」獨裁執政者西拉當年在位的時候，時常張貼公告，將許多公民判處死刑，他的兒子佛斯塔斯・西拉（Faustus Sylla）揮霍家財，債臺高築，終於被迫貼出佈告，出賣財產，西塞羅告訴他說，他喜歡這種佈告，遠甚於他父親的那些佈告。他這種不留口德的作風，使得許多人都厭惡他。

但是克羅狄亞斯一派人之所以協力反對他，則是由於以下的原因。克羅狄亞斯出身貴族家庭，正值青春年少，膽大妄爲，無所顧忌。他和凱撒之妻龐貝亞戀愛，穿着一名奏樂女郎的服裝偷偷進入凱撒的寓所，當時羅馬婦女正在那裏獻祭，不許男人觀看，所以沒有任何男人在場。克羅狄亞斯當時很年輕，沒有鬍子，所以希望能從女人羣中溜過去，和龐貝亞相聚，而不被發現。但是，因爲他在黑夜走進那所大宅，竟在過道上迷了路。凱撒的母親奧瑞莉亞的一名女僕看見他在那裏走來走去，便問他叫什麼名字。在這種情形之下，他非開口講話不可，他告訴她說他在尋找龐貝亞的一名女僕，名叫阿布拉，那個女僕發現他說話不是女人聲音，便尖聲大叫，衆女人聞聲而來。她們把房門關起，各處搜尋，終於發現克羅狄亞斯隱匿在領他進來的那個女僕的房間裏面。因爲這件事情大受物議，凱撒便休棄了他的太太龐貝亞，克羅狄亞斯則被控以褻瀆神聖儀式的罪名。

在這個時候，西塞羅是克羅狄亞斯的朋友，因爲在對付凱提萊因的密謀的時候，克羅狄亞斯曾經是他的一個最熱心的協助者和保鑣。但是當克羅狄亞斯遭受控訴而提出答辯的時候，說他當時並不在羅馬，而是在很遠的地方，西塞羅卻證明他所言不實，說他在那一天曾經到克羅狄亞斯家中，同他商談一些事情；這番話確是實情，雖然大家都認爲西塞羅之所以提供這項證明，主要用意並非爲了證明事實的眞相，而是爲了安撫他的太太泰倫夏。泰倫夏懷恨克羅狄亞斯，因爲據說他的妹妹克羅狄亞想要嫁給西塞羅，並且請圖拉斯（Tullus）幫忙玉成；圖拉斯是西塞羅的極親密的朋友，因爲常常到住在附近的克羅狄亞的家中去，並且對她極爲慇懃，引起了泰倫夏的猜疑；泰倫夏脾氣很暴，又能挾制西塞羅，所以慫恿他趁着這個機會，出頭對付克羅狄亞斯，提出不利於他的證明。許多其他誠實而有品德的公民也提出一些不利於克羅狄亞斯的證明，指陳他做僞證，胡作非爲，賄賂人民，勾引婦女。魯卡拉斯（Luculluss）帶着幾名女僕，證明他曾同自己最小的妹妹通姦，當時那個妹妹就是魯卡拉斯的太太；大家並且相信，他和另外兩個妹妹也有姦情。那兩個妹妹一個叫做泰爾夏，是瑪夏斯・雷克斯（Marcius Rex）的太太，另一個就是克羅狄亞，是麥泰拉斯・塞勒（Metellus Celer）的太太；克羅狄亞的綽號叫做小銅錢，因爲他的一個愛人曾經欺騙他，把一袋小銅錢當做銀錢送給他。這個妹妹特別使克羅狄亞斯聲名狼藉。儘管如此，因爲人民們聯合起來，對抗那些控訴者、證人、和全體反對克羅狄亞斯的人們，法官很感恐懼，在週圍安置一些衞士，來保護自己；大多數法官在把判決寫在判決板上面時，故意把字跡寫得很潦草零亂，使人不易辨認。可是表決的結果，大多數法官主張宣告無罪，據說他曾對法官施以賄賂；喀圖拉斯在下次遇見那些法官們的時候，曾經就此事對他們加以諷刺，他說：「你們找人護衛，的確很對，因為那樣可以使你們的錢不會被人奪走。」當克羅狄亞斯斥責西塞羅說法官們並沒有聽信他所提出的證明的時候，他囘答說：「你說得不對，有二十五名法官相信我而判你有罪，另外三十名法官也沒有相信你，因為他們直到你交出錢來之後才宣告你無罪。」

凱撒雖然被召出庭做證，却沒有提出不利於克羅狄亞斯的證明，他宣稱他不相信自己的妻子和人通姦，他之所以把她休棄，因為凱撒的妻子不僅應該沒有可恥的行為，而且應該不要引起可恥的傳聞。

克羅狄亞斯在脫除這項危險並且被選為護民官之後⑲，馬上開始攻擊西塞羅，做種種的部署，煽動所有的人們，來對付他。克羅狄亞斯藉着一些仁慈的法律來博得平民的好感；他設法通過一項議案，對於每位執政官都授與很大的領地，把馬其頓授與皮索，把敍利亞授與蓋賓尼亞斯；他把貧苦的人民們組織起來，從事政治活動，並且經常帶着一批武裝的奴隸，在身邊護衛着他。在當時最有權勢的三個人物之中，克拉蘇斯是西塞羅的公開敵人，龐培以一種無所謂的態度對雙方討好，凱撒則即將率軍前往高盧。西塞羅經過一番考慮之後，便去巴結凱撒（雖然凱撒並不是他的朋友，在凱提萊因事件發生期間，二人曾有芥蒂），請求任命他做一名副總督，隨同前往高盧。凱撒慨然應允，但是克羅狄亞斯却認為這樣一來，西塞羅便將逃出他的護民官勢力範圍之外，於是宣稱願意同他和解，把最大的過錯推到泰倫夏的頭上，每次談到他的時候，總是講些好話，在同他當面晤談的時候，措辭也極為親切，看起來彷彿對於他並無仇恨或惡感，只是有時以適度而友善的態度，略微發些牢騷而已。克羅狄亞斯藉着這些巧計，使西塞羅的恐懼全然消釋，他竟然向凱撒辭去副總督之職，再度從事政治活動。凱撒大爲惱火，便同克羅狄亞斯聯合起來對付西塞羅，並且使龐培同他反目；他還在人民的一次集會中宣稱，列圖拉斯、塞底格斯和他們的共謀者們未經審訊而被處死，不能算是公平合法。這實在就是對於西塞羅所做的一項指控，後來他便被傳喚，要對此事提出答辯。他已經成了一個被控訴的人，而且後果堪虞，於是他換了裝束，頭髮也不修剪整齊，穿着哀懇者的服裝四處奔走，乞求人民的恩典。但是克羅狄亞斯到每一條街道去迎他，身旁跟着一批態度侮慢而鹵莽的羣衆，那些人對西塞羅的改換服裝和卑躬屈節加以嘲笑，並且時常向他投擲污物和石頭，藉以阻斷他向人民的哀懇。

可是，第一，差不多全體騎士都隨着他改換服裝，有兩萬名之多的青年紳士同他一樣地不把頭髮修剪整齊，跟在他的身後，和他一起向人民哀懇。後來元老院集會，要通過一項法令，規定人民應該改換服裝，以表示他們對於公衆災難的悲傷。但是執政官們反對這項法令，克羅狄亞斯率領一些武裝份子把元老院包圍起來，許多元老跑了出來，高聲喊叫，並且撕裂自己的衣服。但是這場景象既未觸發羞愧之感，也未引起憐憫之念；西塞羅現在只有兩條路可走，一條路是逃亡，另一條路是用武力解決同克羅狄亞斯之間的紛爭。他求助於龐培，龐培却故意置身事外，躲在奧爾班山（Alban Hills）上的一所別墅裏面；他先派他的女婿皮索⑳去代他說項，後來又親自前往。龐培得到消息，知道他要來了，却不願和他見面，因爲他想到西塞羅曾經爲他做過多次政治鬪爭，並且時常爲了迎合他的利益而採取若干政治步驟，覺得很對不住他。但是他是凱撒的女婿，在凱撒的要求之下，他只有辜負西塞羅過去對他的恩惠，因此他從另外一個門溜了出去，避免和西塞羅晤面。西塞羅受了龐培的背棄，一籌莫展，便逃到執政官們那裏，尋求庇護。蓋賓尼亞斯像往常一樣，對他很不客氣，但是皮索對他的態度却比較謙恭親切，勸他屈服讓步，暫避克羅狄亞斯的鋒芒，靜待時機的轉變，目前克羅狄亞斯的企圖，是製造糾紛擾亂，如果他能藉容讓而使這場禍亂消弭於無形，等於再度成爲拯救國家的功臣。

西塞羅得到這個答覆之後，便同他的朋友們商量。魯卡拉斯主張他留在羅馬，認爲他最後一定會佔優勢；其他的人們則勸他逃走，因爲人民們對於克羅狄亞斯的暴怒和瘋狂感覺厭煩之後，一定會盼望他返回羅馬。西塞羅贊成第二種辦法。很久以來，他的家中一直設置着一座敏諾華的雕像，他對之極爲尊崇。他在離開羅馬之前，把那座雕像拿到邱比特神殿，正式奉獻出去，上面刻着一行文字：「獻給羅馬的女守護神敏諾華。」然後他一些朋友的護送之下，在午夜左右離開羅馬，從陸路經過盧坎尼亞（Lucania），打算到西西里去。

但是，西塞羅逃走的消息一經傳出之後，克羅狄亞斯馬上促使人民通過一項放逐西塞羅的法令，他個人並且發佈命令，不許任何人以火和水供給西塞羅，而且在意大利的五百哩範圍之內，所有的人們都不可讓他留宿家中。大多數人民因爲敬重西塞羅的爲人，並不理會這項命令，他們對西塞羅慇懃照料，並且沿途護送。但是在希坡尼亞姆（Hipponium—盧坎尼亞的一個城市，現稱維波 Vibo），有一個名叫維比亞斯的西西里人，過去曾受到西塞羅的提携，並且在西塞羅擔任執政官期間被任命爲總工程師，現在却不肯在自己的家裏接待他，而派人通知他說，願意撥出一所鄉間別墅，供他居住。西西里的行政官凱亞斯・維吉里亞斯（Caius Vergilius），過去同西塞羅的關係極爲密切，現在却寫信告訴他不要前往西西里。西塞羅在沮喪之餘，便前往布倫杜西亞姆（Brundusium），從那裏趁着順風渡海，不料啓航之後，遭遇一股很强的逆風，第二天又把他吹回意大利海岸。他再度啓航，到達德拉邱之後，剛剛上岸，就有地震和海嘯同時發生，預言家們據此推測他的流亡生活不會繼續很久，因爲這些現象乃是變化的預兆。雖然許多人前去訪晤他，對他頗爲尊敬，希臘各城市也爭相派遣代表，向他表示敬意，他却始終意氣消沉，憂心忡忡，像個失戀的愛人一般呆呆地向意大利遙望着；他爲了自己的不幸遭遇而變得極其猥瑣、卑屈、而沮喪，以他那樣一個曾把大半生時間用於研究高深學術的人，竟然如此不能把持自己，實在出人意料。可是他時常要求他的朋友們不要稱他爲演說家，而稱他爲哲學家，因爲他本來以哲學爲本業，雄辯術不過是他用以達到政治目的的工具而已。但是，追求榮耀的心理具有極其强大的作用，可以把人們的靈魂上的哲學素質冲洗淨盡，也可以藉着密切接觸而使民衆的情緒對於他們的心靈發生深切影響，所以搞政治的人必須加意提防，在從事公衆事務的時候，只參與事務本身，而不可捲入由事務所引起的民衆情緒之中，否則便難免陷於不能自拔之境。

克羅狄亞斯把西塞羅趕走之後，先焚燬了他的農莊和別墅，然後又把他城中的房屋付之一炬，在原址建築一座自由女神殿。西塞羅的其餘財產，則標價出售，逐日宣告，但是沒有人買。貴族們都因爲克羅狄亞斯的這些行爲而對他存着畏懼之心。最後，他終於率領着被他縱容得驕橫粗野無法無天的平民，開始攻擊龐培，對於他在被征服地區的若干措施，嚴加指責。龐培受了這番屈辱之後，甚感懊悔，覺得自己在過去背棄西塞羅，實在是一種懦怯行爲，於是改變主張，偕同他的朋友們竭盡全力促使西塞羅返回羅馬。當克羅廸亞斯對於這件事情表示反對的時候，元老院却做出一項決議：在西塞羅未被召回之前，他們將不批准或通過任何議案。但是，在列圖拉斯擔任執政官期間，這件事情所引起的騷亂演變到極其劇烈的程度，護民官們竟在市場被人刺傷，西塞羅的兄弟昆塔斯則躺在被殺死的人民中間，未被察覺，因爲行兇者們認爲他已死了。這時人民的想法開始改變，身爲護民官之一的安尼亞斯·米羅（Annius Milo）首先發難，指控克羅狄亞斯從事暴行，傳他受審。來自鄰近各城市的許多平民結成一體，擁護龐培，龐培率領着那些平民，把克羅狄亞斯趕出市場，並且召集人民投票表決。據說人民的投票結果，表現出空前未有的一致。元老院也惟恐落在人民之後，向所有那些曾在西塞羅流亡期間對他加以照拂的城市致函申謝，並且通過一項議案，由公家出錢，把已被克羅狄亞斯焚燬的西塞羅的房屋和別墅重新建造起來。

於是，西塞羅在流亡十六個月之後，返回羅馬，各城市都爲之歡欣鼓舞，所到之處，人民夾道相迎，急於和他相見，他事後誇稱，全意大利人民把他架在肩膀上面，抬回羅馬，這句話對於當時他所受到的熱烈擁戴的實際情況，表達得只有不足，而無過份之處。克拉薩斯在他流亡之前本是他的敵人，現在也自動去迎接他，同他言歸於好，藉以取悅自己的兒子普布里亞斯，因爲如克拉薩斯所說的，他的兒子是西塞羅的一個熱烈的仰慕者。

不久之後，西塞羅便趁着克羅狄亞斯不在羅馬，率領一大羣人到邱比特神殿，把載有克羅狄亞斯政績的護民官記錄牌扯下來，予以損毀。當克羅狄亞斯爲這件事情向他提出質問的時候，他回答說，克羅狄亞斯身爲貴族而取得護民官的職位，乃是不合法的，所以他在任內所做的一切事情都屬無效。伽圖對於此事甚爲憤慨，發言抨擊西塞羅，並非他對克羅狄亞斯懷有好感，相反的，他對於克羅狄亞斯的全部施政都不贊成，可是他認爲，由元老院投票表決，把那麼許多法案和法令——包括他本人在塞普魯斯和拜占庭主政期間的許多法案和法令在內——宣佈無效，實在是一種反常而激烈的措施。伽圖和西塞羅之間因此發生芥蒂，這種芥蒂雖未演成公開的敵對，却使二人之間的友誼關係存有相當的隔閡。

後來，米羅殺死了克羅狄亞斯㉑，當他被控以殺人罪名的時候，他委託西塞羅做他的辯護士。元老院覺得，審訊像米羅這樣一位赫赫有名而氣概高超的公民，可能引起騷亂，因此責成龐培負責監督這個案件和若干其他案件的審訊工作，由他設法維持全城和法庭的安全。因此龐培便在夜間出動，把軍隊佈置在市場四週的高地，使整個市場處於他們的控制之下。米羅因爲擔心西塞羅看到這個非常的景象，心理可能慌亂，影響他的辯護工作，所以勸服他躺在一架舁床上，由人抬到市場裏邊，在那裏靜靜的休息着，直至法官到齊法庭人滿的時候。因爲西塞羅這個人，不僅臨陣缺乏勇氣，就是在開始演講的時候，也很膽怯，有許多次，他的雄辯已經進入高潮，議論風生，却幾乎還沒有完全停止顫抖。從前里西尼亞斯·穆瑞納被伽圖控訴，由他代爲辯護，在他之前，霍騰夏斯曾經做出一場精采的答辯，極受讚許，他爲了極想勝過霍騰夏斯，在前一天晚上徹夜不眠，到開庭的時候，因爲心緒煩亂和睡眠不足，演講的成績反而不如平常。這一次，當他從舁床下來，即將開始爲米羅辯護的時候，看見龐培率領着軍隊雄據在高地之上，市場四週甲冑閃耀，他便心惶意亂，身體發抖，口齒訥訥，幾乎無法開始演講；而米羅却顯得勇氣十足，無所畏懼，既沒有不修剪頭髮，也沒有穿上喪服。他最後終被判定有罪，這也許是一個主要原因。不過大家都認爲，西塞羅之所以有如此的表現，並非完全由於秉性懦怯。主要還是因爲他對於朋友極其忠誠。

小克拉薩斯在帕底亞死去之後，西塞羅接替他的職位擔任一名祭司，羅馬人稱之爲占兆官㉒。後來他經抽籤決定被任命爲西里西亞的總督，率領一萬二千名步兵和二千六百名騎兵乘船前往該地㉓。他奉到命令，要使凱帕杜細亞重新效忠於他們的國王阿里奧巴詹尼斯（Ariobarzanes）；他未經使用武力，而圓滿達成這項任務。西里西亞人因爲看到羅馬人在帕底亞遭受慘重損失，敍利亞也發生騷亂，頗有蠢蠢欲動之勢，西塞羅發現這種情形，便採取一種溫和的政策，把他們安撫下來，使之繼續效忠羅馬。各國國王送給他的禮物，他完全不接受；他並且免除了宴樂的費用，只是每天在自己的住所款待當地的一些有才學的人士，宴席並不豪奢，但很豐富。他的住所沒有守門人，任何人都從來不曾看見他睡懶覺，他總是很早就起來，在門口站着或者散步，接待那些前來向他致敬的人們。據說他從來不曾下令用棍子責打屬下的人，或者扯掉他們的衣服。他從來不在憤怒之中講出一些侮慢無禮的話，或者以責駡做爲懲罰的手段。他發現公款被人侵吞，爲數甚鉅，因此他便減輕那些城市的負擔，以便公庫可以慢慢地恢復充裕，同時准許那些歸還公款的人們保留其公民權利，而不施以進一步的懲罰。

他也曾率軍作戰，剿滅了盤據在阿梅納斯山(Mount Amanus)的盜匪，因而被屬下的士兵們稱爲「凱旋將軍」。演說家西舍里亞斯向他索取幾隻西里西亞的豹，以便在羅馬的劇場展覽，他在回信當中趁機把自己的功業誇耀一番，他說西里西亞已經沒有豹了，因爲這個地方國泰民安，刀兵不動，豹便成爲唯一的遭受襲擊的對象，這種野獸在憤慨之餘，都逃到凱里亞（Caria）去了。他在離開那個領地返回羅馬的途中，首先在羅德斯島停泊，然後又在雅典停留一些時候，頗想重溫舊夢，再度從事學術的鑽研，他拜訪一些著名的學者，會晤一些舊日的友伴；在希臘受到應得的尊崇和禮遇之後，返回羅馬㉔，當時那裏的情勢已如野火燎原，即將演變成爲一場內戰。

元老院打算通過一項決議，爲他舉行凱旋式，他却表示只要有助於雙方歧見的調和，他寧願追隨在凱撒的凱旋行列之後。他並且給凱撒寫許多封信，親自拜訪龐培，分別向二人提出許多忠告，他盡了最大的努力，撫慰雙方，使他們不要衝動。後來事態演變到無可救藥的地步，凱撒率軍逼近羅馬，龐培不敢繼續停留在那裏，在許多有品德的公民陪伴之下，離開羅馬，這時西塞羅並未隨他們一同逃走，人們都以爲他已依附凱撒。他當時的心情一定深感左右爲難，無所適從，因爲在他的書簡裏面曾經有過這樣的話：「我應該投到哪一邊去呢？龐培發動戰爭的理由很公正而令人敬佩，而凱撒則把事務處理得更爲妥善，並且具有較大的能力，可以保全自身和朋友們。所以我知道我應該逃離何人，而不知道應該逃向何人。」凱撒的一個朋友特里貝夏斯(Trebatius)寫信給西塞羅，說凱撒認爲他最好的自處之道是參加凱撒的一邊，協力實現凱撒的願望，如果他自認年紀已老，做不到這一點，就應該去到希臘，安安靜靜的住在那裏，置身事外。西塞羅對於凱撒之未曾親自寫信給他，很感驚奇，憤然覆信說他不能做出任何與自已過去生活不相適合的事情。他的書簡裏面所記述的情形，大致如此。

但是，凱撒剛一率軍進入西班牙，他便乘船去投奔龐培㉕。龐培的左右對他都表示歡迎，只有伽圖對他的這項行動不以爲然，私下責備他不應該到龐培這裏來。伽圖說，他自己放棄了最初選定的政治路線，追隨龐培，覺得很不應該，至於西塞羅，實在沒有理由也沒必要變成凱撒的敵人，到這裏來和他們共同冒着很大的危險，如果他繼續留在羅馬，保守中立，運用自己的影響力促使事態得到一個比較圓滿的結局，將可對國家和朋友們有更大的貢獻。

西塞羅聽到這一番話之後，心情完全改變，同時龐培並未對他予以重用，也使他有冷水澆頭之感。不過，他也是咎由自取，因爲他不否認自己對此行已有悔意，他對於龐培的實力頗有微詞，暗中指摘他的各種計劃，並且對於他左右的軍人們不斷的加以嘲笑諷刺。雖然他總是帶着一副陰沉憂鬱的面容，在營中各處走動，但是每有機會，他總要招惹旁人發笑，不問對方願意與否。我們可以舉幾個例子。杜米夏斯把一個並非軍人的人擢昇爲一個部隊指揮官，並且爲自己的這項決定辯解，說那個人很謙恭而謹愼，西塞羅就問他說：「那麼你爲什麼不留他做你的子女的家庭敎師？」賴茲包斯（Lesbos）人底歐芬尼斯（Theophanes）是軍中的總工程師，在羅德斯人的艦隊遭受損失之後，他加以慰問，因爲措辭優美，深受人們讚揚，西塞羅聽到這種情形之後說道：「有一個希臘人做主管，眞是了不起的事！」當凱撒進展順利，而且已經要把龐培圍困起來的時候㉖，列圖拉斯說他聽說凱撒的朋友們意氣消沉，西塞羅回答說：「你的意思是說他們對凱撒不懷好意。」有一個名叫瑪夏斯的人，剛從意大利來，告訴大家說羅馬方面盛傳龐培已被圍困起來，西塞羅對他說：「而且你已經乘船到那裏去親眼看見了」。在上次失敗之後，諾昂尼亞斯（Nonius）鼓勵大家不要氣餒，仍然大有希望，因爲龐培的大營裏面還有七隻鷹，西塞羅說：「如果我們用穴鳥作戰，你的話倒大可鼓舞士氣。」賴賓納斯强調一些預言的內容，說龐培一定獲得勝利，西塞羅說：「不錯，這場戰役的第一步就是失去我們的大營。」

發舍西亞之戰㉗（西塞羅因爲生病，未曾參加此一戰役）結束之後，龐培便逃走了，這時伽圖在德拉邱還擁有大量的軍隊和一支龐大的艦隊，他按照法律並且因爲西塞羅具有執政官崇高身份，請西塞羅擔任統帥。但是西塞羅拒絕接受這項職務，並且全然不肯參與他們的繼續作戰的計劃，幾乎因此而釀成殺身之禍；因爲小龐培和他的朋友們稱他爲奸逆，拔出寶劍要殺死他，幸而伽圖加以勸阻，勉强救了他的性命，帶他離開大營。

然後他前往布倫杜西亞姆，在那裏停留一些時候，等待凱撒，當時凱撒正因事務牽羈，滯留在亞洲和埃及。後來，西塞羅聽說凱撒已在塔倫坦上岸㉘，將從陸路前往布倫杜西亞姆，便趕緊去迎接他，當時他的內心固然抱着相當希望，但是也十分擔心，不知道這位已成勝利者的舊日敵人在衆目睽睽之下，將以怎樣的態度對待他。但是後來的事實證明，他無須講任何屈辱的話，或做出任何屈辱的行爲，因爲凱撒一看見他在衆人之前走近的時候，便下車迎接，向他致意，然後和他且行且談，兩個人在一起走了數壠之遙。從那時以後，凱撒一直對他優禮有加，後來西塞羅寫了一篇頌讚伽圖的演講詞，凱撒在一篇應和的演講詞之中，對西塞羅的事蹟和辯才加以讚美，認爲可以媲美柏利克里斯和瑟拉米尼斯（Theramenes）。西塞羅的演講詞的題目叫做「伽圖」，凱撒的題目叫做「反伽圖」。

據說，當昆塔斯·利蓋里亞斯（Quintus Ligarius）因爲曾率軍對抗凱撒而被控訴的時候，西塞羅擔任他的辯護人，凱撒等了很久，不見西塞羅發言，便對他的朋友們說：「爲什麼我們不能再度聽到西塞羅的演說呢？看起來利蓋里亞斯一定是個壞蛋和敵人了。」後來，西塞羅開始演講，使凱撒受到奇妙的感動，他的立意和內容哀婉悱惻，措辭優美迷人，竟使凱撒的臉色時常隨着變化，他的全部情緒顯然都在激動之中。最後，西塞羅講到發舍里亞之戰，凱撒竟感動得全身顫抖，他拿在手中的一些文件竟不知不覺地掉落地上。他完全被那篇演講所征服了，終於宣判利蓋里亞斯無罪。

後來，這個國家的共和政體改爲君主政體，西塞羅便退出公共事務，把餘暇時間用於教授一些青年們研習哲學；在那些青年之中，不乏門第高貴身居要津的份子，所以西塞羅由於同他們的密切交往，再度在本城中擁有很大的影響力。他並且從事撰著和翻譯哲學對話錄，把一些邏輯的和物理的名詞譯成拉丁文。據說，首先或者負着主要責任把 phantasia, syncatathesis, epokhe, catalepsis, atamon, ameres, kenon ㉙和其他的諸如此類的專門名詞譯成拉丁文的，就是西塞羅，他或者藉着隱喻，或者藉着其他變通的處理，使得那些名詞能被羅馬人瞭解和表達。他時常發揮他的敏捷的詩才，做爲消遣；據說他在致力做詩的時候，往往在一夜之間做出五百行詩。他的大部份時間都消磨在塔斯庫拉附近的別墅裏面。在寫給朋友們的信中，他說他是在過著雷厄蒂茲（Laertes）㉚的生活，這個話也許出於他那種慣有的詼諧態度，也許因為他的雄心未已，不甘寂寞。他很少到城裏去，每次進城，總是為了巴結凱撒。他往往是倡議以新的榮譽加給凱撒的人，並且總在設法想出一些新的詞句，來讚揚凱撒和他的行為。他對於龐培雕像事件所說的話，就是一例。龐培的雕像曾被拆除，後來凱撒下令把它重新建立起來，西塞羅就說，凱撒這項仁義的行為，固然建立起龐培的雕像，但同時也等於為他自己建立一座雕像。

據說他曾經打算寫一部羅馬的歷史，這部歷史裏面要配合許多希臘歷史的事蹟，並且把他所蒐集的一切有關過去的故事和傳說都包羅在內，但是他因為在公務方面遭遇種種的拂逆，私人生活方面也有許多不如意的事情，以致阻礙了這項計劃的實現。不過他的那些拂逆和不如意事，多半是咎由自取。首先，他同他的太太泰倫夏離婚，因為在戰爭期間，她忽視了他，以致在他出發的時候，完全沒有旅途所備的各種用品；他回到意大利之後，她對他的態度也不好，因為他在布倫社西亞姆停留很久，她竟沒有到那裏去和他相會；當她的女兒長途跋涉前往布倫杜西亞姆的時候，她也不曾派遣適當的人員護送，或者供給所需要的川資；此外，她還為他留下了一座空無所有的房屋，和許多大筆債務。這些是他所提出的最正當的離婚理由。但是泰倫夏卻完全加以否認，而西塞羅在不久之後就和一個年輕的女子結婚，頗足以證明秦淪夏所言之不虛。他同那個少女結婚，也許是如泰倫夏所指摘的，是因為喜愛她的美貌；也許是如他的已獲自由的奴隸泰洛所寫的，是為貪圖她的財富，以便償還自己的債務。因爲那個年輕女子很富有，西塞羅做了她的受託人，負責照管她的財產；西塞羅在親戚朋友們的勸說之下，同她結了婚，以便淸償欠債，雖然二人的年齡相差懸殊。安東尼在回答西塞羅的「費力浦篇」的時候，曾經談到這件婚事，指責他不應遺棄一個已經共同生活到老年的太太，並且對於西塞羅的喜歡家居、不活躍、和沒有軍人氣概的習慣，做了一些巧妙的諷刺。在他這次結婚之後，他的女兒杜莉亞因爲難產死於列圖拉斯的家中，她在前夫皮索去世之後，就嫁給列圖拉斯了。許多哲學家從世界各地前來慰問西塞羅；他非常悲傷，竟致和他的新婚太太離了婚，因爲她對杜莉亞的死似乎頗爲高興。西塞羅在此時的家庭情況，大致就是如此。

他並未參與當時正在醞釀着的反對凱撒的圖謀，雖然他是布魯塔斯的最親密的朋友，當時也正鬱鬱不得志，像任何旁人一樣地希望恢復從前的局勢。但是那些密謀者們擔心他生性缺乏勇氣，何況他的年紀又已老邁，即使極其勇敢的人，到了那樣的年紀也會變爲懦怯的。布魯塔斯和喀西亞斯（Cassius）動手刺殺凱撒之後，凱撒的朋友也聯合一起來對付那些行兇的人們，這時羅馬城人心惶惶，都擔心又將陷入一場內戰。當時擔任執政官的安東尼召集元老們開會，並且發表簡短演說，主張協調。然後西塞羅便發表一篇適於這個場合的很長的演說，勸告元老院效法雅典人之所爲，通過一項法令，對於凱撒案中的罪犯加以赦免，並且把布魯塔斯和喀西亞斯派往外地，擔任藩屬的總督。但是這兩項建議都未能成爲事實。平民們對於凱撒的遭際深爲同情，他們看到凱撒的遺體被人抬着從市場經過，安東尼把他的衣服拿給大家看，上面浸滿了血，到處都是被刀劍刺戳的洞，這時他們憤怒若狂，開始尋覓那些兇手，並且持着燃燒着的木柴，跑到他們的家中，要把他們的房屋焚燬。可是，那些人事先已經得到消息，算是避開了這場危險；不過他們預料以後還會有更多更大的危險，所以都離開羅馬，一走了之。

安東尼非常高興，大家都擔憂他將使自己成爲唯一的統治者，尤其是西塞羅，比任何人都擔憂得厲害。因爲安東尼看到西塞羅在羅馬的勢力已經重振起來，而且知道他同布魯塔斯的關係非常密切，所以不願意讓他留在羅馬。而且，這兩個人由於做人態度不同，彼此之間在過去就有一些嫌隙。所以西塞羅有意隨同都賴貝拉前往敍利亞，擔任副總督。但是，兩位很善良而且仰慕西塞羅的執政官當選人赫夏思（Hirtius）和潘薩（Pansa）——他們將繼安東尼之後出任執政官——却請求他不要離開他們，並且答應他，如果他留在羅馬，他們一定會設法壓服安東尼。西塞羅旣未完全不信賴他們，也未信賴他們，不過他沒有隨同都賴貝拉前往敍利亞，他同赫夏思商量好，要到雅典度過夏天，等他們就職之後，他就回來。於是西塞羅首途前往雅典，但是他在途中略有耽擱，這時却突然從羅馬傳來新的消息，說安東尼的態度已經有了驚人的改變，他的一切作爲和公務的處理都完全迎合着元老院的意思，現在很需要西塞羅出頭，使事情可以得到一個圓滿的安排。西塞羅在深悔自己過於膽小之後，便返回羅馬；最初的情形，的確沒有使他失望。因爲，大批的人們成羣結隊地出來迎接他，在城門口和入城之後，大家紛紛向他寒暄問候，竟然幾乎用去整整一天的時間。

在第二天，安東尼召集元老院開會，並且請西塞羅出席。西塞羅沒有前去，他假裝因旅途勞頓而生病了，躺在床上；眞正的理由似乎是，他心中有所猜忌，並且對途中接獲的消息頗多疑慮，所以深恐安東尼在對他從事一項陰謀。安東尼對於他的這種態度非常憤慨，派出一些士兵，命令他們去把西塞羅帶到元老院，如果他不肯前來，就把他的房屋焚燬；但是許多人出頭勸阻，爲西塞羅說項，安東尼在接受保證之後，沒有這樣做。從此之後，他們二人見面，總是不相交談，而且彼此都互相提防着，直到後來，小凱撒從阿坡羅尼亞回來承受老凱撒的遺產，爲了安東尼所扣留的二千五百萬德拉克馬而同安東尼發生爭執，這時情勢又有了新的發展。

已經和小凱撒的母親結婚的費力帕斯，已經和小凱撒的姊姐結婚的馬賽拉斯，帶着小凱撒一同去見西塞羅，並且同他商定：西塞羅以他的口才和他在元老院與人民中間的政治勢力來幫助凱撒，凱撒則以他的財富和武力來保護西塞羅。因爲一大批曾在老凱撒手下服役的軍人，現在都在擁護小凱撒。西塞羅之所以願意同這個青年人合作，據說還有一個更重要的理由：從前在龐培和凱撒都還活着的時候，有一天他做了一個夢，夢見他把一些元老的兒子們召到邱比特神殿去，因爲邱比特將要指定他們之中的一個爲羅馬的主要統治者。公民們都很好奇地跑到那裏，站在神殿的四週，那些青年們身穿紫邊的長袍，靜靜地坐在那裏，一語不發。神殿的門突然開了，那些青年一個一個地都站起來，從邱比特旁邊走過，邱比特把他們檢閱完畢之後，便叫他們回去，當然他們很感失望；但是，當某個年輕人走到邱比特的面前時，這位天神却伸出右手說：「啊，羅馬的人們，這個青年將來成爲你們的統治者的時候，所有的內戰都將停止。」據說西塞羅在夢中對於那個年輕人的樣子留有淸晰的印象，以後那個印象一直留存在他的記憶之中，但是並不知道那個青年是何許人。第二天，他去到瑪夏思校園，看見一些男孩們剛剛做完體操歸來，第一個人就是那個青年，和他在夢中所見到的一模一樣。他在驚訝之餘，詢問他的父母是誰。原來那個青年就是小凱撒，他的父親是鼎鼎大名的奧大維（Octavius），母親是凱撒的姐妹的女兒阿特夏（Attia），凱撒自己沒有子女，便在遺囑中立奧大維為他的姓氏和財產的繼承人。從此以後，據說西塞羅每次遇到他，總要和他攀談，他的反應也很親切；而且，他恰巧是在西塞羅擔任執政的期間降生的。

以上是大家所談到的各種理由；但是，西塞羅之所以同凱撒密切結合，最主要的原因還是他憎恨安東尼，以及不能擺脫名利之念，所以想利用凱撒的力量的支持，來實現自己的政治企圖。那個青年對西塞羅所獻的慇懃也太過火，竟稱他為父親；布魯塔斯對於這件事情非常不高興，在寫給阿提喀斯（Atticus）的信中對西塞羅大加攻擊，他說西塞羅為了憎恨安東尼而巴結凱撒，顯然並不想為國家爭取自由，而是要為自己找來一個縱容的主子。可是，布魯塔斯却提拔西塞羅的兒子（當時已在雅典研習哲學），派他統率一支軍隊，並且擔任其他各項職務，都有很好的成就。西塞羅本人在羅馬的勢力，這時已經登峯造極，可以為所欲為；他已經完全壓服住安東尼，把他驅出羅馬，然後派遣兩位執政官赫夏思和潘薩率領一支軍隊，去征服安東尼；在另一方面，他還說服元老院投票通過，使凱撒享有行政官的徽章和持束棒的隨從，彷彿他就是國家的保衛者一般。但是在安東尼戰敗、兩位執政官也被殺死之後，軍隊都聯合起來，一致擁護凱撒。這時元老院對於這個年輕人和他的非常的幸運深感恐懼，便藉着一些榮譽和餽贈，促使那些軍人離開他，並設法削減他的權力，所持的理由是安東尼既已逃走，便不需要再繼續維持一支軍隊了。

這樣一來，凱撒深感驚恐，他暗中派遣幾位朋友去懇求並且說服西塞羅，要他設法競選，爲他們二人取得執政官的職位；他說，將來就職之後，西塞羅可以任意處理各種事務，並且指揮這個只圖名義和榮譽的年輕的同事。凱撒在事後承認，他當時爲了恐懼軍隊被解散，擔心自己陷於孤立，所以才利用西塞羅的野心，勸他接受他的合作和協助，共同爭取執政官的職位。

這一次，西塞羅的確上了凱撒一個大當，雖然他是一個老人，而對方只是一個小孩子。他幫助凱撒拉票，並且爭取元老院的好感，當時他的朋友們都爲此而責備他；不久之後，他便發現他已經毀了自己，而且出賣了國家的自由。因爲那個年輕人一旦得勢，登上執政官寶座之後㉛，便把西塞羅丟開；他同安東尼和賴廸帕斯（Ledipus）恢復舊好，把自己的力量同他們的力量結合起來，然後就把國家的統治權當做一筆財產似的，和他們分而享之。他們列出一個必須處死的人們的名單，爲數達二百餘名之多。但是他們的最大的爭論點，乃是如何處置西塞羅的問題。安東尼堅持主張西塞羅應該是第一個被處死的人，如果這一點不能獲得協議，其他問題都不必談。賴廸帕斯和安東尼的意見一致，凱撒却反對他們二人的這項主張。他們三人在波諾尼亞（Bononia）附近秘密會商了三天之久。會商的地點距離軍營不遠，有一條河流環繞着。據說，在頭兩天，凱撒很誠懇地爲西塞羅力爭；但是到了第三天，他終於屈服，把西塞羅犧牲了。他們互相讓步的條件如下：凱撒放棄西塞羅，賴廸帕斯放棄他的兄弟鮑拉斯(Paulus)，安東尼放棄他的舅父魯夏思·凱撒。他們的憤怒，已經到了失去人性的程度；而且，從他們的行爲可以看出，一個人如有充份的權力配合着他的憤怒，任何野獸也不會有他那麼野蠻。

這時候，西塞羅正和他的兄弟昆塔斯一起住在塔斯庫拉姆附近自已的別墅裏面；他們聽到那些人的圖謀之後，決定前往西塞羅的一個海濱別墅，叫做艾斯圖拉，再從那裏乘船前往馬其頓，去投奔布魯塔斯，因爲他們已經得到消息，知道那個地方處於布魯塔斯的控制之下。他們二人各坐一乘肩輿，相偕而行，心情非常憂傷；在路上，前面的肩輿時常停頓下來，等後面的肩輿走近，兩人互相悲歎安慰一番。但是昆塔斯想到自已資斧的貧乏情形，特別感到沮喪，因爲據他說，他在臨行的時候，未從家中帶出任何東西。而且，西塞羅所携帶的旅途供應品，也頗爲有限。因此，他們兩人一致認爲，最好的辦法是西塞羅仍然儘快繼續前進，而由昆塔斯回家一趟，取來所需的東西，然後再兼程趕上他；他們這樣決定之後，彼此擁抱，洒淚痛哭而別。

幾天之後，因爲昆塔斯的僕人向前來尋覓他的人們告密，他和他的幼子一起被殺害了。但是西塞羅平安到達艾斯圖拉，在那裏找到一隻船，立刻上去，趁着順風一直航行到舍基亞姆(Circaeum)；但是，當水手們決定馬上從那裏啓航的時候，西塞羅不曉得是害怕航海，還是仍然對凱撒存着幻想，他竟上了岸，從陸路行進了一百壠之遙，像是要前往羅馬。但是他後來又猶豫不決，改變主意，再度回到海濱，在恐懼與困惑的思慮之中度過一個夜晚。有一陣，他決心偷偷地進入凱撒的家，在他供神的聖壇上自殺，爲他引來一位復仇之神，但是想到自己所將受到的折磨，又沒有勇氣那樣做。他考慮到許許多多紛亂而不確定的主意，最後終於讓僕人把他從海路送到凱普泰（Capitae），他在那裏有一所房屋，夏季的西北風很使人舒暢，實在是一個避暑勝地。

在那個地方，有一座阿坡羅神殿，距離海濱不遠。當西塞羅所乘的船駛向岸邊的時候，一羣烏鴉帶着很大的喧噪聲音從神殿朝着那隻船飛來，落在帆桁的兩邊，有些烏鴉呱呱的叫，有些烏鴉啄着繩子的末端。大家都認爲這是一個不祥之兆；可是，西塞羅還是上岸了，他走進別墅，躺在床上定神休息。許多烏鴉落在窗戶上，發出淒厲的叫聲；但是有一隻烏鴉竟然落在西塞羅蒙頭躺臥的床上，用嘴一點一點的啄掉蒙在他頭上的衣服。他的僕人們看到這種情形，都深感愧疚，而責備自己，他們覺得，在他們的主人遭逢這場不該受到的苦難的時候，那些無知的飛禽還前來協助和照料，而他們自己居然袖手旁觀，靜待自己的主人被人殺害，實在太不應該；因此他們便半懇求半强迫地把他扶起，然後用肩輿把他抬往海濱。

但是在這個時候，兩名刺客已經率領一隊士兵來到他的別墅，那兩名刺客一個是百夫長赫倫尼亞斯（Herennius），一個是護民官坡比里亞斯，在後者從前因爲犯了弑父之罪而被起訴的時候，西塞羅曾經替他辯護過。他們到了西塞羅的別墅，看見門都關着，便破門而入。進去之後，看不到西塞羅，裏面的人們都說不知道他在何處。然後，一個名叫費勞羅格斯的青年（這個人曾從西塞羅學習文藝和科學，是他的兄弟昆塔斯的一個獲得自由的奴隸）告訴那位護民官說，西塞羅所乘坐的肩輿正沿着那條樹木茂密而蔭涼的道路朝着海濱行進。於是護民官領着幾名兵士繞路跑到那條道路的出口之處。西塞羅在行進途中，發覺赫倫尼亞斯沿着那條道路從後面跑來，便命令僕人們就地把肩輿放下；他習慣性地用左手撫摩着自己的下巴，兩眼凝視着那些前來殺害他的人們，這時他滿身灰塵，鬚髮蓬亂，顯現在臉上的是一片煩惱憂惶的神情。當赫倫尼亞斯動手殺他的時候，站起一旁的人們都不禁掩起臉面。他的脖子從肩輿裏面向外探伸着，就這樣地死於赫倫尼亞斯的刀下，時年六十四歲㉜。赫倫尼亞斯砍下他的頭，並且按照安東尼的吩咐，也砍下他的手，就是用以寫出攻擊安東尼之演說的手；西塞羅稱那些演說爲「費力浦篇」，直到現在，這個名稱仍被沿用着。

西塞羅的這些肢體被帶到羅馬時，安東尼正在主持一個選舉官員的集會，他聽到消息並且看見那些肢體之後，大聲喊道：「這種判處死刑和放逐的事情，到此爲止罷。」他下令把那個人頭和兩隻手掛在演說臺的頭頂上；羅馬人民看見那個景象，都嚇得發抖，他們以爲他們所看見並不是西塞羅的臉，而是安東尼的靈魂的影像。可是，安東尼也做了一件公道事情，就是把費勞羅格斯交付給昆塔斯的太太麗普尼亞了；費勞羅格斯一到了麗普尼亞的掌握之中，就受到種種可怕的刑罰，她還叫他一片一片的把自己的肉割下來，烤過之後，吃下肚去。這件事情，見於若干歷史家的著作之中。但是，西塞羅的已經獲得自由的奴隸泰羅却沒有講到費勞羅格斯賣主的事情。

我聽說，在很久之後，凱撒去探望他的一個外孫，看到他的手中拿着一本西塞羅所作的書。那個孩子很惶恐，趕緊把書往自己的長袍裏面藏；凱撒看見這種情形，把那本書拿過來，站在那裏讀了一大部份，然後還給他，告訴他說：「我的孩子，這個人很有學問，而且是一個愛國者。」他在擊敗安東尼㉝之後，出任執政官，馬上選西塞羅的兒子做他的同事，擔任另一名執政官；在那一屆執政官任職期間，元老院拆除了安東尼的一切雕像，廢除了曾經給與他的一切榮譽，並且下令安東尼家族中的任何人以後均不得以瑪卡斯（Marcus）爲名；天神的力量對於安東尼所做的最後幾項懲罰，曾經對於西塞羅的家屬發生這樣的影響。

狄摩西尼斯與西塞羅之比較

以上所述，是我們所知道的狄摩西尼斯和西塞羅的生活史中最值得記念的事蹟。雖然我不曾把他們二人在演說方面的能力做確切的比較，可是下列幾點，我覺得還是應該說出：狄摩西尼斯爲了使自己成爲一個演講大師，而把全部先天秉賦和後天習得的語言能力都發揮出來；他在口才的有力方面，勝過同時代的一切從事政治性和法律性演說的人們，在辭藻的都麗和典雅方面，勝過所有那些頌讚的演說家們，在措辭的確切和技巧方面，勝過當時所有的邏輯學家和雄辯學家們；至於西塞羅，則是一個受過高深教育的人，由於勤勉苦學，而成爲一個極有造詣的多方面的學者，他留下無數篇按照學院派原則而撰寫出來的哲學論文；甚至在他的政治性和法律性的演講稿之中，我們也可以看出他時常想要顯示自己的博學。我們從這兩個人的演講之中，發現他們的不同的性情。因爲狄摩西尼斯的演講裏面沒有潤飾和戲謔，其結構完全着眼於求得眞實效果和表現他的嚴肅態度，並不像匹錫亞斯以玩笑態度所說的帶有燈油氣味，而是帶有他的性情所特有的節制、深思、嚴肅、和誠摯的氣味。至於西塞羅，則特別喜歡戲謔，時常流於粗俚；有時候，他爲了當事人的利益，竟用一些戲謔和詼諧的語句來處理嚴肅的議論，可以說是沒有保持適當的分寸：例如，在爲西里亞斯辯護的時候，他說他的當事人的生活雖然那麼優裕，在耽於逸樂的時候，並沒有做出荒唐的事情，因爲擁有某些東西而不去享受，乃是一種瘋狂，何況最著名的哲學家們曾經說過，逸樂乃是最主要的幸福。據說，當伽圖控告穆瑞納的時候，身爲執政官的西塞羅替穆瑞納辯護，竟針對着斯多亞學派的一些荒謬的自相矛盾的言語，講了許許多多戲謔的話，藉以嘲弄伽圖；羣衆朝着法官們發出一陣哄堂大笑，這時伽圖帶着一副安詳的笑容，對坐在旁邊的人們說：「朋友們，我們的執政官多麼風趣！」

的確，西塞羅生性喜歡玩笑和戲謔，他的臉也總是寧靜而帶着笑容。但是狄摩西尼斯却總是帶着憂慮和深思的神情，那種嚴肅態度很少有離開他的時候；所以，據他自己說，他的敵人們都說他愁眉苦臉，沒有禮貌。

從他們兩人的作品之中，我們還可以很明顯地看出，狄摩西尼斯在爲了某種重大目的而需要讚美自己的時候，他總是做得很得體，不會引起旁人的反感；在其他的情形下，他則是謙遜而審愼的。但是西塞羅演說中的極度的自誇，表明他求名的欲望非常强烈，他一直在高呼着武力應該聽命於長袍，凱旋的桂冠應該讓位給口才。最後，他不僅頌揚自己的事蹟和行爲，也讚美自己的演講——包括僅由口頭講過的，和用文字寫出的講詞在內；彷彿他是在同雄辯家伊索克拉提（Isocrates）和安納西米尼斯（Anaximenes）做一場孩子氣的比賽，看誰演講得最好，而不是着眼於領導並且敎誨羅馬人民的工作——

「戰士全副武裝，使敵人膽寒。」

一個做政治領袖的人，當然需要同時也是一個優秀的演說家，但是任何一個人，如果頌揚自己的口才，並且爲了口才所帶來的榮譽而沾沾自喜，實在是可鄙的行爲。就這一方面來說，狄摩西尼斯的態度特別莊重而不凡，因爲他說他的演講本領只是長期練習的結果，其成就大有賴於聽衆的善意與坦誠，他並且認爲，那些爲了自己善於演講而洋洋得意的人們，實在不值一道。

就說服和領導人民的能力而言，這兩個人都是傑出人才，不相上下，所以那些掌握兵權的人們都需要他們的協助；查拉斯（Charas）、戴歐匹錫（Diopithes）、和里奧西尼斯（Leosthenes）曾經要求狄摩西尼斯的輔佐，龐培和小凱撒曾經取得西塞羅的合作，如小凱撒本人在寫給阿格里帕（Agrippa）和米西納斯（Maecenas）的回憶錄中所承認的。一般人都認爲，最能表明和考驗人的品性的，莫過於權柄和地位，因爲這兩種東西能夠激發起人的一切熱情，揭露他的一切弱點。狄摩西尼斯從來不曾擁有這兩種東西，他也從來未能在這些方面表現出他的爲人究竟如何，因爲他從來不曾獲得任何顯赫的職位，對抗費力浦的軍隊雖然是經他號召起來的，却也不曾由他統率。可是，西塞羅却曾奉派到西西里擔任財務官，到西里西亞和凱帕杜西亞擔任地方長官，當時貪婪之風極盛，在外地擔任指揮官和總督的人們似乎認爲竊取是卑鄙行爲，所以都公然用强力掠奪；因此，受賄似乎並不是什麼罪惡行爲，只要做得不太過火，就會受人敬重。可是，在這樣一個時代之中，西塞羅却留下許多證據，表明他的輕蔑財富，仁愛，與和善。在羅馬，他名義上是個執政官，實際上却獲得獨裁者的大權，可以任意對付凱提萊因及其屬下的密謀者們，在那個時期，他的所做所爲足以證明柏拉圖這項預言之不虛：一個國家如果幸而得到一位賢明的主政者，將至高無上的大權、智慧、和正義集於一人之身，那個國家的人民必將出水火而登於袵席之上。

據說，狄摩西尼斯靠着口才賺錢，他曾暗中同時爲一個訟案的雙方當事人佛米昂和阿坡羅多拉斯撰寫講詞，他曾爲了接受波斯國王的金錢而受指控，爲了接受哈帕拉斯的賄賂而受譴責。即使我們承認所有這些作家們（他們爲數不算很少）的敍述並不眞實，至少我們不能否認，狄摩西尼斯對於帝王們爲了尊敬和感激而獻出的禮物，並非無動於衷，而且以他那樣一個按照船舶押款契約出借金錢的人，也不會對於那些禮物無動於衷。但是西塞羅的情形就不同了，如我們在他的傳記中已經講過的，在他擔任財務官的時候，西西里人曾送他許多禮物，在他擔任地方長官的時候，凱帕杜西亞國王曾送他許多禮物，在他流亡的時候，羅馬人曾送他許多禮物，那些送禮的人並且很誠懇的請他接受，但是都經他一一拒絕了。

而且，狄摩西尼斯爲了犯貪汚罪而被放逐，這種放逐是恥辱的；西塞羅爲了替國家剷除一批惡人而被放逐，這種放逐是光榮的。所以，當狄摩西尼斯離開本國的時候，沒有人理會那件事；當西塞羅流亡的時候，元老們却爲他而改換服裝，穿起喪服，並且在未通過讓西塞羅回國之前，不肯討論任何議案。但是，西塞羅在流亡馬其頓期間，未曾做出任何有益之事。而狄摩西尼斯對於國家的大部份貢獻，却是在他的流亡期間做出的；因爲他走遍希臘各城市參與希臘人的鬪爭，把馬其頓的使者們驅走，因而表明他對於國家的貢獻，遠勝於在同樣處境中的忒密斯托克里斯和阿爾西柏亞底。而且，他在回國之後，再度致力於這項政治目標，堅持繼續對抗安提培特和馬其頓人。當黃口孺子凱撒違反規定請求准許他出頭競選執政官的時候，西塞羅却因爲一語不發而在元老院中受到雷利亞斯的指責；布魯塔斯也在書信裏責備他，說他所培育的虐政，比他們已經推翻的虐政更爲厲害。

最後，西塞羅之死很能引起我們的憐憫之情，因爲他當時已經是一個天年將盡的老人，還被僕人抬着東逃西躲，而終於不免被殺。至於狄摩西尼斯，最初雖然似乎現出一些哀懇之態，可是由於他能預備並且密藏毒藥，很使我們欽佩。他最後終於服下毒藥，更是令人欽佩。當海神廟已經不能庇護他時，他便去到一個更强大的神壇，逃出了那些武器和士兵所能控制的範圍之外，安提培特雖然殘酷，也對他莫可奈何。

註解：

①公元前一〇六年。
②柏拉圖的原語見於「共和國」(Republic)。
③卡尼亞狄斯（B. C. 214?–129）——希臘哲學家。
④「新學院」(New Academy) 不承認感官的明證。
⑤在公元前七十八年。
⑥西塞羅於公元前七十七年返回羅馬，時年三十歲。
⑦公元前七十五年。
⑧即本年中可以審理案件的最後一天。當選爲下年（公元前六十九年）行政官的人會偏袒維勒斯，維勒斯的辯護人霍騰夏斯則將出任該年度的執政官。

⑨狄奈里亞斯爲羅馬銀幣名。

⑩營造官（Aedile），爲管理公共建築、街道、市場，監督並籌備競技表演等之官吏。

⑪在公元前六十六年。共選出八名行政官，得票最多者爲首席行政官。

⑫當選公元前六十三年之執政官。

⑬當選公元前六十二年之執政官。

⑭凱撒於公元前六十二年元月一日就任行政官之職，亦即西塞羅交卸行政官職務的第二天；但是公元前六十二年的新護民官則於公元前六十三年十二月初就職。

⑮「費力浦篇」原爲狄摩西尼斯攻擊馬其頓王之演說。

⑯ Axios Crassou—Axios 與 Axius 諧音，Crassou 則爲希臘文之 Crassus。此二字之意義爲 Worthy of Crassus（不愧爲克拉蘇斯之子）。

⑰耳朵有洞通常爲奴隸的標誌。

⑱亞德拉斯塔斯爲神話中之 Argos，兩個女人分別嫁給 Tydeus 和 Polyneices，此二人均流亡國外。

⑲被選爲公元前五十八年的護民官。

⑳與執政官皮索並非一人。

㉑在公元前五十二年初。龐培爲該年之唯一執政官。

㉒在公元前五十三年。

㉓在公元前五十一年。

㉔在公元前四十九年一月四日。

㉕凱撒於公元前四十九年四月前往西班牙，西塞羅於六月前往希臘。

㉖在德拉邱。

㉗在公元前四十八年八月。

㉘在公元前四十七年九月。

㉙各字之拉丁文譯名爲：visum（=conception），assensio（=assent），assensionis retentio（=withholding of assent），comprehensio（=perception），individuum（=atom），vacuum（=void），ameres（=indivisible）及其拉丁譯名未見於西塞羅的現存著作之中。

㉚雷厄蒂茲爲荷馬史詩「奧狄賽」中之人物。

㉛在公元前四十三年八月，當時凱撒才二十歲。

㉜西塞羅於公元前四十三年十二月七日被殺。

㉝公元前三十年，在亞歷山大里亞。

安東尼

安東尼的祖父是一位著名的辯護士，因爲參加西拉的一黨而被梅里亞斯處死。他的父親是安東尼，綽號克里特（Crete），在政界沒有多大名望，但是爲人善良，很受人敬重，尤其特別慷慨。我們現在略擧一例，就可以看出他的慷慨作風。他不是一個很富有的人，所以他的太太不許他任意發揮那種樂於助人的天性。有一次，一個朋友需要錢用，來向他告貸。他手頭也沒有錢，但是他吩咐僕人用一個銀盆爲他打一盆水來，僕人把一銀盆水拿來之後，他用水把下巴潤濕，像是要刮鬍子的樣子，然後打發那個僕人去做另一件事情，僕人離開之後，他就把那個銀盆送給朋友，叫他拿去賣掉，以應急需。後來，家裏發現銀盆丟了，遍尋不得，他的太太非常生氣，要對僕人們一一搜索，這時他才承認自己所做的事情，請她原諒。

他的太太茱利亞，是凱撒家的姑娘，言語審愼，態度高貴，不下於當時任何其他的女子。安東尼就是由這個賢母教養大的，她在他的父親去世之後，再醮給考內留斯．列圖拉斯，後來列圖拉斯因爲參加凱提萊因的反叛，而被西塞羅處死。安東尼之所以對西塞羅懷着深仇大恨，這大概是基本的原因。據他說，西塞羅甚至不許他們埋葬列圖拉斯的屍體，直至她的母親向西塞羅的太太請求，才把屍體給了他們。不過，這番話顯然是不對的，在西塞羅擔任執政期間，對於任何處死者的屍體，都沒有不許埋葬的情事。安東尼靑年時代儀容俊秀，很有前途，不幸與顧里歐（Curio）結交爲友，顧里歐是一個耽於逸樂的人，他爲了使安東尼更易於接受他的操縱起見，竟帶他過着醇酒婦人的生活，使他揮霍無度，以致他在那麽年輕的時候，竟欠下兩百五十泰倫①的債務。這筆欠債，是由顧里歐擔保的；顧里歐的父親曉得這件事情之後，便把安東尼從他的家中趕出去。然後，有過一個很短的時期，他追隨着當時的一位最爲鹵莽無行以煽動民衆爲能事的政治領袖克羅廸亞斯，從事顚覆和擾亂的工作；但是不久之後，就對那個人的瘋狂態度感到厭倦，而且正在形成中一股强大的反對勢力也使他有所戒懼，於是他離開意大利，前往希臘，在那裏練習武藝，並學習演講術。他所學習的主要是所謂亞洲派的演講術，那種演講術當時最爲風行，而且同他那種虛浮誇大、喜歡炫耀、熱衷功名的性格，也頗爲合適。

他在希臘居住一個時期之後，曾經擔任執政官的蓋賓尼亞斯邀請他一起遠征敍利亞，他對於這項邀請，最初加以拒絕，因爲他不願以私人身份隨同前往，後來蓋賓尼亞斯委派他爲騎兵指揮官，他便同他一起出征②。他第一次作戰的對象，是唆使猶太人反叛的亞里斯多布拉斯（Aristobulus）。在這次戰役之中，他身先士卒，第一個爬到對方的最高的堡壘上面，把亞里斯多布拉斯從所有那些堡壘之中驅逐出去；然後在一場佈好陣式的正式會戰之中，擊潰了人數超過他的部隊許多倍的敵方軍隊，把那些軍隊幾乎全部殺死，並且俘虜了亞里斯多布拉斯父子二人。這場戰爭結束之後，托勒密王（Ptolemy）懇求蓋賓尼亞斯協助他收復埃及王國，並且答應給他十萬泰倫，做爲酬勞。大多數軍官都反對這件事情，蓋賓尼亞斯本人也不大願意，雖然那十萬泰倫的確使他深爲動心。但是安東尼生性好大喜功，同時又想取悅蓋賓尼亞斯，便幫着托勒密王勸服他接受這項請求。大家都認爲，這次出征最危險的事情莫過於前往貝魯夏姆(Belusium)的一段行程，因爲在那段行程之中，要經過一片很深的沙漠，完全沒有水喝，而且要沿着阿克里格瑪沼澤(Acregma)和塞波尼斯沼澤(Serbonis)行進(埃及人稱那兩個沼澤爲泰封 Typhon ③ 的呼吸孔，實際上大概是紅海的一個殘餘的海灣，或者是從紅海流出來的一道水，在那片地方，有一個狹窄的地峽把紅海和地中海分開)。安東尼奉命率着騎兵前往，他不僅控制了那條狹窄的通路，而且佔領了那個大城市貝魯夏姆，俘虜了當地的駐軍，因此使得大軍的行進更爲安全，主帥的勝利也更爲易於到手。甚至敵人方面，也從安東尼的渴望榮譽的心情得到好處。托羅密進入貝魯夏姆之後，因爲充滿了憤怒和仇恨的心情，本打算把埃及人全部屠殺，安東尼加以勸阻，才使得他們保全活命。在所有那些重大而時常發生的戰鬪之中，他都表明了自己的勇武和軍事領導才能；尤其是，有一次他從側翼迂廻過去，襲擊敵人的後隊，使前鋒獲得勝利。他爲了這項功勳而獲得很大的奬賞和榮譽。他對於死去的阿基勞斯（Archelaus）所表現的義氣，也很受人重視。阿基勞斯從前本來是他的朋友，他在不得已的情形之下很英勇地同他交戰，但是在阿基勞斯戰死之後，他便找出他的屍體，以王者的儀禮把他埋葬起來。因此，他在亞歷山大里亞的人民中間留下了很好的名聲，所有在羅馬軍隊中服役的人們都認爲他是一位最英勇的軍人。

他的儀表也很俊美而高貴；鬍子長得很漂亮，前額很寬，再配上一個鷹鈎鼻子，使人覺得他具有赫庫里斯畫像和雕像的臉上所表現的那種男性美。而且，有一項古老的傳說，說安東尼一家是赫庫里斯的後裔，他們的始祖是赫庫里斯的一個兒子，名叫安東（Anton）；安東尼就想藉着他同赫庫里斯面貌的相似，和他的服裝的樣式，來證實這種傳說。他每在衆人面前出現時，總穿一件長袍，腰間繫着一條帶子，佩着一把濶劍，外面披着一件粗料的斗篷。他喜歡誇耀，好開玩笑，時常當衆飲酒，旁人吃飯時，他就坐在旁邊，有時還站着和士兵們一起進餐，這些行爲雖然被某些人認爲有些討厭，却博得了部下們的歡心。在戀愛方面，他也頗能博得人們的好感：他因爲幫助別人的戀愛事件，而使那些人成爲他的好友，至於旁人對於他的風流韻事的取笑，他都泰然受之。他的慷慨作風，他對於朋友和其他軍人們的毫無吝色的大量餽贈，對於他的發跡有很大幫助，等到他身居要津之後，又幫助他維持並且增大他的權勢，雖然同時還有無數愚蠢行爲在拆他的臺。關於他的慷慨好施，我現在可以舉一個例。有一次，他吩咐管事付給他的一位朋友二十五萬狄奈里亞斯，他的管事對於這個龐大數字很感驚奇，便把那些銀幣堆成一大堆，擺在那裏，藉以表示責難的意味。安東尼從那裏經過時，看見那堆錢幣，便問管家爲什麼把錢擺在那裏；管家囘答說：「這些錢是你吩咐送給你的朋友的。」安東尼發現他的管家居心不善，便告訴他說：「二十五萬狄奈里亞斯才這麼一點點，這怎麼够，再加上一倍。」不過，這是以後的事情。

後來，羅馬政界分裂成爲兩個派系，貴族派擁護在羅馬的龐培，平民派則求助於率軍駐節高盧的凱撒，這時安東尼的朋友顧里歐已經改變立場，轉而擁護凱撒，同時說服了安東尼，和他採取同一立場。顧里歐憑着他的口才，和凱撒所供給的金錢，對於人民具有很大的影響力，因而得以使安東尼先被選爲護民官④，然後又被選爲占兆官。安東尼就職之後，馬上對於凱撒發揮了最大的助力。第一，當執政官馬塞拉斯建議把龐培已經徵集的軍隊完全交給他統率，並且授權給他，可以由他再行徵集一些軍隊的時候，安東尼加以反對，並且另外提出一項法令，規定應該把那批軍隊開到敍利亞，支援正在和帕底亞人作戰的畢布拉斯，而龐培所徵集的任何軍隊，都不得歸他指揮。第二，當元老院拒絕接受或宣讀凱撒的信件的時候，安東尼利用自己的職權，親自公開宣讀那些信件，使許多元老改變意見，因爲他們從那些信件看出，凱撒的要求都是很正當而合理的。最後，有兩個問題在元老院中提付討論，第一個問題是，龐培應否把他的軍隊解散，第二個問題是，凱撒應否把他的軍隊解散，有一部份人主張龐培應該放棄他的武力，差不多所有的人都主張凱撒應該放棄他的武力，這時安東尼起立發言，建議由元老院通過一項議案，使龐培和凱撒二人都把軍隊解散。元老們對於這項建議極爲讚許，高聲喝采，並且要求投票表決。但是執政官們不同意這個辦法，於是凱撒的朋友們又提出幾項建議，都很公正而合理，却遭受伽圖的强烈反對，執政官列圖拉斯並且叫安東尼離開元老院。安東尼對那些人大罵一陣，走出了元老院，然後穿上一個僕人的服裝，僱了一輛馬車，同昆塔斯・喀西亞斯一起出發，投奔凱撒去了。到了凱撒的軍營之後，他就宣稱羅馬的政務已經搞得亂七八糟，無法無天，連護民官都沒有在元老院中自由發言的權利，他爲了公理正義而發言，竟被驅逐出來，而且生命都有了危險。

於是凱撒發動人馬，進軍意大利；就是因爲這個緣故，西塞羅在他的攻擊安東尼的演說中說，正如特羅艾戰爭（Trojan War）的起因是海倫（Helen）一樣，這場內戰的起因是安東尼。實際上，這只是一種誣陷之詞而已。因爲凱撒決不是一個沒有定見的人，不會由於一時的憤怒而做出衝動的行爲，如果他不是早已打下這個主意，他不會因爲看見安東尼和喀西亞斯穿着破舊衣服、乘着僱來的馬車、到他的大營來避難，就馬上發動一場內戰。這件事情，只是供給他一個期待已久的適當藉口而已；但是，促使他發動這場戰爭的眞正動機，和從前促使亞歷山大和塞魯士（Cyrus）對全人類發動戰爭的動機是一樣的，那就是，無法抑制的權力的欲望，和想成爲全世界最偉大人物的瘋狂野心；他如果想實現這種願望，非先把龐培打倒不可。因此他出兵佔領了羅馬，把龐培驅出意大利之外，然後便決定先去征討龐培的在西班牙的軍團，並且下令在這個期間準備好一支艦隊，等西班牙戰事結束時，艦隊也可以準備好了，那時他卽將渡海去對付龐培本人；他把羅馬的政務託付給擔任行政官的賴廸帕斯，把意大利和軍隊托付給擔任護民官的安東尼。安東尼不久就深深地博得了士兵們的好感，因爲他參加他們的操練，大部份時間都和他們生活在一起，並且盡自己能力之所及，餽贈他們許多禮物；但是在其他的人們之間，他却很不孚衆望。他很懶惰，不肯對那些受寃屈者的訴苦加以注意；他在聆聽旁人的申請的時候，顯得很不耐煩的樣子；他時常同旁人的妻子發生密切關係，名聲很壞。總而言之，凱撒的政權（就凱撒本人的所作所爲而言，那個政權絕對不是一個暴虐的政權）的名聲，被他的朋友們弄壞了。在那些朋友之中，安東尼被委託的責任最重，所犯的錯誤最大，大家認爲他的過咎最深。

可是，凱撒從西班牙歸來⑤之後，並未理會人們對於安東尼所做的指責，安東尼在戰爭中執行他所委派的任務的時候，很勇敢、精力充沛、而且頗有將才，實在無可非議。

凱撒從布倫杜西亞姆上船，率領少數軍隊渡過愛奧尼亞海⑥，然後把那些船隻遣回，命令安東尼和蓋賓尼亞斯趕快率領他們的部隊乘船前往馬其頓。當時正値冬季，氣候惡劣，波濤洶湧，蓋賓尼亞斯不敢冒險航海，而打算率領他的軍隊從漫長的陸路繞道前往；但是安東尼認爲凱撒既然正遭敵人圍攻，深恐他寡不敵衆，所以先去攻擊當時率領一支艦隊封鎖布倫杜西亞姆港口的里波(Libo)，用大批小艇襲擊他的戰船，將他擊退，因而獲得機會，使兩萬名步兵和八百名騎兵上了船，然後啓航。後來，敵人發現了他們，派船追擊，幸而這時起了一陣猛烈的南風，海上波濤洶湧，敵方戰船的行程受阻，算是解救了他的危險。但是，他自己的船隻也被那場暴風吹向一個由懸崖峭壁構成的臨風的海岸，似乎已經沒有脫免的希望，想不到，風勢忽然轉向，從南風轉爲西南風，而且是從陸地向大海吹着，於是安東尼得以很安穩地朝着目標的方向行駛，眼看着岸上佈滿了敵方船隻的殘骸。原來敵方追擊他們的戰船，都被狂風吹到那裏，其中有許多已被撞碎。安東尼俘虜了許多敵人，得到了大量財物，並且佔領了里薩斯鎮(Lissus)，他的大量援軍及時到達，給與凱撒很大的鼓勵。

在以後接連發生的許多次戰役之中，安東尼每次都有傑出的表現；有兩次，大軍已經全部潰退，他却加以阻止，領導他們再度和追擊的敵軍奮戰，而獲得勝利。因此，除了凱撒之外，他已成爲整個軍隊中最著名的人物了。在最後一場決定全局的發舍里亞之戰中，凱撒自己指揮右翼，而把安東尼視爲他手下最優秀的軍官，派他指揮左翼。從這件事情，可以明白地看出凱撒對他的評價。在那次戰役之後，凱撒被推爲獨裁執政者，親自率軍追擊龐培，同時却派安東尼返回羅馬，擔任騎兵總監。當獨裁執政者在羅馬的時候，騎兵總監的職位和權力是僅次於他的，當獨裁執政者不在羅馬的時候，他便是最重要的人物，而且可以說是惟一的行政長官。因爲，一旦獨裁執政者被推選出來之後，除了護民官之外，所有其他的長官都要停止行使職權。

可是，當時擔任護民官的都賴貝拉，年紀很輕，急切革新，提出一項廢除欠債的法案，並且要求安東尼同他採取一致的立場，安東尼是他的朋友，一向非常熱心推動任何可以取悅民衆的方案。阿辛尼亞斯(Asinius)和特賴貝里亞斯 (Trebellius) 却持着相反的意見，勸告安東尼不要附和都賴貝拉的主張，剛好在這個時候，安東尼猜疑都賴貝拉同他的太太發生曖昧關係；安東尼非常氣憤，同太太分開(他的太太是他的表姐妹，和西塞羅同任執政官的凱亞斯·安東尼亞斯的女兒)，然後加入阿辛尼亞斯一夥，同都賴貝拉公開衝突，這時都賴貝拉已經强佔了市場，想憑着暴力促使他的法案獲得通過，後來元老院通過一項決議，要以武力鎮壓都賴貝拉，安東尼便率領士兵對付他，把他的部下殺死一些，安東尼自己的部下也被殺死一些；這個舉動，使安東尼失去平民對他的好感，至於那些階級較高和一切有品德的人們，都爲了他平常的生活方式而對他——如西塞羅所說的——深惡痛絕，因爲他經常縱飲，濫肆揮霍，荒淫無度，白天睡覺或昏頭暈腦地各處走動，夜晚則飲宴或觀劇，或參加什麼丑角的婚禮。據說，有一次他參加丑角希匹亞斯的婚禮，喝了一夜酒，到第二天早晨，必須向人民發表演說，他走上講臺，竟對着民衆大肆嘔吐，他的一個朋友爲他拉着長袍。演員舍吉亞斯是他的朋友，也是對他具有最大影響力的人之一；以演戲爲業的女人西舍里絲，也是他極爲寵愛的人，在他出巡的時候，讓她乘轎同行，跟在她轎子後面的侍從，和他母親轎子後面的隨從一樣多。而且，他在出遊時帶着金杯，那些東西像是宗教性遊行行列中的點綴品一般；他在野外搭起天幕；他在河濱或樹林中擺出豪奢的晨餐；他所乘的戰車是用獅子拉的；他佔用正經人家的房舍，安置着一些不三不四的女人和歌女；這些情形，使人民看到之後，發生很大的反感。當時，凱撒正在意大利以外，餐風飲露，席地而眠，不辭辛勞危險，繼續進行那場未完的戰爭，而這些在他的權威蔭庇下的人們，竟然如此驕奢淫逸，無視輿情，實在荒謬得很。

這些情形使羅馬的派系之爭更爲加甚，並且鼓勵士兵們胡作非爲，巧取豪奪。因此，凱撒回來之後，便恕宥了都頼貝拉；當他第三次被選爲執政官的時候，他以頼廸帕斯爲另一位執政官，而摒棄了安東尼。龐培的房屋出賣時，安東尼買了下來；等到要他繳付價款的時候，他却高聲抱怨起來。據他自己說，他之所以沒有跟隨凱撒出征利比亞，就是因爲他認爲自己以前的功勳，都沒有得到應有的報償。可是，凱撒以寬大態度處理他所犯的各項錯誤，結果，竟能使他把自己的愚蠢和奢侈行徑大加改正。他放棄了從前的那種生活方式，並且結了婚，娶芙維亞（Fulvia）爲妻。芙維亞是煽動民衆的政客克羅狄亞斯的遺孀，這個女人不屑治理家務，也不以能够操縱一個平凡的丈夫爲滿足，而想要駕馭一個統治者，或者向一個總司令發號施令。克里歐佩特拉應該感謝她，因爲她把安東尼訓練得俯首帖耳，一切事情完全聽命於妻子，等他落入克里歐佩特拉手中的時候，馬上便是一個非常馴順的丈夫。安東尼還時常做出種種孩子氣的玩笑行爲，來博取她的歡心。例如，凱撒在西班牙獲勝之後，動身返回羅馬，安東尼同旁人一起離開羅馬去迎接他；忽然傳來一項謠言，說凱撒已死，敵人正向意大利進軍，於是安東尼便返回羅馬，他喬裝成爲一個僕人，在夜間回到家中，說他是替安東尼送信的僕人，這時他的臉完全用布蒙裹着，芙維亞非常焦急，還沒等他把信取出，先問他安東尼是否平安，他沒有回答她的話，只把信遞給她，當她看信的時候，他却過去摟住她的頸子，吻她。這一類的小故事多得很，我現在只是姑舉一例而已。

當凱撒從西班牙回來的時候，羅馬所有的要人都走了好幾天的路程去迎接他；但是最受他禮遇的人，要算安東尼。他讓安東尼和他共乘一車，全程都是如此，布魯塔斯·阿賓納斯，和奧大維則隨在後面，奧大維是他的甥女的兒子，後來承襲了他的名字，統治羅馬很久。當凱撒第五次被任命爲執政官的時候，他馬上選擇安東尼擔任另一位執政官；他自己則打算辭職，把這個職位讓給都賴貝拉。他把這個意思向元老院提出。但是安東尼竭力反對，對都賴貝拉大肆詆毀，都賴貝拉也反唇相譏，毫不示弱，凱撒對於他們二人的粗魯態度甚爲不滿，他把這件事情暫時擱置下來。過些時候，他再度在人民大會中提出意見，請都賴貝拉出任執政官，安東尼却高聲叫囂，說當時的預兆不祥，不宜於做此項宣佈，凱撒只好放棄原意，都賴貝拉當然頗爲懊惱。實際上，凱撒對於他們二人都同樣地感到厭惡。據說，有一次，有一個人告訴凱撒說這兩個人都靠不住，凱撒回答說：「我所怕的倒不是這兩個肥肥胖胖的長頭髮的人，而是那些面色蒼白，像是吃不飽飯的人們。」他所指的是布魯塔斯和喀西阿斯，就是後來密謀刺死他的那兩個人。

那項密謀的最好的藉口，還是安東尼在無意之中所提供的。當時羅馬人正在慶祝他們的盧帕克斯節（Lupercalia），凱撒穿着凱旋的服裝，坐在市場的講壇上，觀看正在進行的遊藝。按照習俗，許多年輕的貴族和長官們，都塗着油，手裏拿着一條皮帶，各處奔跑，遇見人就用皮帶打。安東尼也在和大家一起奔跑，但是他不實行古老的習俗，却用月桂在一頂王冠上面編成一個花環，然後跑到講壇前邊，由旁人把他舉起來，他要把那頂王冠戴在凱撒的頭上，好像是要藉此而封凱撒爲王。凱撒表示拒絕的樣子，向旁邊躲一躲，避開了那頂王冠，這時民衆便對他高聲喝采。安東尼再度把王冠往他的頭上戴，他再度婉拒。他們二人之間的這種你獻我拒的情形，又繼續了一些時候；安東尼的奉獻王冠的努力，只受到他的少數朋友們的喝采，而凱撒的拒絕，却受到人民們的普遍的高聲喝采；說起來也很奇怪，人民們可以很有耐心地在實際上接受一個帝王的統治，却恐懼帝王的名義，彷彿那個名義一出現，就會毀滅了他們的自由。凱撒爲了當時所發生的事情而感到心緒煩亂，他從座位站起來，把衣服拉一拉，使頸部完全裸露，然後對大家說，誰要有興致，可以用皮帶打他一下。後來，那頂王冠被放在凱撒的一座雕像的頭上，却被幾位護民官取下來了，在那幾位護民官歸家途中，人民跟在後面喊叫喝采，表示讚許。但是，凱撒却對於他們的這項行爲很不高興，因而把他們免職了。

這件事情給與布魯塔斯和喀西阿斯等人很大的鼓勵，他們在爲對付凱撒的圖謀選擇一些忠實可靠的朋友時，考慮到是否邀請安東尼參加。大家都贊成邀請他參加，只有特雷波尼亞斯（Trebonius）表示反對。據特雷波尼亞斯說，在上次大家一起去歡迎凱撒從西班牙歸來的時候，安東尼和他同行，並且同宿在一個帳篷裏面，他曾很審愼地把這個企圖向安東尼略微透露一些，藉以探測他的意向；當時安東尼明白了他的用意，却未對他們的計劃加以鼓勵；可是，安東尼並未把這件事情透露給凱撒知道，而一直代爲保守秘密。於是那些密謀者們主張把安東尼和凱撒一起殺死。但是布魯塔斯反對，他認爲，他們之所以採取這項行動，乃是爲了維護正義與法律，絕對不可做出任何不純潔或不公正的行爲。可是，大家認爲安東尼身強力大，職位崇高，不能不對他加以防範，所以最後商定，先派幾個人在外面守候假裝有事，同安東尼談話，把他羈留在那裏，在凱撒走進元老院，大家就要動手行刺的時候，安東尼就不會在場了。

一切都按照預定計劃進行，凱撒死於元老院議場之中，安東尼馬上穿上了一個僕人的衣服，躲藏起來。後來他發覺那些密謀者們只是在邱比特神殿裏面開會，並不想再進一步對任何人採取行動，他便出頭勸他們下來，並且把他的兒子交給他們，做爲人質。那天晚上，喀西阿斯在安東尼的家中吃晚飯，布魯塔斯則在賴廸帕斯的家中吃晚飯。然後，安東尼召集元老開會，發言主張不究既往，委派布魯塔斯和喀西阿斯到外地充任總督。元老院通過了這項建議，並且決定對於凱撒所制訂的決策和法令不做任何更改。因此安東尼在走出元老院的時候，儼然成了一個最顯赫的人物，因爲大家認爲他已經防止了一場內戰，並且以最明智而具有政治家風範的手法，處理了一些最爲困難而棘手的問題。但是，不久之後，民衆對他所表現的熱烈擁護的態度，打消了他這些溫和的主張，他當時覺得，如果把布魯塔斯打倒，他無疑地可以登上政治舞臺的第一把交椅。在把凱撒的屍體下葬之前，安東尼按照慣例在市場發表葬禮演說，他發現自己所講的話在聽衆之間發揮了非常鉅大的影響力量，便趁着這個機會，在讚美的言詞之中，加進一些悲傷的語句，並且對於所會發生的事情，表示憤慨，在演講快要結束的時候，他擧起死者的內衣，讓大家看看上面的血跡，和刀劍戳出來的許多洞，他稱那些做出此項行爲的人們爲惡棍，爲殘忍的兇手。民衆在聞聽之餘，非常憤慨，不願意這場葬禮再拖延時間，就在市場上用桌子凳子弄成一個柴堆，點起火來，把凱撒的屍體焚化；然後每個人拿起一根燃燒着的木頭，跑往那些密謀者的家中，同他們算帳。

布魯塔斯和他的同黨得到了消息，便逃離羅馬，凱撒的朋友們則聯合起來，一致擁護安東尼。凱撒的太太卡波尼亞把大部份財產都託付給安東尼保管，爲數共達四千泰倫之譜。凱撒的全部文件，也都落入安東尼的手中，那些文件包括他過去所做的事情的記載，和計劃要做的事情的草案；安東尼把那些文件大加利用，他按照自己的意思委派一些長官和元老，召回一些被流放的人，並且從獄中釋放出來一些人，却聲稱是在執行凱撒生前的決定。羅馬人戲稱那些受到這種惠益的人們爲冥府派，因爲如果有人對他們的出處表示懷疑，他們必須向死者的文件尋求憑藉。總之，安東尼在羅馬的所做所爲是很專制的，他自己擔任執政官，他的兩個兄弟也身居高位——凱亞斯做行政官，魯夏斯做護民官。

在這種情形之下，小凱撒從阿坡羅尼亞回到了羅馬。小凱撒是凱撒的甥女的兒子，也是他的遺囑中所指定的繼承人，凱撒被刺的時候，他正在阿坡羅尼亞。他回到羅馬之後，首先去訪問安東尼，把他視為他的父親的朋友。他同安東尼談到由他保管的那些金錢，並且指出，按照凱撒的遺囑，應該給與每個羅馬公民七十五德拉克瑪。安東尼最初覺得，以他那樣一個黃口孺子，居然同他講出這種話來，實在可笑，於是他告訴小凱撒說，你現在的心神恐怕有些不大正常，做為凱撒的遺囑的執行人，非常需要有明智的判斷力和朋友們的忠告，使自己明白這項任務的艱鉅。小凱撒不聽他這一套；他一定要安東尼把錢交出來，安東尼却繼續不斷地在言語和行為方面對他加以傷害。例如，在小凱撒競選護民官的時候，安東尼反對他；在小凱撒按照元老院的決議，要把他父親的金椅奉獻出去的時候，安東尼威嚇他說，如果他不停止這種博取人民好感的作風，就要把他關在獄中。於是小凱撒不得不求助於西塞羅和所有那些憎恨安東尼的人們；在他們的協助之下，他獲得元老院的支持，他自己則在爭取人民的好感，並且把凱撒的散在各殖民地的士兵們召集起來，這時安東尼才感到恐慌，同他在邱比特神殿會談，兩人在稍事談判之後，便言歸於好。

那天夜裏，安東尼做了一個很不祥的夢，夢見自己的右手被雷殛了。幾天之後，有人報告他說，凱撒要謀害他的性命。凱撒向他解釋，但是不能使他相信，因此兩人間的裂痕又深得和從前一樣；兩人都忙着在意大利各處奔走，以豐厚的報酬，招募那些散在各殖民地的舊日的士兵們，並且爭取那些尙未解甲的軍隊的支持。在那個時候，西塞羅是羅馬的最有影響力的人物。他竭盡全力去煽動人民，使他們反對安東尼，最後並且說服元老院宣佈安東尼爲公敵，把束棒、斧頭和其他做爲行政官之榮譽標誌的東西給與凱撒，還向當時擔任執政官的赫夏斯和潘薩發佈命令，要他們把安東尼驅出意大利之外。兩軍交戰於摩德納（Modena）附近，凱撒本人也在場，並且參加作戰。安東尼打敗了，但是那兩位執政官也做了敵人刀下之鬼⑦。在逃亡途中，安東尼遭遇種種的困苦，最嚴重的是沒有東西吃。但是他在災難之中，却比任何其他時期都有更好的表現，這是他的性格使然。他在遭逢逆境的時候，最近似一個極有品德的人。一般人在遭遇重大危難的時候，都能够明辨是非，曉得自己應該怎麼做，但是處於這種窮境中的人們，很少有人能够遵從自己的判斷力，去做自己的判斷力認爲應做之事，不做自己的判斷力認爲不應做之事，許多人甚至懦弱得更加屈服於自己的習慣，而不能善用自己的心智。可是，安東尼這一次却成爲他的士兵們的一個驚人的榜樣。本來過着奢侈豪華生活的他，現在竟能毫無困難地喝髒水，以野果和根菜爲食。而且，據說他們連樹皮都吃過，在越過阿爾卑斯山的時候，他們還曾以一些人類從來不屑吃的野獸爲食。

他當時的企圖，是要同阿爾卑斯山那一邊的一支軍隊會合，那支軍隊由賴廸帕斯統率着，他認爲賴廸帕斯會是他的朋友，因爲由於他的幫忙，賴廸帕斯曾從凱撒那裏得到許多好處。安東尼到達之後，在附近紮營，賴廸帕斯却完全沒有任何友好的表示，於是他決定孤注一擲，做一項大膽的嘗試。他的頭髮長得很長，蓬亂不堪，而且自從打了敗仗以來，就不曾刮過鬍子；他就帶着這樣一副儀容，身上披着一件暗黑色的斗篷，跑進賴廸帕斯的營地，開始向那批軍隊講話。有些士兵被他的儀容所感動，有些士兵被他的言詞所感動，賴廸帕斯很不高興，就下令號兵吹號，以使大家聽不見他所講的話。可是，士兵們却因此而對他更加同情，決定同他做一次商議，他們推派雷里亞斯和克羅狄亞斯做代表，這兩個代表穿上女人的衣服，偸偸地出去和他晤談。他們勸安東尼馬上出兵進攻賴廸帕斯的營地，並且向他保證，許多士兵都會歡迎他，如果他願意的話，他們可以殺死賴廸帕斯。可是安東尼不願意殺死賴廸帕斯；第二天早晨，他率軍渡過隔在兩軍之間的那條河。他是第一個下河的人，在朝着對岸走去的時候，就看見賴廸帕斯的許多士兵，伸出手來接應他，並且拆毁防禦工事，使他得以順利上岸。他進入賴廸帕斯的營地之後，便成了掌握絕對大權的主人，可是他對賴廸帕斯的態度却非常謙恭有禮，在同賴廸帕斯談話的時候，稱他爲父親，雖然一切都在他的控制之下，他却仍然讓賴廸帕斯保有將軍的榮銜。他這種寬厚的態度，竟使當時率領一支龐大軍隊駐紮在不遠之處的穆納夏斯・普蘭卡斯（Munatius Plancus）也向他投誠。因此他的勢力又壯大起來，率領着十七個軍團和一萬騎兵，再度越過阿爾卑斯山，進入意大利。除了這些軍隊之外，他還有六個軍團留駐在高盧，由維里亞斯統率着，維里亞斯是他的一個親密的朋友和要好的友伴，綽號叫做科提朗。

凱撒因爲發覺西塞羅贊成自由，便不再對他表示好感，而派遣朋友到安東尼那裏，希望能同他達成協議，大家合作。他們二人和賴迪帕斯在一個小島上會晤，舉行連續三天的會議。他們很快地把這個帝國瓜分了，好像是他們祖傳的產業一般。最難解決的是把那些人處死的問題，因爲每個人都想消滅自己的敵人，保全自己的友人，大家相持不下，無法達成協議。但是，到了最後，對敵人的仇恨終於戰勝了對親屬的尊敬和對朋友的友愛；凱撒爲了安東尼的堅持而犧牲了西塞羅，安東尼放棄了他的舅父魯夏斯・凱撒，賴迪帕斯被准許殺死他的兄弟鮑拉斯，或者按照另外一個說法，他爲了安東尼和凱撒的堅持而放棄了他的兄弟。在我看來，他們所做的這項協議，實在是世間的一項最野蠻最殘酷的事蹟，因爲在這項以處死換處死的交易之中，他們不僅把抓到的人們置於死地，也把他們所交出的人置於死地；這種做法尤其對不起那些朋友，因爲那些朋友同他們無冤無仇，實在沒有被殺的理由。士兵們爲了使他們這次的重修舊好能够臻於完美之境，更要求他們聯姻，由凱撒娶安東尼和芙維亞所生的女兒克羅狄亞爲妻，藉以鞏固友誼。這項要求經過同意之後，他們便着手宣告把三百人判處死刑，並予以執行。安東尼命令負責處死西塞羅的人們，要把西賽羅的頭和右手割下來，因爲西塞羅那些抨擊他的演說，都是藉着那個頭和那隻手寫出來的；當人們把西塞羅的頭和手送到他的面前時，他很高興地望着那兩樣東西，而且不止一次地哈哈大笑，等他看够之後，便吩咐人們把那個頭和手懸掛在演說臺的頭頂上，想藉此來侮辱死者，實際上却只有顯示他的狂妄傲慢，不配享有那種憑着幸運而得到的大權。他的舅父魯夏斯・凱撒在行刑者的嚴密追尋之下，躲到自己的姐妹家中。那些行刑者撞入她的家，就要衝進她的房間裏面，她站在門口，伸出兩隻手，一再地高聲喊道：「我是你們的大將軍的生身之母，我不許你們殺魯夏斯・凱撒，除非你們先把我殺了。」這樣一來，她的兄弟才得以保全活命，未遭殺身之禍。

羅馬人民對於這個三人執政團極爲厭恨，他們認爲安東尼最不能辭其咎，因爲他的年齡長於凱撒，權力大於賴廸帕斯，而且他在事態剛一平靜下來的時候，馬上就又恢復從前那種奢侈放蕩的生活。他本來已經聲名狼藉，偏偏又住進龐培的房子，更使人民對他格外發生反感。龐培不但品德高超，生活嚴肅，有民主氣度，而且曾經三次凱旋，所以深受人民的欽仰。從前有一些長官、司令官、和大使之流人物想住進那所房屋，都遭受嚴厲的拒絕，現在裏面却住滿了一些戲子、耍把戲者、和酗酒的阿諛之徒，靠着用暴力和殘酷手段搜刮來的金錢，過着養尊處優的生活，人民看到這種情形，焉能不深感憤慨。因爲三人執政團不僅沒收那些被處死者的財產，欺詐他們的遺孀和家屬，而且想盡種種方法，對人民横征暴歛，甚至當他們聽說有些外國人和羅馬公民的錢財存放在服事女竈神的處女們手中的時候，他們也去把那些錢逼索出來。後來凱撒看出安東尼貪得無饜，永遠不會感覺滿足，終於要求分產。他們並且把軍隊也分了，兩人各率領自已的軍隊前往馬其頓，同布魯塔斯和喀西亞斯交戰，把羅馬留給賴迪帕斯照管。

他們渡海之後，開始同敵人交戰，並且在敵軍營地附近安營紮寨，由安東尼對抗喀西亞斯，凱撒對抗布魯塔斯；可是，凱撒沒有獲得什麽成就，安東尼却是連戰皆捷，無往不利。在第一次戰役之中，凱撒就被布魯塔斯擊潰，營地被佔，他本人勉强逃脫，倖免於難。據他自己在回憶錄中說，由於他的一位朋友做了一個夢，他在那場戰事發生之前，就已經退走。但是，安東尼却擊敗了喀西亞斯；雖然若干歷史家說，在戰爭進行的時候，他實際並未在場，直到已經獲勝之後，他才前來，和部隊一起追擊敵軍。喀西亞斯戰敗之後，請求並且命令他所最信賴的一個已經解放的奴隸潘達拉斯把他殺死，因爲他不知道布魯塔斯已經打了勝仗。幾天之後，雙方又打了一仗，這次布魯塔斯戰敗了，自殺而亡；因爲凱撒病了，勝利的榮譽幾乎完全歸安東尼享有。安東尼站在布魯塔斯的屍體之旁，講了幾句責備的話，說他不應該爲了替西塞羅復仇，而下令在馬其頓殺死了他的兄弟凱亞斯；但是他馬上又說，那件事情主要應該由霍騰夏斯負責，所以他下令把霍騰夏斯帶到他兄弟的墳前殺死，他把自己那件非常貴重的深紅斗篷覆在布魯塔斯的屍體之上，然後吩咐他的一個已經解放的奴隸，負責辦理喪葬事宜。後來安東尼獲悉，那個人並未把那件斗篷和布魯塔斯的屍體一起火化，而留歸己有，並且把喪葬費用吞沒了一大部份；因爲這個緣故，安東尼把他處死了。

凱撒被送回羅馬，大家都認爲他不會活很久了。安東尼爲了使東部各藩屬都向他繳納貢金，率領一支大軍進入希臘。三人執政團在出征之前，曾經發出諾言，將來要發給每名普通士兵五千德拉克馬；所以現在必須使用嚴厲手法，徵收賦稅和貢金，來籌出所需的金錢。但是，對於希臘，他的措施却很溫和寬大，至少在初期是如此的；他聆聽學者的辯論，觀賞競技，參加宗教儀式，藉以滿足自己的愛好；在司法方面，他的態度公正，樂於被稱爲希臘的喜愛者，尤其樂於被稱爲雅典的喜愛者，他並且向那個城市贈送許多禮物。麥加拉(Megara)的人民表示他們也有一些可以和雅典媲美的東西，邀請他前去看看他們的參議院。他應邀前往，看過麥加拉的元老院之後，主人請他發表觀感，他回答說那所參議院「不很大，但是非常破敗。」他並且派人測量了德爾非的阿波羅神殿，彷彿有意加以修理；後來他果然向元老院宣佈，要整修那所神殿。

但是，不久之後，他便把魯夏斯·申舍里納斯（Lucius Censorinus）留在希臘，負責照管，自己則渡海前往亞洲⑧，攫取那裏的豐裕的財富。在亞洲，各國帝王們侍候在他的門口，王后競相向他奉獻禮品，並且爭艷鬥勝，博取她的歡心。在這個期間，凱撒置身羅馬，困於內部的紛擾和戰爭之中，體力日感不支，安東尼却在亞洲消遙自在，逐漸恢復從前那種逸樂放蕩的生活。像安納克森諾和艾克修薩斯之類的彈豎琴者和吹笛者，舞師麥特羅多拉斯，和另外一大批亞洲的表演者們，都進入他的宮廷，作威作福，這些人的放肆胡爲，遠甚於他從意大利帶來的那些敗類；所有的財富都被浪費於這些方面，事態已到了令人無法忍受的地步。整個亞洲就好像索福克里斯筆下所描寫的那個城市⑨——

「空氣中香氣瀰漫，

充滿了歡樂的歌聲，和絕望的號叫。」

當他到達艾費薩斯（Ephesus）的時候，婦女們扮成酒神的女祭司，男人和男孩扮們成半人半獸的森林之神和農牧之神，夾道相迎，全城到處都是纏繞着常春藤的長矛，豎琴、古琴和橫笛，在人民的歡樂之中，安東尼被奉爲賜與快樂的仁慈的酒神。對於某些人，他固然是快樂的賜與者，是仁慈者，但是對於大多數的人們，他却是吞噬者，殘酷者；因爲他時常剝奪一些有品德的人們的財產，賜給那些惡棍和奸佞之輩。有些人本來仍然活在世上，那些小人却謊報他們已經死亡，請求安東尼把那些人的財產賜給他們，而得如願以償。安東尼把麥格尼西亞（Magnesia）一個公民的房屋賜給他的厨子，只因爲那個厨子把一餐晚飯做得十分美好。最後，當他向亞洲各城市做第二次徵稅的時候，海布里亞斯(Hybreas)鼓起勇氣，代表亞洲各城市向他表示意見：「你既然能每年徵收兩次稅金，一定會有辦法使我們每年有兩個夏天，和兩個收穫季節。」這些話固然很直率，但是講得很有技巧，使安東尼頗爲稱賞；但是海布里亞斯隨着又以最明白最大膽的語言告訴他說，亞洲各城市已經繳納了二十萬泰倫：「如果你還沒有收到那些錢，你可以向你的徵稅員們索取；如果你已經收到那些錢，而且已經花光，那我們就倒霉了。」這些話正擊中安東尼的要害，因爲他對於許多假藉他的名義做出的事情，竟然毫無所知，主要原因並不是由於他的生性疏懶，而是由於他過於信任左右的人們。他很遲鈍，不大容易發現自己的錯誤，可是他一旦發現了自己的錯誤，便非常懊悔，對於蒙受損害的人們表示歉意；他極其慷慨地對於蒙受損害者給與補償，極其嚴厲地對於做壞事的部下施以懲罰，不過他的慷慨的程度，往往遠甚於他的嚴厲。他在嘲弄人的時候，出語鋒利尖刻，但是並不使人難堪，因爲對方可以對他反唇相譏，他不僅高興嘲弄旁人，也樂於接受旁人的嘲弄。這種言談無忌的情形，竟成爲他的禍患之源。他想像不到，那些人在開玩笑的時候出語那麼大膽，在辦正事的時候却對他加以奉承或欺騙，因爲他不明白，一切奸佞之輩往往都在阿諛奉承之中夾雜一些冒犯的言詞，正如製造糖果的人要在糖果裏面放些辛辣的東西，以免使人生厭。他們在酒席宴前，大放厥詞，毫無忌憚，目的無非是想造成一種印象，使人覺得他們在會議席上的一味順從，並不是逢迎諂媚，而是本着自己的信念。

他的性情，大致就是這樣；他對於克里歐佩特拉發生了愛情，是他所遭遇的最後的也是最大的一項禍害，那份愛情把許多停滯在他本性中的欲望，激發點燃起來，使之達到瘋狂的程度，並且把他本性中的所有可以發揮抵抗作用的美好和明智的成份，完全悶熄或敗壞了。他陷入羅網的情形，大致如下。當他正在準備帕底亞戰爭的時候，他派人去通知克里歐佩特拉，要她到西里西亞和他晤面，就她所受到的一項指控，提出答覆，那項指控說他曾在上次戰爭之中，給與喀西亞斯大量援助。被派前往的戴里亞斯（Dellius）和克里歐佩特拉見面之後，看到她容貌秀麗，言談便捷，馬上就認爲安東尼絕對不會跟這樣的一個女人過不去；相反地，她將會受到他最大的恩寵。於是他對這個埃及人大事奉承，用荷馬式的語句，勸她「穿着最華麗的盛裝」⑩前往西里西亞，並且告訴她完全不要對安東尼存着恐懼之心，因爲他是一位最仁慈最和善的軍人。她對於戴里亞斯所說的話懷着相當的信心，但是她對於自己的魔力却懷着更大的信心；她憑着自己的魔力，曾使凱撒和龐培的兒子西納斯（Caenus）對她傾心，現在一定更能使安東尼拜倒在她的石榴裙下。她和那兩個人相識的時候，她還是一個少女，年輕無知，現在她和安東尼相見的時候，却正處於女人的全盛時期，女性的美已經達到最絢爛的階段，智慧也已經完全成熟。於是她爲這次行程大事準備一番，就這樣一個富裕王國的能力之所及，預備了許多禮物、金錢和貴重的裝飾品，但是她最大的憑藉，還是她本人的美色和魔力。

她接到好幾封信，有的是安東尼寫來的，有的是他的朋友寫來的，召她前往，但是她對於那些命令都不加理會；最後，好像故意嘲弄着他們似的，她乘着一隻遊艇，溯着西德納斯河（Cydnus）逆流而上，船尾是鍍金的，伸展着的帆是紫色的，銀色的槳配合着笛子和豎琴的節拍而划動着。她本人躺在一個由金線織成的華蓋下面，打扮得像是畫裏的維納斯（Venus）；一些俊美的男童，宛如畫家筆下的庫彼得（Cupid），站在兩旁，爲她搧風。她的侍女們打扮得像是海上仙女和掌管美麗的女神，有的在船尾掌舵，有的在操縱纜索。香氣從船上飄到岸邊。岸邊正萬頭攢動，一部份人一直沿着兩岸跟隨着這隻船，一部份人是從城裏跑來開眼界的。市場裏面的人漸漸都走光了，最後只剩下安東尼一人獨坐在審判席上；這時羣衆盛傳維納斯卽將爲了亞洲人的利益，而同酒神飮宴。她到達之後，安東尼便派人去請她共進晚餐。她却認爲最好請安東尼到她那裏去，安東尼爲了表示自己的溫文有禮，便應邀前往。迎接場面之富麗和盛大，無法形容，最使人驚奇讚歎的，是不計其數的燈光；因爲在他到達之後，便忽然展現了無數的燈，那些燈佈置得非常巧妙，有些排成方形，有些排成圓形，共同構成一幅罕與倫比的美妙景象。

第二天，安東尼設晚宴回請她，他事前大事準備，希望在場面的富麗和設計的精巧方面，都能勝過對方；但是結果他却發現，在這兩方面他都遠遜對方，所以他首先講些笑話，來嘲弄自己智慧的貧乏，和設計的俗拙。她發現安東尼的戲謔言詞頗爲粗俗，比較富於軍人的風格，而缺少宮廷的高雅氣質，所以她也很大膽而無拘無束地以同樣作風和他講些玩笑的話。據說她的美貌本身並不是國色天香，可以傾國傾城，但是和她共處，會使人覺得她具有一種無可抗拒的魔力；她的俏麗的儀容，配合着動人的談吐，和流露於言語與行爲之間的一種特有的氣質，的確是迷人的。單聽她那甜美的聲音，就是一種樂事；她的舌頭像是一件帶有許多琴弦的樂器，可以隨時從一種語言轉講另一種語言；她在接見那些野蠻民族的人士的時候，很少使用舌人，大半都是用對方的語言直接交談，不論對方是依索匹亞人、特羅格洛戴人(Troglodyte)、希伯萊人、阿拉伯人、敍利亞人、米狄亞人，還是帕底亞人，因爲那些語言她都會講。除了那些之外，她還會講許多其他種語言。她這種卓越的本領的確令人驚奇，因爲在她之前的大多數埃及國王連埃及的語言都不肯學，其中有幾位甚至連自己的馬其頓語都不會講。

因此，安東尼被她迷惑得神魂顚倒。當時他的太太芙維亞正在羅馬同凱撒從事武力的鬥爭，藉以維護他的權益，賴賓納斯(國王屬下的將領們已經擁他爲總司令)統率的帕底亞軍隊正集結在美索不達米亞，準備進軍敍利亞，而他却跟着她到亞歷山大里亞去了。在那裏，他像個耽於逸樂的孩子一般，沉迷於各種遊戲和消遣，把安提封(Antiphon)⑪所謂的世間最貴重的東西——時間——浪費虛耗於娛樂上面。他們組織一個會社，並且爲那個會社取了一個特別的名稱，叫做「無與倫比社」。他們輪流每天設宴招待社友，花費之浩大無度，令人難於置信。安費薩(Amphissa)的醫生費羅塔斯(Philotas)時常向我的祖父賴普里亞斯(Lamprias)談及那些情形，他說他當時正在亞歷山大里亞學醫，同一位御廚認識，有一天，那位御廚邀請他去看一看備製一餐御膳的豪奢情形。他被領到廚房裏面，各項食品的種類之繁，數量之豐，使他讚歎；尤其是，當他看見有八隻整個的野豬在那裏烤着的時候，他不禁問道：「客人一定很多罷。」那位廚師笑他無知，並且告訴他說，客人總共不過十二位左右，但是每道菜在端上去的時候，都必須剛剛烤得恰到好處，如果火候稍微差一點點，那道菜就得作廢了。廚師說：「安東尼也許吩咐馬上就開飯，也許現在不要開飯，也許先要一杯酒，或同朋友談話，而延緩開飯的時間。因此，我們所要準備並不是一頓晚飯，而是許多頓晚飯，因爲我們猜不準他究竟要在什麼時候開飯。」這是費羅塔斯所講的故事；他並且說，後來他做了安東尼的長子（芙維亞所生）的侍從醫生，當那位公子不和他的父親共進晚餐的時候，時常邀請他和另外一些朋友們共餐。有一天，在進餐的時候，另一位醫生高談闊論，使在座的人們頗感困擾，費羅塔斯便用這個詭辯的三段論法堵住了他的嘴：「在發燒的某些情況之中，病人應該喝冷水；每個發燒的人都是處於發燒的某種情況之中；所以一切發燒的病人都應該喝冷水。」那個人聽到之後，啞口無言，安東尼的兒子非常高興，朗聲大笑，指着一張擺滿了金器皿的檯子說：「費羅塔斯，我把你所看到的那些東西全送給你了。」費羅塔斯連聲稱謝，他實在想不到，那樣一個年輕的孩子，居然有權把那麼貴重的物品隨意送人。可是，過了一會兒，一個僕人把那些器皿都拿過來了，要求他劃個押，他却加以婉拒，不敢接受，那個僕人便說：「你這個人是怎麼一回事？你難道不曉得，送你東西的人是安東尼的兒子，他有權力送給你，雖然這些東西都是金的？不過，如果你肯聽我的話，我勸你最好讓我們把這些東西折合成現款給你，因爲其中有幾件是古董或手工非常精良的名品，他的父親也許捨不得送人。」據我的祖父告訴我們，這些軼事都是費羅塔斯所津津樂道的。

現在書歸正傳，再講克里歐佩特拉的事情。柏拉圖說阿諛奉承共有四種，但是克里歐佩特拉却能施展出一千種阿諛奉承。不論安東尼的心情是嚴肅，還是輕鬆，她隨時都能奉獻一種新的歡樂或魔力，來迎合他的願望；她無時不在他的左右，白天晚上都不離開他。她陪他擲骰子，陪他喝酒，陪他打獵；當他操練武功的時候，他也跟去觀看。在夜裏，她時常跟他一起出去，到平民人家的門口或窗口，講些嘲弄的話，安東尼喬裝爲男僕，她則打扮成女僕的樣子，安東尼時常因此遭受辱罵，有時甚至被人痛毆，雖然大部份人民都已經猜知他是何許人了。可是，亞歷山大里亞人大都很欣賞他的這種作風，很愉快而親切地同他談笑嬉戲；他們表示很感謝安東尼，因爲他在羅馬扮演悲劇的角色，現在和他們在一起，却扮演喜劇的角色。他的荒誕行徑，不值得一一細述，不過他的釣魚的故事，却必須講一講。有一天，他和克里歐佩特拉一起出去釣魚，釣了很久，毫無所獲，情婦就在旁邊看着，實在有些下不了臺，於是他暗中吩咐漁夫潛入水中，把以前捕獲的魚放在他的釣鉤上面；但是因爲他很快地接連拉起釣竿，竟被克里歐佩特拉窺破了。可是她不露聲色，佯做不知，並且向安東尼的朋友們大事讚揚他的釣魚技巧，還邀請他們明天再來觀賞。到了第二天，許多人應邀前往，登上那隻釣艇。他的魚鉤剛一下到水中，她的一名僕人便搶在他的潛水夫之前下水，把一條從龐塔斯運來的鹹魚掛在鈎上。安東尼發現釣絲動了，馬上拉起來，接着當然是一陣轟堂大聲，於是克里歐佩特拉對他說：「大將軍，把你的釣竿交給我們費羅斯和坎諾帕斯（Canopus）的漁夫們罷，你所應該獵捕的，乃是城市、藩屬、和王國。」

就在這樣優遊嬉戲的期間，他收到兩份緊急的報告；一份來自羅馬，說他的兄弟魯夏斯和他的太太芙維亞最初彼此爭執得很厲害，後來協力對凱撒作戰，完全失敗，已經逃出意大利；另一份報告所帶來的消息也同樣不利，說賴賓納斯已經率領帕底亞軍隊佔領亞洲，從幼發拉底河和敘利亞起，遠至里底亞和愛奥尼亞，都將歸於他的控制之下。於是，他如夢方醒，放棄了那種紙醉金迷的生活，率軍出發，進襲帕底亞軍隊，一直進展到腓尼基⑫；但是，在收到芙維亞的一封悲痛的來信之後，他便改變行程，率領二百隻船艦前往意大利。在航行途中，他接待一些從意大利逃出的朋友，從他們的口中得知，意大利的戰爭完全是由芙維亞一手促成的，這個女人性情浮躁，而又剛愎自用，她的目的是要在意大利引起騷亂，就可以迫使安東尼離開克里歐佩特拉。恰巧，芙維亞在乘船前來會晤安東尼的途中，染患重病，死於西叙昂(Sicyon)，這樣一來，便開啓了安東尼和凱撒之間的和解之門。安東尼到達意大利之後，凱撒並未對他做出任何指責，他則準備把一切過咎推到芙維亞的頭上，雙方的友人都認爲不必浪費時間，來計較誰是誰非，而儘先爲他們二人和解，然後由他們二人把這個帝國分而治之，以愛奥尼亞海爲界，東部的省份歸安東尼，西部的省份歸凱撒，非洲則歸賴迪帕斯所有。他們並且達成一項協議，在他們本人不願出任執政官的時候，由他們的朋友輪流擔任。

這些解決辦法，雙方都很滿意，可是大家認爲他們最好能有一種更密切的結合；也是幾緣湊巧，當時就有這樣的一個機會。凱撒有一個姐姐，同父而異母，他的母親是阿細亞，她的母親則是安卡里亞。這個姐姐名叫奥大維亞(Octavia)，凱撒非常喜愛她，據說她也的確是一位非常出色的女子。她的丈夫凱亞斯·馬賽拉斯在不久之前剛剛逝世，安東尼現在也由於芙維亞之死而成爲鰥夫；雖然他不否認自己對克里歐佩特拉的熱愛，却不承認同她具有婚姻關係，因爲在這件事情上，他的理智還在同那個埃及女人的魔力交戰着。大家都在協力促成這個新的聯姻，因爲他們期望，以奥大維亞的美貌、尊貴和智慮，同安東尼結褵之後，一定能深深地博得他的喜愛，大家都可以因此而和諧相處，永保無虞。於是，在雙方同意之後，他們便前往羅馬，慶祝這項婚姻。按照法律的規定，女人在丈夫死亡未滿十月之前，是不得再醮的，現在元老院却爲他們而免除了這項法律的限制。

當時，塞斯塔斯·龐培亞斯(Sextus Pompeius)控制着西西里島，他的船隻在門尼克雷底斯和海盜米尼斯的統率之下，經常騷擾意大利沿海一帶，一般船隻都不敢駛入那些海域。在過去，塞克斯塔斯曾經對安東尼表現得非常友善，他的母親和芙維亞一起逃亡的時候，塞斯塔斯曾予接待，所以現在大家決議，要使塞斯塔斯也參與和約。於是雙方在麥森納姆(Misenum)的海角附近會晤，會晤的地點就在那個港口的防波堤旁邊，龐培的艦隻碇泊在附近的海上，安東尼和凱撒的軍隊則在岸上列成很長的隊伍。雙方會談的結果，決定由塞斯塔斯治理西西里和薩丁尼亞(Sardina)，但是他要負責肅清海盜，並且每年向羅馬繳納若干小麥。

他們達成這項協議之後，彼此互相設宴款待。按照拈鬮的結果，由龐培第一個做主人。安東尼詢問他的晚宴設在何處，他指着他那艘有六排槳的旗艦說：「就設在那上面，那是龐培的僅有的祖傳的房屋。」他說這句話，是要對安東尼表示一種責難意味，因爲他父親的房屋正被安東尼佔用着。龐培把船下了錨，碇泊妥當，並且在海角和船上之間搭起一座浮橋，很熱烈地把客人迎上船去。賓主們觥籌交錯，熱情洋溢，大家正以安東尼和克里歐佩特拉的風流韻事做爲談笑資料的時候，海盜米尼斯低聲對龐培說：「現在由我來切斷這隻船的纜索，使你不僅是西西里和薩丁尼亞的主人，而成爲整個羅馬帝國的主人，好不好？」麗培略事考慮，然後回答說：「你如果想那麼做，大可不必事先同我商量；但是現在我們必須安於現狀；我不能背棄信義。」於是，在接受另外兩個人的款待之後，麗培便駛返西西里。

在這項和約完成之後，安東尼派遣溫提迪亞斯(Ventidius)前往亞洲，阻扼帕底亞人的進展，他自己爲了對凱撒表示好感，則接受了老凱撒的祭司之職。他們以非常友善而互相尊重的態度，共同處理政務和重要事項。但是在一切娛樂之中，不論是比賽技巧還是賭運氣，凱撒總是佔上風，這種情形使安東尼很不開心。安東尼的左右有一個埃及預言家，也就是會算命的人，這個人不曉得是爲了要討好克里歐佩特拉，還是推算的結果眞是如此，竟坦率地告訴安東尼說，他的運數本來非常輝煌，但是在凱撒的運數的籠罩之下，却變爲黯然無光；他勸告安東尼要儘量遠離那個年輕人。他說：「因爲你的守護神怕凱撒的守護神；你的守護神在獨處的時候，很高傲而勇敢，可是一到他的守護神的面前，就變爲懦怯而沮喪了。」一些實際發生的事例，似乎也證明這個埃及人所言不虛。每當他們拈鬮或擲骰子的時候，安東尼總是輸；他們時常鬥鷄或鬥鵪鶉，也總是凱撒贏。這種情形使他心中很不高興，並且對於那個埃及人更加信賴。於是他把自己的家務托付凱撒，離開意大利，帶着奧大維亞（她最近已爲他生了一個女兒）前往希臘。

他在雅典過冬期間，得到溫提迪亞斯的捷報，知道他已經打敗了帕底亞人，並且殺死了帕底亞王海洛狄斯手下最優秀的將領賴賓納斯和法納培提斯。爲了慶祝這場勝利，他設宴招待希臘人，並且在雅典的賽會中親自擔任主持人。他把自己的統帥的徽章留在家中，穿着希臘人的長袍和白鞋，持着主持人的權杖，出現在公衆之前；到那些戰鬥者鬥到相當程度的時候，他就出來執行任務，抓住他們的頸子，把他們分開。

在他即將出發前去作戰的時候，他從神聖的橄欖樹上取來一隻花環，並且按照一項神諭的吩咐，用一個瓶子裝滿了聖泉漏壺（Clepsydra）的水，隨身携帶着。在這個期間，帕底亞王的兒子巴扣拉斯(Pacorus)又率領大軍進犯敍利亞，但是溫提廸亞斯率軍迎戰，在塞瑞斯提卡（Cyrrhestica）擊敗了他，並且把他的部下殺死許多。巴扣拉斯也是首先被殺死者之一。這場勝利是羅馬人的最著名的成就之一，完全洗雪了克拉薩斯的失敗的恥辱，而且使帕底亞人在連遭三次失敗之後，不得不困守在米狄亞和美索不達米亞的範圍之內。可是，溫提廸亞斯決定不再對帕底亞人做進一步的追擊，因爲恐怕引起安東尼的嫉妬，他率軍去進攻那些曾經背叛羅馬的民族，把他們一一征服，使他們重新歸順。他在薩摩莎塔城(Samosata)圍攻康瑪幾(Commagene)王安泰歐卡斯(Antiochus)。安泰歐卡斯願意獻出一千泰倫，並且答應聽從安東尼的吩咐，但是溫提廸亞斯不肯接受，要他把這項建議去向安東尼提出，因爲安東尼已經率軍前來，到達附近的地區，並且曾經命令溫提廸亞斯不要同安泰歐卡斯講和，他希望這次勝利的功勞能够歸到他的名下，不要使人們認爲一切勝仗都是他的副將的成績。可是這次圍城却拖延很久，因爲被圍困者的求和建議既然遭受拒絕，他們便加强防守工作，以致安東尼不能有所進展，他在羞愧之餘，深悔自己拒絕了對方的第一次求和建議，現在他願意讓步，結果，由安泰歐卡斯出了三百艘倫，雙方便講和了。他對於敍利亞的事務做了一些指示之後，便返回雅典，並且給與溫提廸亞斯以應得的榮譽，使他回到羅馬，接受凱旋的榮耀。到這時爲止，溫提廸亞斯是唯一的爲了戰勝帕底亞人而凱旋的人。他出身微賤，由於安東尼的提携，才有機會表現才能，做出大事。他的成就，更加證實了當時一般人對於凱撒和安東尼的看法：他們本身率軍出征，往往沒有什麼收獲，但是他們的副將却總是旗開得勝，馬到成功。因爲安東尼屬下的蘇西亞斯在敍利亞有很大成就，被他留在阿米尼亞的坎狄第亞斯(Candidius)，也征服了那個民族，擊敗了阿爾巴尼亞和伊伯利亞 (Iberia) 的國主，並且進軍至高加索地區。因此，安東尼在那些野蠻民族之間聲威大振。

可是，安東尼受了流言蜚語的影響，又對於凱撒深感怨恨，他率領三百艘兵船駛往意大利，因爲布倫杜西亞姆方面不許他登岸，他便前往塔倫坦。到了塔倫坦之後，和他同來的他的太太奧大維亞取得了他的同意，前去訪晤她的弟弟凱撒，當時她又懷孕了，她已經爲安東尼生了兩個女兒。她在途中遇見凱撒，和他的兩個朋友阿格里帕和米西納斯在一起，她把他們帶到一旁，很懇切而哀傷地告訴他們說，她本來是世界上最幸運的女人，現在却可能變成世界上最不幸的女人了，因爲到現在爲止，大家都羨慕她是一位大將軍的妻子，另一位大將軍的姐姐，但是如果不幸這兩個人失和，而發生了戰爭，「我便將陷於無可補救的悲慘之境，」她說，「因爲不論那一方面獲得勝利，我都將是一個失敗者。」凱撒深爲她這些話所感動，於是懷着和平的心情前往塔倫坦。當地的居民們看到一個很莊嚴動人的景象：一支龐大的陸軍列隊在岸上，同樣龐大的一支艦隊則停泊在海港裏，雙方毫無敵對的行爲，只有朋友們彼此致候和其他快樂與親切的表示。安東尼首先款宴凱撒，凱撒爲了他姐姐的緣故欣然赴宴。最後雙方商定，凱撒應該爲了帕底亞之戰而給與安東尼兩個軍團，安東尼也應該給與凱撒一百隻大兵艦。除此而外，奧大維亞又讓他的丈夫送給他的弟弟二十隻輕型帆船，讓他的弟弟送給她的丈夫一千名步兵。於是雙方在友善的氣氛中分手，凱撒馬上去同龐培作戰，希望能征服西西里。安東尼把他的妻子（連同他和芙維亞所生的子女）托付給凱撒照料，然後便起航前往亞洲了。

很久以來，他對於克里歐佩特拉的熱情已經冷却，這種禍患似乎已被他的理智消除，而且逐漸被他所遺忘了。但是，在快到敍利亞的時候，他的熱情又從新很熾烈地燃燒起來。最後，他就像柏拉圖所說的人類靈魂的那匹倔强而無法駕馭的馬一樣，不理會一切有益的忠告，一意孤行，派遣封提亞斯·卡庇托(Fonteius Capito)把克里奧佩特拉接到敍利亞來。克里歐佩特拉到達之後，他就送給她一份非常豐厚的禮物，把腓尼基、內敍利亞、塞浦路斯、西里西亞的大部份、出產香脂的那部份猶太地區、和納巴提亞(Nabataea)向外海延伸的那部份亞拉伯地區，都歸入她的帝國的版圖。這些豪奢的餽贈使羅馬人大感不悅。他曾經委派一些平民，讓他們去治理藩屬，或掌握王國，也曾從許多國王的手中奪取他們的王國，例如猶太的國王安提格納斯就被他下令砍頭（以國王而遭受此種刑罰，他是第一人），但是最使羅馬人們感到憤怒的，乃是他加給克里歐佩特拉的那些榮譽。後來，他承認了克里歐佩特拉爲他所生的一對雙生子，把他們分別命名爲亞歷山大和克里歐佩特拉，並且分別以太陽和月亮做爲他們的綽號，更使羅馬人大感不滿。但是安東尼最會把極可恥的行爲說得冠冕堂皇，他時常說羅馬帝國的偉大與其說是在取得王國，不如說在於施與王國，在每個地方產生一個後代或一系列的帝王，乃是使貴族血族擴展到全世界的唯一方法。他並且說，他自己的祖先就是這樣由赫庫里斯生下來的；赫庫里斯並不把繁衍後代的任務局限於一個女人，也不畏懼像梭倫（Solon）法典那類的管制生育的法律，而完全順乎自然，遺留下許多的支脈。

富雷提斯(Phrates)殺死他的父親海羅狄斯，自立爲王⑬，許多帕底亞人都離開自己的國家，逃奔他方。聲望素著而且很有權柄的孟納西斯（Monaeses）則投奔到安東尼這裏來，尋求庇護。安東尼認爲孟納西斯的遭際和忒密斯托克里斯（Themistocles）相似，以自己的豪富和慷慨，當然不容那些波斯國王專美於前，他送給孟納西斯三個城市：賴瑞薩（Larissa）、阿里修薩（Arethusa）和海厄拉坡里斯(Hierapolis)，這三個城市在過去稱爲班比塞（Bambyce）。不久之後，帕底亞國王對孟納西斯表示友好，要他返國，並且保證他的安全，安東尼也欣然讓他回去。安東尼的目的，是想使帕底亞王觀感一新，覺得和平的局面可以繼續下去，他只要求帕底亞王歸還克拉薩斯戰死時被擄去的羅馬軍旗，釋放仍然活着的羅馬俘虜。安東尼把這件事情處理完畢，讓克里歐佩特拉返回埃及，然後便率軍經過阿拉伯和阿米尼亞；他的部隊都聚在一起，並且和結盟的國王（和他結盟的國王爲數甚多，其中最强有力的是阿米尼亞王阿泰維斯底Artavasdes，率領六千騎兵和七千步兵前來)的軍隊會合起來，這時他做了一次大檢閱。在受檢的部隊之中，有六千羅馬步兵，和一萬名被視爲羅馬軍隊的西班牙和高盧騎兵；另外還有其他國家的三萬騎兵和步兵。這批强大的軍力，不但使帕克特里亞(Bactria)那邊的印度大感恐慌，而且使整個亞洲爲之戰慄，可惜安東尼爲了克里歐佩特拉的緣故，而未加以利用。安東尼爲了想和克里歐佩特拉一起過冬，未到預定的時間，就提前發動戰爭；他的一切作爲，都沒有經過適當的考慮，顯得雜亂無章；他已經不能主宰自己的能力，似乎在某種藥劑或魔法的操縱之下，一心只在想望着克里歐佩特拉，他的目的並不是戰勝敵人，而是趕快回去。

第一，他本來應該在阿米尼亞過冬，使他的部隊得到休息（他的部隊長途行軍而來，至少已經走了八千壠，疲憊不堪），並且應該在開春之前，趁着帕底亞軍尚未離開他們的冬季營地，先行侵入朱狄亞，可是他沒有耐心等待那麼久，竟丟下左側的阿米尼亞，攻入亞特羅佩提尼（Atropatene），將這個地區全部蹂躪。第二，他的部隊後面，本來跟隨着三百輛車，載運着爲攻城所必需的器械，其中包括一架八十呎長的攻城槌。那些器械中的任何一件，如果失掉或損壞了，都無法修理或補充起來，因爲上亞細亞所出產的木材，長度和硬度都不够，不能製造那類器械。可是，他在匆忙之中，却把那些器械完全留在後方，指派車隊長史泰夏納斯率領一支分遣隊負責照看，因爲他認爲那些東西會妨礙行軍的速度。他率軍團攻夫雷塔（Phraata）——米狄亞的一個主要城市，該國國王的妻兒都住在那裏。實際的需要證明他不把攻城器械帶來，是犯了多麼重大的錯誤。他在沒有辦法之中，只好開始靠着城建造一座小丘，這項工程不但要耗費很大的人力，而且進行得甚爲緩慢。在這個期間，富雷塔斯却率領一支大軍下來，他得悉攻城的器械和車輛都被留在後面的時候，馬上派遣一大批騎兵，奇襲史泰夏納斯，結果史泰夏納斯本人和他屬下的一萬士兵被殺死，攻城的器械都被搗毀。許多人被俘，波賴蒙王(King Polemon)也在其中。

戰爭剛一開始就遭受這場重大的挫敗，安東尼部下的士氣當然大爲沮喪；阿米尼亞國王阿泰維斯底認爲羅馬軍隊前途不容樂觀，竟率領他的全部軍隊退出，雖然他是這場戰爭的主要發動者。帕底亞人受了勝利的鼓勵，竟出現在圍城的羅馬軍隊之前，對他們多方侮辱；安東尼認爲如果繼續按兵不動，必將使士氣更加消沉，軍心更加慌亂，所以決定率領全體騎兵、十個軍團，和三隊由重步兵所組成的衛隊，出去搜尋糧草，藉以吸引敵軍出戰。他率軍進行了一日的途程，發現帕底亞人一直在附近巡邏，準備在他們的行進途中加以襲擊，於是他下令在營地懸出作戰的信號，同時却拆除帳篷，使敵人覺得他並不打算作戰，而是想率軍撤退；他率軍從敵人的新月形陣勢旁邊經過；他在事前已經發佈命令，一等軍團行近，可以支援的時候，騎兵就馬上出擊。羅馬軍隊手中持着長槍，一排一排地隔着同等的距離向前行進，秩序井然，寂靜無聲，紀律之良好，使靜靜地站在那裏觀看的帕底亞人大爲讚佩。可是，號令一經發出，羅馬騎兵馬上突然向帕底亞人襲擊，同時發出很大的喊聲，帕底亞人勇敢應戰，雖然敵軍相距太近，使他們無法使用弓箭；後來，羅馬軍團也參加襲擊，高聲喊叫，武器鏗鏘，帕底亞的士兵和馬匹都大爲驚恐，紛紛退却。安東尼毫不放鬆，奮力追逐，希望這場勝利可以結束戰爭；步兵追逐了五十壠之遙，騎兵追逐的距離則三倍於此，可是他們所獲得的戰果，却是只俘獲敵軍三十名，殺死敵軍八十名。羅馬軍隊都充滿了沮喪失望之情，因爲他們覺得：他們在勝利的時候，所獲得的成就如此微少，而他們在失敗的時候，却曾蒙受那麼重大的傷亡第二天，他們把行裝收拾妥當，首途返回夫雷塔的營地。他們在行軍途中，首先遇到一些散漫的敵軍，越往前走，遇到的敵軍越多，最後竟和敵軍的大隊相遇。那些敵軍陣容整齊，毫無疲憊之色，竟向他們挑戰，從四面八方攻擊他們。他們且戰且進，好不容易才到達營地。到了營地之後，安東尼發現米狄亞人曾經出擊，他的部下在驚慌之中竟放棄了小丘，於是決定實行所謂十人殺一的辦法，對他們施以懲罰，就是把士兵們每十個人分爲一組，採取抽籤辦法，處死其中的一個人。至於那些未被處死的人們，他則下令把他們的口糧從小麥改爲大麥。

現在雙方對於這場戰爭都感到艱苦吃力，如果曠日持久，對於安東尼尤其不利。安東尼現在已經感受到饑饉的威脅，因爲他的部下現在每次出去搜尋食糧，都必定有相當的傷亡。在另一方面，富雷塔斯深知他的部下什麼苦都可以吃，就是不能在露天之下過冬，所以他十分擔心，當時秋分已過，天氣漸漸轉寒，如果羅馬軍隊繼續圍城，他的部下可能棄他而去。爲了促使羅馬軍隊撤走，他實行了一個詭計；他命令那些和羅馬軍隊最熟識的帕底亞士兵，等羅馬人出來搜尋糧食的時候，不要窮追他們，讓他們帶走一些糧食，而且還要稱讚他們的勇敢，告訴他們說，帕底亞國王認爲羅馬士兵是全世界最英勇的士兵，實非虛語。然後，如果再有機會，就再往前行進幾步，把馬停在羅馬士兵的旁邊，對他們大罵安東尼過於固執，因爲富雷塔斯非常希望講和，藉以保全許多英勇士兵們的性命，但是安東尼却堅決拒絕一切友善的建議，而繼續圍城，等待兩個最厲害的敵人降臨，就是嚴冬和饑饉；那兩個敵人一旦降臨，卽使帕底亞人樂於協助，羅馬軍隊也很難逃脫。安東尼從許多人的口中得到這項報告，開始存着和解的希望，但是他並沒有派人去和帕底亞王接觸，却先向那些發表友好談話的帕底亞人探聽明白，他們之所以講出那些話，是否奉了他們國王的命令。那些帕底亞人說他們的確是奉了國王的命令，並且請他不要猜疑，於是他派遣幾名代表，去見帕底亞王，再度要求歸還軍旗，釋放俘虜，用意無非是想爭取一些面子，使人覺得他的目的並非只是安全撤退而已。帕底亞王回答說，關於軍旗和俘虜的事，最好不要再提出來；不過，如果他想撤退的話，倒是隨時都可安然離去，帕底亞軍隊不擬追擊。於是，幾天之後，安東尼便收拾好行裝，拔營離去。安東尼擅長演講，最能憑着口才來維繫軍心，可是在這次拔營的時候，他却由於羞愧和沮喪的關係，並未親自對部下發表演說，而派遣杜米夏斯·伊諾巴巴斯（Domitius Aenobarbus）代表他講一些話。若干士兵對於這件事情甚為憤慨，認為安東尼瞧不起他們，但是大多數人都看出了眞正的原因，而寄與同情，他們認為在這種情況之下，應該對於他們的主帥格外表示尊敬和服從。

安東尼本來決定仍然循着來時的路線回去，那條路線是經過一片無樹的平坦地區，可是一個瑪狄亞（Mardia）人來見他（這個人非常熟悉帕底亞人的作風，並且曾在那場損失攻城器械的戰役之中表現他對羅馬的忠誠），勸他傍着右側的山區撤退，而不要使自己的重裝備部隊在一片空曠、廣闊、而適於騎兵活動的地區行進，以免隨時會受到大批輕騎兵和弓箭手的襲擊；這個瑪狄亞人並且說，富雷塔斯在勸促安東尼放棄圍城的時候，就已經打着如意算盤，以為安東尼必定會從這條路線撤退，那麼他就比較容易切斷他的退路；不過，他又說，如果安東尼願意的話，很可以走一條較近的路線，而且沿路還能取得比較豐富的給養。安東尼對於這項建議認眞考慮一番；他既然已經同帕底亞人達成休戰協議，就不願再對他們表示不信任，可是他也認爲，沿着一條較短而且人煙較密的路線撤退，的確是上策，於是他要求那個瑪狄亞人對於自己的忠誠提供一些保證，那個瑪狄亞人說可以把他捆綁起來，等到他們的大軍安全進入阿米尼亞的時候，再爲他鬆綁。安東尼的部隊在那個被綁起的瑪狄亞人嚮導之下，行進了兩天，沒有發生任何事故；到第三天，安東尼已經把帕底亞人的威脅忘在腦後，大軍很懈怠地行進着，那個瑪狄亞人却發現河堤剛被拆毀，河裏的水大量流出，即將淹沒他們所要經過的那條道路，他馬上就明白了，這件事情一定是帕底亞人幹的，想藉此來阻止羅馬軍隊的行進，於是他馬上勸告安東尼加意提防，因爲敵人已經近在咫尺。安東尼剛剛開始命令部隊擺好陣勢，並且使投擲手和槍兵們保持適當間隔以便出擊，帕狄亞人就從四面八方襲來，想把羅馬大軍包圍起來，使之陷於混亂狀態。羅馬的輕武裝部隊馬上出擊，帕底亞人箭如雨下，使許多羅馬人受了創傷，但是帕底亞人受到羅馬投擲器和標槍的猛烈襲擊，受傷者也很多，因而被迫退却。不久之後，帕底亞人重整旗鼓，再度進攻，被一大隊高盧騎兵擊敗，在那一天裏便未再出現。

安東尼根據敵人進攻的方式，做了一個決定。他不僅用投擲手和槍兵掩護後隊，而且用他們來掩護兩翼，大隊以中空的方形陣容前進。他並且命令騎兵擊退來襲的敵軍，但是在敵軍退去的時候，不可追得很遠。因此，在以後的四天中，帕底亞人所蒙受的損失比他們所加給羅馬人的損失爲大，他們熱情大減，紛紛抱怨說隆冬將屆，最好趕快回家。

但是，到了第五天，一位英勇能幹而且地位很高的軍官佛雷維亞斯·蓋勒斯來謁見安東尼，要求安東尼從後隊中撥給他一些輕步兵，從前鋒中撥給他一些騎兵，他說他一定可以建立相當的功勞。安東尼把他所要求的軍隊撥給他，等敵軍來襲時，他把他們擊退，但是他在擊退敵人之後，並未像平常一樣退回，同大隊會合，却對敵人窮追不捨，繼續奮勇交戰。指揮後隊的軍官們發現他已經離開大隊太遠，有被切斷退路之虞，派人警告他，要他馬上回來，但是他不肯聽從。據說財務官提夏斯抓住軍旗，使之向後轉，並且責備蓋勒斯不該把這麼許多勇士引上滅亡之途。蓋勒斯也對提夏斯反唇相譏，並且命令他的部下不要退却，提夏斯只好獨自退出。於是，蓋勒斯率領部下進襲前面的敵軍，不料後隊被敵人包剿，等到發覺這項危機時，便派人求援。重步兵的司令官們——包括安東尼的親信坎尼達斯在內——對於這件事情的處理，似乎犯了一個嚴重的錯誤，因爲他們當時並未以全部軍力去解救蓋勒斯的危難，却每次只派出少數部隊，在這批部隊失敗之後，再派出少數部隊，這樣繼續下去，勢將使全軍陷於覆敗。幸而安東尼親自率領第三軍團從前方趕來，從逃亡的士兵羣中穿過，迎戰敵軍，使他們未能有更大的進展。

在這場戰役之中，羅馬軍隊戰死三千名，負傷而被運回營地者有五千名，蓋勒斯身受四處箭傷，在被運回營地之後，終告死亡。安東尼一一巡視各營帳，慰問受傷的人們，每次和他們相見的時候，都不免傷心落淚。可是他的部下却帶着歡樂的面容握着他的手，請他自己多加珍重，不要爲他們而難過，稱他爲皇帝，爲他們的大將軍，並且告訴他說，只要他沒有受到傷害，他們就是安全的。總而言之，安東尼所統率的軍隊，實在是當時的一支最優秀的軍隊，不論就勇武年輕方面來說，還是就吃苦耐勞方面來說，都是如此；至於他們對這位主帥的服從和敬愛，以及全軍之中，不分高低，無論官兵，都把安東尼的讚許看得比自己的生命更爲重要，就是古代的羅馬軍隊，在這一方面也不會優於他們。如我在前文已經講過的，他們之所以對他如此忠心耿耿，原因很多，例如他出身名門，辯才無礙，態度坦誠，慷慨豪爽，對每個人都做親切的交談，而在這一次事件之中，他又去探視傷患，懇切慰問，分擔他們的一切痛苦，供給他們所需要的一切東西，因而使得那些傷患士兵比康壯士兵更樂於爲他效命。

可是，本來已經感到疲憊有意罷手的敵軍，受到這場勝利的鼓勵，開始瞧不起羅馬軍隊，他們整夜停留在羅馬軍隊營地附近，準備刼掠後者的營帳和行李，因爲他們斷定後者在逃走的時候，一定要丟掉這些東西的。到了早晨，敵軍兵力大增，據說共有四萬騎兵之多；帕底亞王甚至把他的衛隊也派出來了，以求確保勝利，因爲他一向是不出來作戰的。安東尼決定對士兵們發表演說，他本想穿着喪服，以便更能使他們受到感動，但是他的朋友們加以勸阻；於是他穿着將軍的紫袍出去，向士兵們致詞，他對戰勝的士兵們加以讚揚，對曾經脫逃的士兵們加以譴責，前者回答他說他們一定可以獲得勝利，後者則表示歉意，說他們甘願接受十人殺一的刑罰或任何其他處分，只是請求他不要再爲他們的過錯而煩惱。然後安東尼高舉雙手，向諸神禱告說，如果因爲他過去從天神所受的恩惠太多，現在要加給他一些相反的報應的話，請把任何天譴都降在他一人的頭上，而使他的士兵們獲得勝利。

第二天，羅馬軍隊擺出更能受到妥善保護的陣容，繼續行進，帕底亞人以爲他們的目的是想刼掠，而非作戰，大爲吃驚，在接近羅馬軍隊的時候，又受到如驟雨一般的箭矢之類的襲擊，並且發現羅馬軍隊精神振作，戰志昂揚，他們自己便不免有些氣餒了。可是，他們聚集在羅馬軍隊必須經過的一個下坡之處，等他們緩緩走下的時候，對他們放箭。於是，那些持盾的全付武裝的羅馬步兵轉過身來，把裏面的輕步兵掩護起來；第一行的士兵們屈下一膝，把盾舉在前面，第二行的士兵把盾舉在第一行士兵的頭上，第三行的士兵把盾舉在第二行士兵的頭上，就這樣一行一行的擺下去，很像屋頂的瓦，或戲院中一排排的座位，構成一個極爲堅强的防禦工事，箭矢射在上面，都輕輕地滑掉了，無從造成任何傷害。帕底亞人看見羅馬人屈下一膝，以爲他們一定是太疲倦了，於是他們放下了弓，持着長槍，對羅馬人猛烈進擊，羅馬人却發出吶喊之聲，一躍而起，用標槍迎擊，殺死了最前面的帕底亞人，其餘的帕底亞人便紛紛逃走。在以後的日子當中，天天發生這種事情，所以羅馬軍隊的行進甚爲緩慢。此外，他們並且受到饑餓的威脅，因爲他們總要經過一番戰鬪，才能得到一些穀物，每次獲得的數量甚爲微少；而且，磨麵粉和做麵包的工具也很缺乏。所有的用具都被丟下了，因爲馱運輜重的馬匹有的死了，有的用於載運傷患。軍中的食糧極感缺乏，一夸爾小麥要賣五十德拉克馬，一塊大麥麵包則要同等重量的銀子才能買到。他們只好退而求其次，找蔬菜和根部可食的植物吃，可是他們發現大家平常吃的蔬菜非常稀少，在沒有辦法之中，只有找到什麼就吃什麼。其中有一種植物，吃了之後就會失去了一切判斷力和理解力，然後死亡。吃下這種植物的人，把世間的一切事情都忘光了，只是盡全力去搬大石頭，從一個地方搬到另外一個地方，非常熱心而努力，好像搬石頭乃是一項最重大的工作。在整個軍營之中，只見人們在到處挖石頭，搬石頭。只有酒可以解救他們，但是又找不到酒，所以最後便嘔吐膽汁，而告死亡。許多人都這樣地紛紛死亡，而帕底亞人仍然窮追不括，安東尼在這種情形之下，時常高聲喊道：「啊，那一萬人！」好像是在讚美翟諾芬⑭率領的那一支希臘軍隊，他們從巴比倫撤退，途程更長，敵軍更多，却能安然歸國。

帕底亞人發現自己既不能分散羅馬軍隊，又不能突破他們的戰陣，而且時常被他們擊敗，所以又開始同那些出來刼掠糧秣的羅馬士兵套交情；他們持着沒有上弦的弓，走近羅馬士兵，說他們即將返回家鄉，從今以後不再對羅馬軍隊從事報復行動，只有少數米底亞軍隊，仍將繼續跟隨羅馬軍隊走兩三天，不過他們的目的並非騷擾羅馬軍隊，而是保衛前面的一些村莊。他們說了這些話之後，又向那些羅馬士兵殷切致意，非常熱情地擁抱他們。於是羅馬士兵再度充滿信心，安東尼在聽到這個消息之後，很想改走平原的道路回去，因爲他聽說山地的道路沒有水喝。他正在準備做這項決定的時候，一個名叫米斯瑞戴提斯的人從敵方來到羅馬軍營，這個人是孟納西斯的表兄弟，我們在前文曾經講過，孟納西斯到羅馬尋求庇護，安東尼曾經送給他三個城市。米斯瑞戴提斯來了之後，就希望能和一位懂敍利亞語或帕底亞語的人談話。於是安東尼的一位朋友，安提奧克（Antioch）的亞歷山大來到他的面前，他向亞歷山大說明自己的身份，並且表示他此番前來，完全是爲了孟納西斯的緣故。他指着遠處的一列高山，問亞歷山大看見沒有，亞歷山大回答說看見了。他便告訴亞歷山大說：「帕底亞人的全部軍隊都在那裏埋伏着，等待你們通過；因爲大平原和那些高山相連，他們預料你們聽信他們的諾言，就會放棄山路，改走平原的道路。從山路走，固然會沒有水喝，而且像過去這些天一樣地非常辛勞，但是如果你們從平原走，安東尼的下場必然和克拉蘇斯相同。」

他說完了這些話，便行離去。安東尼在驚慌之中，召集他的朋友們舉行會議，並且把那個瑪狄亞嚮導找來，那位嚮導也和米斯瑞戴提斯的意見相同。他告訴他們說，有沒有敵人姑且不論，平原上沒有確定的路徑可循，很有迷途的可能，單憑這項理由，就不能從平原走；至於那條崎嶇的山路，唯一的缺點是沒有水，但是無水狀態僅限於一天的行程。因此安東尼改變主意，當夜就率軍沿着山路前進，並且命令各人携帶着自己所需的水；大多數士兵因爲沒有器皿，就用自己的盔盛水，有些人則用獸皮盛水。他們剛一動身，帕底亞人就得到消息，而且一反過去的習慣，徹夜追隨着他們。在日出時，帕底亞人向羅馬的後隊進攻，羅馬軍隊連夜行軍，又缺乏睡眠，已經精疲力竭，不能從事有力的防衛，因爲他們在那天夜裏已經走了二百四十壠之遙，沒有想到敵人會這麼快就來襲擊他們，所以軍心大爲沮喪。而且，這種且戰且進的情形，使他們更加口渴。羅馬軍隊的前鋒走到一道小河的前邊，其中的水涼爽而清澈，但是帶些鹹味，而且有毒，他們喝下去之後，馬上肚子痛，而且渴得更厲害。那位瑪狄亞嚮導事先曾經警告他們，不要喝這條河裏的水，但是士兵們渴得太厲害了，旁人去勸阻他們，他們就把那些人趕走，不顧一切地喝着。安東尼各處奔波，請求他們稍微忍耐一下，他說在前面不遠之處還有一條河，其中的水是適於飲用的，其餘的一段途程非常崎嶇，馬匹無法行走，所以敵人不會繼續追逐他們；他說了這些話之後，便下令吹退軍號，叫那些正和敵軍交戰的人們回來，並且下令張起帳幕，使士兵們至少可以在蔭涼中休息一下。

於是羅馬軍隊紛紛張起帳幕，帕底亞人也像每次一樣地開始撤退，這時米斯瑞戴提斯又來了，他告訴上次曾經和他晤談過的亞歷山大說，安東尼最好讓他的軍隊只在這裏稍稍休息一會兒，然後儘快繼續行軍，趕到下一條河，帕底亞人不會渡過那條河，他們已經決定追到河邊爲止。亞歷山大把這個意思報告安東尼，安東尼吩咐他贈給米斯瑞戴提斯許多金器皿，米斯瑞戴提斯儘量把那些器皿藏在自己的衣服裏面，然後離去。安東尼按照這項勸告，雖然當時還是白天，就下令拔營，全軍繼續前進。帕底亞人沒有對他們做任何騷擾，但是他們却由於自亂陣容，使得那一夜的遭遇驚險萬狀。因爲有些士兵動手殺害並搶刼他們認爲有錢的人，搜索行李，擾取其中的金錢。最後，他們竟奪取安東尼的行李，把他所有的貴重的桌子和杯子都打成碎塊，大家均分。安東尼聽到全軍到處都是吵鬧和騷動之聲，以爲敵軍來襲，已經擊敗並且切斷了一部份羅馬軍隊，他把衞隊中一個名叫雷姆納斯的已經解除奴隸身份的人叫來，要他當場發誓，只要安東尼一下命令，他就用劍把他刺死，割下他的頭，免得他被帕底亞人生擒，而且在他死後，也不會被認出他就是將軍。當時安東尼非常驚恐，他周圍的朋友也都黯然落淚，但是那位瑪狄亞嚮導却對大家鼓勵，使他們重新振作起來。他告訴他們說，根據當地空氣的涼爽和濕度來判斷，那條河流已經相距不遠，按照沿途所需的時間來估計，也可以證明這項判斷的正確，因爲黑夜卽將過完。在這個時候，有人傳來消息，說營中的混亂完全是由內部互相搶掠所造成的。爲了平靖這場騷亂，使士兵們在狂亂之後恢復秩序，安東尼下令發出停止前進的號令。

天亮了，羅馬軍隊剛剛開始恢復平靜和秩序，帕底亞人的箭便向後隊射來，於是輕武裝的部隊奉令出戰。這些輕武裝部隊在重武裝步兵(他們像前文所講述的情形一樣，大家互相用盾掩護着)的輔助之下，很英勇地迎戰敵軍，敵軍也不敢再行前進。在這種情形之下，前鋒很從容地緩緩前進，那條河流已經在望。安東尼命令騎兵在河岸列陣，準備對抗敵軍，然後叫軍中的傷患首先渡河。在這個時候，連那些同敵軍交戰的士兵們都有機會舒舒服服地喝水，因爲帕底亞人一看見這條河，就鬆了弓弦，告訴羅馬軍隊儘管放心渡河，並且對於他們的英勇大加讚揚。羅馬軍隊平安渡河之後，略事休息，馬上繼續前進，對於帕底亞人所說的好話並不完全相信。在最後這場戰鬥的六天之後，他們到達阿拉克西斯河(Araxes)，這條河是米狄亞和阿米尼亞的分界線，水很深，流勢湍急，似乎很不容易渡過。而且，當時還流傳着一項消息，說敵軍在那裏埋伏着，準備等他們一開始過河，馬上發動攻擊。但是，他們竟然平平安安地到達彼岸，踏上阿米尼亞的土地，彷彿在海上經過一番風暴之後，又看見了陸地一般，他們高興得親吻土地，流下眼淚，彼此相互擁抱。阿米尼亞非常富庶，他們經過長期的貧乏之後，不免吃得太多，許外人都患了浮腫和痢疾。

在這裏，安東尼檢閱他的軍隊，發現自己已經損失了兩萬步兵和四千騎兵，其中大部份是死於疾病，而非死於敵軍之手。他們離開夫雷塔之後，共行軍二十七天，在這個期間，曾在十八場戰鬥之中擊敗敵人，不過那些勝利都沒有很大作用，也沒有持久的效果，因爲他們不能對敵人做有效的追擊。

從這種情形可以看出，安東尼之所以未能早日結束這次戰爭，主要應該歸咎於阿泰維斯底，因爲他從米狄亞撤走的一萬六千騎兵，裝備完全和帕底亞人相同，而且習慣於帕底亞人的戰鬥方式，如果這批騎兵不曾撤走，在羅馬軍隊擊敗帕底亞人之後，出而追擊，帕底亞人便不可能在每次失敗之後，又能重整旗鼓，再度進攻。由於這個緣故，全軍都很氣憤，要求安東尼對阿米尼亞從事報復。但是安東尼經過仔細考慮之後，決定不去追究這項背棄信義的行爲，仍然很客氣地對待阿泰維斯底，因爲他覺得羅馬軍隊當時已經疲憊不堪，而且各種必需的供應品都很缺乏。但是後來，當他再度率軍侵入阿米尼亞的時候⑮，他却多次提出邀請，並做了一些許諾，使阿泰維斯底前來和他晤面；阿泰維斯底來了之後，安東尼就把他扣留，綑綁起來，帶到亞歷山大里亞，把他展覽在凱旋的行列之中；羅馬人民覺得，安東尼爲了克里歐佩特拉的緣故，而把他們本國的榮譽和莊嚴慶典加給埃及人民，因而深感不快。

不過，這還是以後的事情。現在，他在風雪不斷的隆冬之際兼程行軍，已經損失了八千士兵。他率領着少數殘兵到達沿海的一個叫做白村的地方，在西頓(Sidon)和柏里塔斯(Berytus)之間，他在這裏等待克里歐佩特拉。克里歐佩特拉遲遲不來，他感到很不耐煩，便藉酒消遣，但是在宴會進行的時候，他時常忽然離席，去看看克里歐佩特拉是否已經來到。最後，克里歐佩特拉終於到達，爲士兵們帶來許多衣服和金錢。不過有些人說，她只帶來了衣服，那些錢乃是安東尼出的，以她的名義分送給士兵們。

在這時候，米狄亞王和帕底亞的富雷提斯發生爭執，是由分配從羅馬人手中獲得的戰利品而引起的；米狄亞人深恐他們的國王會因此而失去他的王國。因此米狄亞王派遣使者去和安東尼接頭，要求安東尼和他結成聯盟，共同對富雷提斯作戰。安東尼對於這項建議，頗有躊躇滿志之感。上一次他之所以未能擊敗帕底亞人，就是由於缺乏騎兵和箭手，現在竟有人把這兩樣東西送上門來，他當然樂於接受。於是他馬上開始準備再度進軍阿米尼亞，在阿拉克西斯河畔和米狄亞軍隊會師，共同作戰。但是，當時住在羅馬的奧大維亞很想前來看看安東尼，要求凱撒准許她前去和他晤面，凱撒同意了她的要求；據大多數作家說，凱撒之所以同意，主要並不是爲了滿足他的姐姐的意願，而是爲了尋覓一個藉口，如果她受到慢待，便可用作口實，發動戰爭。奧大維亞剛到雅典⑯，就收到安東尼的來信，告知他的出征計劃，要她在那裏等他前來。她雖然很不高興，也不是不知道他的眞正意圖，還是寫信給他，說她爲他帶來許多東西，應該送到何處？她爲他的士兵們帶來了衣服，爲他的朋友和軍官們帶來了用品、牲口、金錢和禮物；另外還有兩千名甲冑華麗的精兵，作爲他的衛隊。奧大維亞的這一封信，是由安東尼的一個朋友尼格爾（Niger）帶給他的，尼格爾並且對奧大維亞做適當的稱讚。克里歐佩特拉知道她的情敵即將前來，深感憂懼，她所擔心的是，奧大維亞品性高尙，又有凱撒做後盾，如果再有機會和安東尼很親切地朝夕共處，必然無從對抗，而永遠完全控制着她的丈夫。於是她假裝對安東尼愛得要命，少吃飯，使身體消瘦下來；安東尼進屋的時候，她就帶着一付非常高興的神情注視着他，他離去的時候，她就顯得很憂鬱而落寞的樣子。她煞費苦心，設法使他發現她在暗暗落淚，而且等他剛一看到，她就趕緊擦乾眼淚，轉過臉去，好像惟恐被他看見似的。在安東尼準備和米狄亞人聯合作戰的期間，克里歐佩特拉就在對他施展這些手法；她的一些嘍囉當然也竭力推波助瀾，他們責備安東尼太冷酷無情，竟然任憑對他這樣一往情深的人消瘦憔悴。他們說，奧大維亞固然是他的太太，但是她之所以嫁給他，是由於政治上的原因，也可以說是爲了她的弟弟的緣故，她已經享有他的妻子的頭銜；但是克里歐佩特拉，以許多民族的女王之尊，竟甘於做他的情婦，只要她能看見他，和他生活在一起，享受與他共處的樂趣，她對自己的身份並不計較；如果她連這個身份也保持不住，她便無法活下去了。這些人遊說的結果，終於使他兒女情長，英雄氣短，他深信，如果他捨棄了她，她便將死去，所以他決定延緩戰爭，回到亞歷山大里亞，把同米狄亞人聯合作戰的計劃延到翌年夏季，雖然據說帕底亞由於內部的不和，已經陷於混亂狀態。可是，不久之後，他還是到米狄亞去一趟，同米狄亞聯姻，使他同克里歐佩特拉所生的一個兒子同米狄亞王的一個年幼女兒訂了婚；他回來之後，一心只想如何從事內戰。

奧大維亞從雅典回來之後，凱撒認爲她受了輕蔑的待遇，命令她搬到另外一所房子去住；但是她拒絕離開她丈夫的房子，並且懇求凱撒說，如果他已經決定爲了其他原因而同安東尼作戰，那是另外一回事，但是千萬不要單爲了她所受到的待遇而同安東尼作戰；世界上兩位最偉大的將軍，一位將軍爲了對於一個女人的愛情，另一位爲了替一個女人打抱不平，而使羅馬人民陷於內戰之中，說起來是令人無法容忍的。她不但嘴裏這樣說，而且用實際行動來支持自己所說的話。她繼續住在安東尼的房子，把那裏當作自己的家，把自己所生的孩子，和芙維亞所生的孩子一視同仁，同樣很盡心地照看着。到羅馬來謀職或辦事的安東尼的朋友們，她都予以接待，並且竭力把他們的要求向凱撒提出。可是，她這種可敬的行爲竟使安東尼的聲譽受到損害，雖然她本來並無此意；對於這樣一個品德高超的女人，安東尼竟然虧待她，大家都因而對他發生惡感。他在亞歷山大里亞對於他的兒子們所做的分配，更是不孚衆望；那好像是一項侮蔑自己國家的戲劇性行爲。他把民衆聚集在運動場上，在一座銀壇上擺起兩個黃金的寶座，一個是他坐的，一個是克里歐佩特拉坐的，並且在下面放置一些較低的寶座，是他的兒子們坐的；然後他就宣佈克里歐佩特拉爲埃及、塞浦路斯、利比亞和內敍利亞的女王，並且由凱撒里昂和她共享這個王位，凱撒里昂被認爲是老凱撒同克里歐佩特拉的遺腹子。他封他自己同克里歐佩特拉所生的兒子爲萬王之王，把阿米尼亞、朱狄亞、和將來被征服後的帕底亞分配給亞歷山大，把腓尼基、敍利亞、和西里西亞分配給托羅密。他叫這兩個兒子出現在民衆之前，亞歷山大穿着米狄亞的服裝，頭上戴着冠冕和直立的頭飾，托勒密則穿着靴子、斗篷，戴着馬其頓人的帽子，上面頂着一個王冠；因爲後者是亞歷山大的繼承者們的打扮，前者則是米狄亞人和阿米尼亞人的裝束。這兩個孩子向父母致敬之後，前者得到一批阿米尼亞衞隊，後者得到一批馬其頓衞隊。克里歐佩特拉像每次出現在公衆之前的時候一樣，穿着女神愛色斯（Isis）的服裝，並且以新愛色斯的名義和人民相見。

凱撒把這些事情在元老院中提出報告，並且時常在人民面前責難安東尼，藉以煽起人們對他的反感；安東尼也不斷地對凱撒加以指責。他所提出的主要指責如下：第一，凱撒從龐培取得西西里島之後，並未把這個島嶼分給他一部份；第二，凱撒爲了作戰而向他借出的船隻，一直沒有歸還；第三，在把他們的同事賴廸帕斯罷黜之後，凱撒把本來屬於賴迪帕斯的軍隊、領地和稅收都據爲己有；最後，凱撒幾乎把整個意大利都分配給自己手下的士兵們，沒有爲他的士兵們留下任何土地。凱撒對這些指責的答覆如下：賴廸帕斯之所以被解除職務，是因爲他自己的行爲不當；只要安東尼把阿米尼亞分給他一份，他也將把他在戰爭中所獲得的土地分給安東尼一份；安東尼的士兵們沒有權利要求分取意大利的土地，因爲他們已經擁有米狄亞和帕底亞，那兩個國家都是他們在他們的將軍領導之下，經過英勇戰鬥而爲羅馬帝國增加的疆土。

安東尼得到這項答覆的時候，正在阿米尼亞，他馬上命令坎尼狄達斯率領十六個軍團開往沿海地帶；他自己則帶着克里歐佩特拉前往艾費薩斯，他的船隻將從各地往那裏聚齊，構成一支海軍，共有八百隻軍艦和運輸船，其中有二百隻船是由克里歐佩特拉提供的，她另外還供給二千泰倫，和全軍在作戰期間所需的給養。安東尼接受杜米夏斯和另外一些人的勸告，吩咐克里歐佩特拉返回埃及，在那裏等待戰爭的結局；但是克里歐佩特拉惟恐與大維亞又設法使雙方和解，於是以重金賄賂坎尼廸亞斯，要他在安東尼面前爲她講話；他向安東尼指出，克里歐佩特拉對於這次戰爭有很大貢獻，如果不讓她親身參與，是不公平的；在安東尼的海軍中，埃及人佔一大部份，如果把克里歐佩特拉趕走，一定會影響他們的士氣，這種作法實在是不智的；而且，他也看不出克里歐佩特拉的智慮會遜於參與這次戰爭的任何其他帝王；她曾經長時期獨自治理一個大國，並且和安東尼共處很久，獲得許多行政經驗。這些議論很有效果（因爲命運已經注定，一切都要落入凱撒之手）；在他們所有的軍隊都聚齊之後，他們便一起乘船前往薩摩斯（Samos），在那裏大事宴樂。正當敍利亞、梅歐提德湖（Maeotid Lake）、阿米尼亞和伊里瑞亞之間的所有的帝王和屬領統治者，都奉到命令，送出這次戰爭所需的一切軍需品的時候，所有的戲劇演員也都奉命前往薩摩斯；因此，在舉世都充滿了呻吟與哀哭之聲的時候，這個島嶼上面却絲竹之聲不絕於耳，戲院高朋滿座，合唱隊經常表演。每個城市並且送來一頭牛，做爲祭神之用，陪伴安東尼的那些帝王們互相爭勝，看誰設的宴席最豐美，誰送的禮物最豪奢。人們不禁問道：「他們在開戰的時候，就耗費這麼許多金錢從事宴樂，將來慶祝勝利的時候，更該如何呢？」

這些宴樂完畢之後，安東尼把普里恩城賞給那些演員，做爲他們的住所，然後啓航前往雅典，在那裏又忙於新的遊樂和觀賞劇藝。克里歐佩特拉對於奧大維亞過去在雅典所受到的榮譽頗爲嫉妒（奧大維亞深受雅典人民的喜愛），因而竭力博取當地人民的好感。雅典人爲了投桃報李，投票通過向他致敬，並且派遣一個代表團到她的住所謁見她；安東尼是代表之一（因爲他也算是雅典的公民），代表大家致詞的人也是他。他並且派人前往羅馬，命令奧大維亞遷出他的房屋。據說她帶着所有的孩子（芙維亞所生的最大的兒子除外，當時這個兒子正和他父親在一起）離開那個住所，傷心落淚，認爲她是這場戰爭的原因之一。但是羅馬人却深爲安東尼惋惜，而不大爲她惋惜，尤其是那些曾經見過克里歐佩特拉的人們，都認爲不論就年輕或貌美來說，她都不及奧大維亞。

安東尼這次作戰準備的迅速與規模，使凱撒頗感驚慌，他恐怕自己將被迫在那年夏天[17]與安東尼決戰。因爲許多必需的物品，他都還沒有，而且人民正爲了納稅問題而怨聲載道；公民都被迫繳納收入的四分之一，解脫奴隸身份而獲得自由的人則要繳納財產的八分之一，所以人民反對他，全國各地都有騷亂。安東尼不在此時發動戰爭，實在是他最大的失策之一，因爲這樣一來，凱撒就得到相當的時間，一方面準備作戰，一方面使騷亂平息。人民們在被迫繳錢的時候，都很狂暴而有意反叛，等到已經把錢繳出之後，便平靜下來了。安東尼的朋友提夏斯和普蘭卡斯都是具有執政官身份的人，他們因爲受了克里歐佩特拉的辱罵（因爲他們極力反對她親身參與這次戰爭），而逃到凱撒那裏去，把他們所知道的安東尼遺囑的內容告訴凱撒。那份遺囑存放在服事竈神的處女們的手中，她們不肯交出，並且傳話給凱撒說，如果他想要那份遺囑，可以自己去取來，於是凱撒親自去把遺囑取來。他首先獨自讀了一遍，留意其中最可指責的若干部份，然後召集元老院開會，把那些部份公開宣讀出來。大多數元老對於他的這項行爲都深表不滿，他們認爲要一個人在生前爲了死後的願望而受責備，是既不合理又不公正的。凱撒特別强調指出遺囑中關於安東尼的葬禮的一條，他在那一條中所做的指示是，即使他死在羅馬，他的遺體當然應該首先被抬着從市場經過，接受人民的瞻仰和憑弔，然後還是要運到亞歷山大里亞，交給克里歐佩特拉。凱撒的侍從卡爾維秀斯則就安東尼和克里歐佩特拉有關的行爲，另外提出一些指責：他把坡格瑪斯(Pergamus)的藏書都送給她，共有兩千卷之多；他曾在一場盛大的宴會席上，當着衆多賓客的面站起來，去摩擦她的脚，藉以履行一項諾言或打賭；他曾容許埃費薩斯人稱她爲他們的女皇；有很多次，他正在公開接見一些帝王和屬地統治者的時候，收到寫在條紋瑪瑙和水晶板上面的談情說愛的短簡，就在法庭上面當衆宣讀；有一次，很有權威而且非常善於演講的佛尼亞斯 (Furnius) 正在申辯的時候，克里歐佩特拉剛好乘着肩輿從市場經過，安東尼一看見她，馬上一躍而起，在審訊的中途，丟下所有在場的人們，陪侍在她的身旁，送她回家。

可是，大家認爲卡爾維秀斯所說的這些事情，大部份都是揑造的。安東尼的朋友們在全城各處奔走，代他爭取人民的好感，他們並且推派傑米尼亞斯 (Geminius) 去見他，請他特別注意，不要使自己被投票通過解除職務，並且被宣佈爲羅馬的公敵。但是傑米尼亞斯一到希臘，就被認爲是奧大維亞派來的間諜；在晚餐席上，他總是被安置在最下的席位，而且經常是衆人嘲笑的目標；但是他竭力容忍，只希望找機會同安東尼一談。有一次，在晚餐席上，旁人問他此行的任務究竟是什麼，他回答說，關於這件事情，最好等他頭腦比較清醒的時候再行詳談，不過有一件事情，不論他是喝醉了還是清醒的，都可以毫無疑問地加以斷言，那就是：如果克里歐佩特拉返回埃及，一切事情都會變爲順利。安東尼聽到這個話之後，顯得很生氣；克里歐佩特拉說：「傑米尼亞斯，你倒表現得很好，不打自招。」因此傑米尼亞斯在幾天之後，便找個機會逃回羅馬。安東尼還有許多其他朋友，都因爲受不了克里歐佩特拉的阿諛者們的侮慢態度，而遠離開他，其中有瑪卡斯·塞蘭納斯和歷史家戴里亞斯。據戴里亞斯說，他很擔心自己生命的安全，因爲醫生格勞卡斯 (Glaucus) 告訴他說，克里歐佩特拉正在從事一項密謀，要暗害他。克里歐佩特拉之所以恨他，只因爲他曾經說過，安東尼的朋友們喝的都是酸酒，而在羅馬，連凱撒的小斷薩門塔斯都喝白葡萄酒。

凱撒完成了準備工作之後，就設法通過一項議案，對克里歐佩特拉宣戰，同時解除了安東尼託付一個女人代他行使的大權。凱撒並且說，安東尼時常服痲醉劑，神智已經不很正常，因此羅馬人的作戰對象乃是宦官馬廸昂、波塞納斯、艾拉斯，爲克里歐佩特拉梳頭髮的少女，和查米昂，這些人是他的主要政治顧問。

據說在這場戰爭開始之前，發生了如下的一些奇異現象。安東尼在亞德里亞海岸建立的一個叫做匹紹拉姆(Pisaurum)的殖民地，被一次地震所呑沒；阿爾巴(Alba)的一座大理石的安東尼雕像，一連多天總是流汗，雖然常被擦掉，仍然不停地流。當安東尼在培特雷城(Patrae)的時候，赫庫里斯的神殿被雷電擊毀；在雅典，酒神巴卡斯的像被一陣狂風吹離了「巨人之戰」(Battle of the Giants)⑱的行列，落在劇場裏面；這兩位神祇和安東尼都有關聯，因爲他自稱是赫庫里斯的後裔，在生活方式上時常模倣酒神巴卡斯，因而有新巴卡斯⑲之稱。雅典的那一陣狂風也吹倒了福門尼斯(Fumenes)和阿泰拉斯(Attalus)的巨大的雕像，那上面都刻着安東尼的名字，而其他的許多雕像却都安然無恙。在克里歐佩特拉的旗艦「安東尼亞斯號」上面，也發生了一個極不吉利的朕兆。本來有一些燕子在船尾築窠，這時却另外來了一批燕子，把第一批燕子趕走，並且毀了他們的窠。

安東尼的作戰的兵力聚齊了，他所擁有的戰艦不下五百隻之多，其中許多隻都是帶有八至十排槳的大船，裝飾得富麗堂皇，彷彿是預備參加凱旋的慶典一般。他有十萬名步兵和一萬二千名騎兵。在他的臣屬的國王之中，利比亞的包卡斯(Bocchus)，卡西里西亞的塔康狄摩斯(Tarcondemus)，凱帕杜細亞的阿基勞斯，巴夫賴葛尼亞（Paphlagonia）的費拉德法斯（Philadephus），康瑪幾尼的米斯瑞戴提斯，和色雷斯的薩達拉斯（Sadalus）都親自隨同他一起出征，龐塔斯的波里曼，阿拉伯的瑪爾卡斯(Malchus)，猶太的希律王，以及里凱歐尼亞(Lycaonia)和蓋拉夏(Galatia)的國王阿門塔斯，則都派來大批的軍隊；米狄亞王也派來一些軍隊，參加作戰。凱撒有二百五十隻戰艦，八萬步兵，騎兵的數目大約與對方相等。安東尼的勢力範圍從幼發拉底河和阿米尼亞延展到愛奧尼亞海和伊里瑞亞；凱撒的勢力範圍從伊里瑞亞延展到西方的海洋，再從那裏延展到塔斯坎尼海和西西里海。至於非洲，意大利、高盧、西班牙、以迄赫庫力斯之柱(Pillars of Hercules)的對岸的全部地區都歸凱撒所有，從塞倫(Cyrene)起至衣索匹亞止的全部地區則都歸安東尼所有。

但是，安東尼現在已經完全成了克里歐佩特拉的附庸，雖然他的陸軍遠較敵人爲優，可是他爲了取悅這位情婦，希望勝利能由海軍贏得。由於缺乏水手，他的屬下便在希臘拉夫，許多可憐的行路人、騾夫、收割者和少年被抓來充任水手，可是船上的水手還是不足，大多數船隻都感人手不足，划船的技術也很拙劣。在另一方面，凱撒的艦隻却都建造精良，不以高大或外觀取勝，而注重實用，所以都不是華麗的大船，但是非常輕捷快速，而且人員充足。凱撒從他在塔倫坦和布倫杜西亞姆的總部致書安東尼，要求他不要再拖延時間，馬上率軍出戰；凱撒答應對於他的艦隊供給適當的碇泊所和港口，並將陸軍從海濱撤退騎兵一天行程的距離，以便他的陸軍可以上岸，並且紮營。安東尼也以同樣的大言壯語回答凱撒，要同他做一人對一人的比武，雖然安東尼的年歲比凱撒大得多；如果凱撒拒絕這項挑戰，安東尼便要求和他決戰於法舍利亞戰場，也就是以前凱撒和龐培決戰的地方。但是，當安東尼的艦隊碇泊在亞克夏姆（Actium）附近——也就是現在的尼扣波里斯（Nicopolis）的所在地——的時候，凱撒抓住這個機會，渡過愛奧尼亞海，佔據了伊帕拉斯（Epirus）的一個叫做長柄杓的地方。安東尼的步兵還遲遲未到，相距很遠，所以他和他左右的人們都很憂慮，克里歐佩特拉却開玩笑說：

「如果凱撒已經掌握了長柄杓，也難怪我們駭怕！」

第二天，安東尼看到敵人的艦隊駛來，而自己的艦隊上却沒有戰鬬的兵員，深恐那些艦隻會被敵人俘虜，於是把全體水手武裝起來，叫他們列隊站在甲板上面，像是已經準備停當，隨時可以做戰的樣子；水手把槳都舉起來，似乎只等命令一下，就可開船；那些艦隻則朝着敵人排列在亞克夏姆海峽的兩邊，彷彿都配置着充份的人員，已經完成做戰準備。凱撒果然中了他的計，而率領艦隊撤退。安東尼並且利用一些壕溝和工事，切斷了敵人的水源，因爲附近一帶可以飲用的水不多，而且品質很劣。這件事情也顯得他身手不凡。他並且違反克里歐佩特拉的意思，以寬厚態度對待杜米夏斯。杜米夏斯乘着一隻小船，逃到凱撒那邊去，當時還在發燒，安東尼對於他的這種行爲雖然極爲憤慨，却吩咐他的朋友和僕人們把他的全部行李送去，並且和他同行。這樣一來，更使人們覺得杜米夏斯不顧信義，杜米夏斯似乎非常懊悔，不久就死了。在那些臣屬的國王之中，阿門塔斯和狄奧泰勒斯（Deiotarus）也投降凱撒。海軍的運氣很壞，每有圖謀，都告失敗，一直毫無建樹，安東尼被迫又把希望寄托在陸軍上面。統率陸軍的坎尼狄亞斯鑒於當時情勢的嚴重，也改變主張，勸告安東尼把克里歐佩特拉遣走，撤退到色雷斯和馬其頓，在那裏用陸軍決定勝負。因爲蓋蒂（Gatae）國王狄考密斯（Dicomes）也答應率領大軍前來參加作戰；而且，坎狄尼亞斯認爲，把海洋放棄給凱撒，並不丟人，因爲海戰是凱撒的特長，他曾在西西里戰爭中有過長期的海戰經驗，但是在陸戰方面，安東尼是並世無兩的最有經驗的統帥，如果他竟把自己的陸軍化整爲零，分散在各個船隻上面，不能有效地發揮作用，實在荒謬絕倫。可是，克里歐佩特拉還是主張用海軍決戰，而且得到安東尼的採納，雖然克里歐佩特拉實際上已在考慮逃走，她對於自己的軍力的佈署，並不是爲協助獲勝，而是在失敗剛一開始的時候，就能極其容易地安然逃走。

有兩座高牆，從安東尼的營地延伸到海港，安東尼經常在這兩座牆垣之間往返，從來不曾想到會遭遇任何危險。但是，一名僕人向凱撒建議，趁着安東尼從牆垣之間經過的時候，不難把他捉住，於是凱撒派人埋伏在那裏，等待安東尼，但是那些人動手得太早了，結果只捉到那個走在安東尼前邊的人，安東尼本人則及時逃走，倖免於難。

安東尼決定在海上與凱撒決戰之後，就把所有的埃及船隻全部焚燬，只留下六十隻，又從這六十隻之中選出一些最好最大的船，都置有十排槳至三排槳不等，他再在這些船上配置了二萬名全副武裝的士兵和二千名弓箭手。據說在這個時候，一位身經百戰遍體傷痕的百夫長對安東尼高聲說道：「將軍，你爲什麼不信賴我們的創傷和刀劍，而把希望寄托於這些破木頭？讓埃及人和腓尼基人在海上作戰好了，我們要到陸地上去，戰死也罷，勝利也罷，我們只有在那裏才能大顯身手。」安東尼沒有回答這些話，只是用神情和手勢叫他不要灰心，鼓起勇氣，然後就向前走去；這時他本人也似乎已經覺得沒有什麼把握，因爲當船長們把帆都留下的時候，他却命令他們都放在船上，他說：「我們不容敵人逃走一個。」

在那一天和以後的三天之中，海上波濤汹湧，無法作戰。到了第五天⑳，風平浪靜，雙方開始交戰。安東尼和普布里考拉(Publicola)指揮右翼的艦隊，基里亞斯(Coelius)指揮左翼的艦隊，瑪卡斯·奧大維亞斯 (Marcus Octavius) 和瑪卡斯·殷斯提亞斯 (Marcus Insteius) 指揮中央艦隊。凱撒親自指揮右翼艦隊，左翼艦隊則由阿格里帕指揮。在陸軍方面，坎尼狄亞斯是安東尼方面的司令官，陶拉斯(Taurus)是凱撒方面的司令官；雙方的陸軍都沿着海岸排列起來。安東尼乘着一隻小艇，一一訪問各軍艦，對士兵們加以鼓勵，叫他們在那些大船上面堅定做戰，不要變換位置，就像置身在陸地上面一般。他並且命令那些船長在遭受敵人攻擊的時候，要保持穩定，就像碇泊的時候一樣，並且要繼續停留在港灣的狹窄而難於通過的入口之處。至於凱撒，在天還沒有亮的時候就離開營帳，前去訪問各艦，他在路上遇見一個趕驢的人，問那人叫什麼名字，那人回答說：「我的名字叫幸運，我的驢的名字叫勝利者。」後來，當凱撒把戰艦前端的撞角裝置在那個地方，藉以記念那次勝利的時候，他也爲那個驢夫和那匹驢在那裏建立了銅像。且說凱撒在把艦隊巡視完畢之後，就乘坐一隻小船去到右翼，看到敵人的艦隻一動不動地停在海峽，彷彿已經下了錨，使他深爲驚奇讚歎。在很長的一段時間中，他一直認爲那些艦隻是在那裏碇泊着，因而使自己的艦隻停在約八壠之外。但是，到了中午，海上起了微風，安東尼的士兵們因爲許久不見敵人前來，已經有些不耐，而且自信他們的艦隻高大，可以穩操勝算，因而忘記了安東尼的吩咐，把左翼的艦隻向前移動。凱撒看見這種情形，非常高興，下令自己這方面的右翼艦隊後退，希望儘量把敵人的艦隻引到海上，然後加以包圍，用自己的輕捷而人員充足的船隻襲擊敵人的巨大船隻，那些船隻體積既大，人員又少，當然行動遲緩，難於發揮作用。

雖然兩軍已經開始交戰，但是彼此都不曾用船去撞擊對方的船，因爲安東尼這方面的船太大，其行動無從達到爲有效的撞擊所必需的速度，凱撒的船則不但不敢以船首對着安東尼的船首撞去，因爲後者的船首上面都裝着很厚的銅板和銅釘，也不敢撞擊安東尼的船隻的側面，因爲那些船隻的側面都由很大的方形木材造成，用鐵螺絲釘釘在一起，如果不顧一切地撞上去，船首的撞角必被撞碎。所以這場戰爭很像一場陸戰，或者說得更確切一些，很像一座設防城市的攻守戰；總是由凱撒的三、四隻船圍攻安東尼的一隻船，用長矛、標槍、篙竿和各種火箭攻擊，安東尼的士兵也從木造的塔樓上面用弩砲向下射出大量的武器。阿格里帕把他所統率的艦隊向前伸展，企圖包圍敵人的側翼，普布里考拉被迫出戰，因而漸漸同中央艦隊失去連繫。在安東尼的中央艦隊方面，因爲遭受阿倫夏斯(Arruntius)㉑的襲擊，也陷入驚慌和混亂之中。但是勝負仍在未定之天，雙方可以說是勢均力敵，這時克里歐佩特拉的六十隻船突然昇起了帆，從交戰的艦隻中間朝着海上逃去。那些船本來在大船的後邊，它們現在從大船羣中衝過去，也使那些大船陷於混亂。敵人看着那些船順風朝着伯羅奔尼撒(Peloponnesus)駛去，很感驚愕。在這個重要關頭，安東尼却向全世界表明，支配着他的並不是一個司令官或大丈夫的思想與動機，也不是他自己的判斷力；有人曾經以戲謔的口吻說過，愛人的靈魂居住在另一個人的身體之內，現在他却以行動爲這句話提供一個實例。他彷彿生來就是克里歐佩特拉的一部份，她到那裏去，他必須跟着同去。他一看見她的船駛走，馬上就丟下那些正在戰鬪並且爲他効命的人們，登上一隻有五排槳的大船，只帶着敍利亞的亞歷山大和塞利亞斯，追隨着那個已經毀壞了他，今後更將使他完全毀滅的女人。

克里歐佩特拉看見他跟來，便在船上發出一個訊號，所以安東尼剛一到達，就被接到船上。但是，他沒有看見她，也不讓自己被她看見，一個人走到船首，獨自坐在那裏，一語不發，用兩手蒙起自己的臉。在這個時候，凱撒的一些輕快的里勃尼亞(Liburnia)船隻趕上來了。安東尼下令把船首轉對着那些船隻，那些船隻全都後退，只有賴考尼亞人歐瑞克里斯(Eurycles)仍然進逼，他從甲板揮舞着一根長矛，似乎要朝着安東尼投擲過來。安東尼站在船首，向他問道：「追逐安東尼的是什麼人？」那人回答說：「我是賴卡里斯的兒子歐瑞克里斯，藉着凱撒的運氣前來爲父報仇。」原來賴卡里斯曾經犯搶刼罪，被安東尼下令斫頭。可是歐瑞克里斯並未襲擊安東尼，却使他的船盡全力撞擊另外一隻旗艦（共有兩隻旗艦），使之旋轉；然後他便俘虜了那隻旗艦和另外一隻船，在那隻船中，有許多貴重的器皿和傢具。歐瑞克里斯離去之後，安東尼又恢復原來的姿勢，默默地坐在那裏。他就這樣地在船首呆了三天，也許是因爲生克里歐佩特拉的氣，也許是因爲不願責備她；然後他們的船停靠在泰納拉斯(Taenarus)。在這裏，陪伴克里歐佩特拉的婦女們首先促使他們二人交談，然後又勸服他們同食同宿。這時候，若干運輸船和安東尼的一些朋友在失敗之後陸續前來，據他們帶來的消息，他的艦隊已經完全被摧毀了，但是他們認爲他的陸軍仍然堅強不屈。於是他派遣使者前往坎尼狄亞斯那裏，命令他儘速率領軍隊經馬其頓前往亞洲。他自己則計劃從泰納拉斯前往非洲，臨行之前，把一隻裝載許多金錢和皇家貴重金銀器皿的運輸船送給他的朋友們，要他們大家分一分，自行設法尋求安全。他們含淚辭謝了他的餽贈，他非常親切地安慰他們，請求他們離去，並且寫信給他在科林斯的管事人提奧費拉斯，要他掩護他們，直至他們得以同凱撒和解的時候爲止。提奧費拉斯是希帕卡斯的兒子，希帕卡斯深得安東尼的信任，在安東尼的所有解除奴隸身份而獲得自由的人們之中，他是第一個投靠凱撒的人，後來在科林斯定居。安東尼當時的處境，大概就是這樣。

但是在亞克夏姆，他的艦隊還抵抗很久，後來因爲遭受狂暴風浪的侵襲，損傷極重，才在下午四點鐘停止戰鬥。據凱撒記載，安東尼的海軍兵員死亡者不到五千人，但是有三百隻船被俘。只有少數人知道安東尼已經逃走，聽到這項消息的人們最初都不敢置信，他們認爲絕對不會發生這種事情，一個在陸地上還擁有十九個完整軍團和二萬名騎兵的將軍，怎麼會放棄一切而逃走，何況這個人還曾飽歷滄桑，身經百戰。可是他的士兵們仍然不肯放棄他們的盼望和期待，以爲他隨時可能出現，他們對他表現出非常的忠誠，甚至在斷定他確實已經逃走之後，他們還繼續團結七天之久，對於凱撒的招降置之不理。但是最後，他們的司令官坎尼狄亞斯也在夜裏逃走了，所有的軍官也都離棄他們而去了，他們才不得不向勝利者投降。然後，凱撒乘船前往雅典，同希臘達成協議，他把安東尼所遺留下來的小麥分給希臘各城市，當時那些城市的景況甚爲悽慘，所有的金錢、奴隸、馬匹和負重的牲畜都被搶走了。我的曾祖父尼卡刻斯（Nicharchus）時常向我們講述一個故事，說我們那個城市所有的居民都被迫把一定數量的小麥，揹到安提西拉（Anticyra）附近的海濱，有人站在旁邊，用鞭子抽打他們，讓他們快一點兒走。他們剛剛揹了一趟，已經再把小麥量好，準備揹第二趟的時候，安東尼戰敗的消息傳來，這個消息救了凱洛尼亞（Chaeronea）㉒，因爲安東尼的糧食官和士兵們馬上逃走，本城的居民便把那些小麥分了。

安東尼到達非洲之後，便讓克里歐佩特拉從巴雷托尼亞姆（Paraetonium）返回埃及，獨自過着非常孤寂的生活，只由兩個朋友陪伴着各處徜徉，其中一個是希臘雄辯家亞理斯多克拉底（Aristocrates）另一個是羅馬人魯西里亞斯（Lucilius）。關於魯西里亞斯的故事，我以前已經講過㉓。從前在腓立比的時候，他爲了使布魯塔斯得以逃走，而假裝自己就是布魯塔斯，被追逐者捉住。當時安東尼饒了他的性命，他感恩圖報，一直死心塌地效忠安東尼。

當安東尼手下負責統率非洲部隊的司令官也率領所屬投降凱撒的時候，他決心自殺，但是朋友們加以阻止，並且把他送到亞歷山大里亞。到了那裏，他發現克里歐佩特拉正在忙於從事一項最大膽而奇異的計劃。在紅海㉔和埃及海岸外的地中海之間有一小片陸地，被認爲是亞非兩洲之間的疆界，最狹窄之處不過三百壠寬，克里歐佩特拉打算把他的軍艦弄上岸來，拖到這個海峽的另一端，再放到阿拉伯灣(Arabian Gulf)的海上，憑着她的武力和財富在埃及以外的地區建立一個安身之所，遠離開戰爭和奴役，享受太平生活。但是，第一批軍艦拖到岸上之後，就被匹特拉(Petra)的阿拉伯人焚燬，而且安東尼以爲他的陸軍仍在亞克夏姆繼續作戰，所以克里歐佩特拉放棄了原定計劃，下令防衞所有通往埃及的道路。但是安東尼却離開這個城市，丢下朋友們，在費羅斯附近海上築起一道防波堤，在那道防波堤上建造一個住所，過着與世隔絕的生活。他說他只希望能過着泰蒙(Timon)那樣的生活；因爲他的遭遇的確和泰蒙很相像，朋友們對他忘恩負義，使他憎恨和猜疑所有的人們。

按照阿里斯多芬尼斯和柏拉圖的喜劇的敍述，泰蒙是雅典的公民，生存在伯羅奔尼撒戰爭的時代；在那些劇本裏面，他被描繪成爲人類的憎恨者和敵人，備受嘲笑。他避免並拒絕同一切人交往，惟獨對阿爾西柏亞底(Alcibiades)特別垂青，非常熱情地擁抱他，親吻他，當時後者尚在狂熱任性的青年時代。阿坡曼特斯(Apemantus)覺得很奇怪，問他爲何獨對阿爾西柏亞底如此發生好感，他回答說，因爲他知道這個青年人將來必爲雅典人之大患。他從來不同任何人交往，只是同這位阿坡曼特斯時有往還，因爲阿坡曼特斯和他的性情相投，也模倣他的生活方式。在過奠酒節的時候，這兩個人在一起飲宴慶祝，阿坡曼特斯對他說：「泰蒙，今天這場宴會可眞愉快呀！」泰蒙回答說：「要是沒有你在場，那才眞正愉快。」有一天，他在市民大會中登臺演說，這一不平凡的現象使大家非常驚奇，全場寂然無聲，只聽他說道：「諸位雅典人，我家有一塊地，上面長着一棵無花果樹，過去曾有許多人到那裏上吊；現在我因爲決定要在那塊地皮上蓋房子，願意向大家公開宣佈，諸位當中如有願意自縊者，請趁著這棵樹尚未砍伐之前趕快前往上吊。」他死在赫里（Halae），葬在該地的海濱；他下葬之後，墳前的陸地溜入海中，海水環繞起他的墳墓，使人完全無法到達。在他的墓碑上面，刻著如下的兩行文字：

「我已過完可憐的一生，長眠此處，
莫問我的姓名，我咒罵你們每一個人。」

這是他生前自撰的墓銘；另一個更為大家所熟知的墓銘出自凱里梅卡斯（Callimachus）的手筆：

「我乃厭惡人類的泰蒙，長眠此地，
要罵由你去罵，只求不要在此駐足。」

有關泰蒙的故事很多，我們不能多講。現在書歸正傳。這時坎尼狄亞斯親自前來，向安東尼報告陸軍在亞克夏姆瓦解的情形。後來安東尼又得到消息，知道猶太的希律王率領一些軍團和大隊投降凱撒，另外一些屬領的帝王也同樣地背棄了他，現在在埃及之外，他已沒有任何兵力了。可是，這些事情並未使他煩惱，他似乎很高興地放棄了一切希望，因為沒有希望，一切煩憂也隨之消逝，他離開那個被他稱為泰蒙尼亞的海濱住所，被克里歐佩特拉迎入皇宮，使全城進入一段歡樂時期，人們天天飲宴作樂，互相贈送禮物。凱撒和克里歐佩特拉的兒子到達適當年齡，被登記為青年，他自己和芙維亞所生的兒子安提拉斯也屆成年，接受沒有紫邊的長袍㉕；為了慶祝這兩件事情，亞歷山大里亞的居民們，宴樂多日。克里歐佩特拉和安東尼解散了他們的「無與倫比社」，另外組織一個團體，其豪華奢侈的情形，比起前者毫無遜色，這個團體的名稱叫做「共死會」。所有願意和安東尼與克里歐佩特拉同死的人們都加入了這個會，大家經常一起飲宴，及時行樂。但是克里歐佩特拉却在忙於搜集各種毒藥，並且利用死刑犯人做實驗，看那一種毒藥給人的痛苦最小。她發現効力迅速的毒藥都會引起劇烈的痛苦，而痛苦較少的毒藥則效力緩慢，於是她再試驗有毒的動物，讓一個有毒的動物咬另一個動物，自己親自在一旁觀察。這是她每天的工作，最後她終於發現，最理想的動物是一種小毒蛇，經牠咬了之後，既不會引起抽搐，也不會引起呻吟，被咬者臉上微微出些汗，感覺漸漸痲木，陷入昏睡狀態，看起來完全沒有感到任何痛苦，只是像一個酣眠的人，拒絕旁人把他弄醒。

在這同時，他們並派遣使者前往亞洲，去晤見凱撒，克里歐佩特拉要求把埃及王國給與她的子女們，安東尼則要求准許他在埃及做一個老百姓，如果這一點辦不到的話，希望准許他返回雅典。因爲許多朋友已經背棄他們，另外一些朋友們不爲他們所信任，當時已經沒有什麼可託之人，只好請他的兒子的教師幽福朗尼亞斯（Euphronius）擔負起這個任務。過去在羅馬的時候，雷奧狄西亞（Laodicea）人阿萊克塞斯（Alxas）由於提瑪幾尼斯（Timagenes）的介紹，認識了安東尼，安東尼對他的信任，超過任何其他希臘人，同時他也是替克里歐佩特拉勸說安東尼的一個最得力的人員，安東尼所做的一些有利於奧大維亞的考慮，都被他及時打消；安東尼曾經派遣他去勸告希律王不要投降凱撒，但是他却背叛安東尼，一去不返，並且自恃有希律王做後盾，居然膽敢跑到凱撒的面前。可是，希律王對他却愛莫能助，因爲他馬上被加上桎梏，送還本國，由凱撒下令處死。這就是阿萊克塞斯叛逆的下場，當時安東尼還活在世上。

對於安東尼所提出的要求，凱撒不肯答應，但是他回答克里歐佩特拉說，如果她把安東尼處死，或驅出埃及，她將受到極其合理的優待。他並派遣他的已經獲得自由的奴隸托薩斯和他的使者們同來，托薩斯富有才智，由他來爲一位年輕的將軍向一位對於自己的美貌和魅力非常自負的女子傳信，實在是一位適當的人選。但是，因爲克里歐佩特拉在接見他的時候，談話時間往往很久，並且加給他一些特殊的榮幸，竟使安東尼嫉妬；他下令把托薩斯逮捕，痛打一頓，然後遣返；安東尼並且給凱撒寫一封信，交托薩斯帶回，信裏面說他當時正處逆境，心情不免煩躁，托薩斯傲慢不遜，正好觸怒了他。「不過，如果這件事情使你生氣，我的已經獲得自由的奴隸希帕卡斯現在你處，你可以把他吊起來，痛打一頓，就算互相抵消。」但是，經過這件事情之後，克里歐佩特拉爲了表白自己，消除他的猜忌心理，對他非常慇懃。在她自己過生日的時候，她顧及當時的不幸處境，一切從簡，但是到了安東尼的生日，她却極力鋪張，大事慶祝，極盡其豪奢之能事，許多賓客都赤手而來，滿載而歸。在這同時，阿格里帕不斷地致書凱撒，要他返回羅馬，因爲有許多重大事務，需要他親自處理。

因此，戰爭延緩了一季。冬天過去之後，凱撒便開始軍事行動，他自己率軍從敍利亞前進，他的部將們則從非洲各地前進。在柏魯夏姆(Pelusium)陷落之後，有一項傳言，說守將西魯卡斯把這個城市拱手讓給凱撒，而且事先得到克里歐佩特拉的同意；但是克里歐佩特拉爲了替自己辨誣，把西魯卡斯的妻子兒女交給安東尼，由他處死。克里歐佩特拉已經在愛色斯神殿，建造好幾座非常高大而精美的陵墓和紀念碑；她把她的財寶、金銀、翡翠、眞珠、烏木、象牙和肉桂都搬到那裏，另外還預備大量含有樹脂的木材和拖繩。凱撒深恐這個女人在被逼得沒有辦法的時候，會把那些財富付之一炬；所以他在率軍朝着那個城市前進的途中，不斷地向她提供善意的保證。當凱撒的軍隊列陣跑馬場附近的時候，安東尼猛烈出擊，擊敗了凱撒的騎兵，把他們驅回戰壕，然後很得意地返回宮中，全副武裝未卸，就親吻克里歐佩特拉，並且介紹一名在那場戰役中做戰最勇的士兵晉見她，她贈給那名士兵一件金製的護胸甲和盔。那名士兵接受了賞賜，却在當天夜裏逃走，去投降凱撒了。

現在，安東尼再度向凱撒挑戰，要同他單人比武；凱撒回答安東尼說，他結束生命的方法很多，不必單人比武；安東尼深知他的最光榮的死法，莫過於死於戰鬪之中，於是他決定以陸軍和海軍同時出擊。在晚飯時候，據說他吩咐僕人們多爲他上一些菜，多爲他斟一些酒，因爲明天他也許會戰死，倒在地上，變成一具屍體，他們就將伺候一個新的主人了。他的朋友們聽到這些話，都不禁痛哭，他告訴他們說，他明天出戰，不是爲了尋求安全或勝利，而是爲了尋求光榮的死亡，所以他們不必參與其事。據說那天夜裏，在午夜時分，全城正處於寂靜和陰慘氣氛之中，期待着明天可能發生的事情，突然聽到各種樂器的聲音，並有歌聲配合，大羣的人們喊叫跳舞，像是一批酒神的信徒。這個喧囂的行列似乎從城中經過，一直朝着距離敵人最近的城門走去；到了那裏，他們的喧囂達到最高潮，然後突然出城。對於這件事情加以探索的人們，認爲這是表示安東尼一向模做和效法的酒神，已經捨棄了他。

天一亮㉖，他就率領步兵出城，把他們安置在一座小山之上，在那裏觀看他的艦隊出動進攻敵艦。他站在那裏，期待着他的艦隊會獲得相當的戰果，但是在那些艦隻駛近敵方艦隻的時候，他這方面的船員却用槳向凱撒的船員敬禮，凱撒的船員答禮之後，雙方的艦隊便合而爲一了。就在安東尼看到這個情景的同時，他的騎兵也背棄了他，投降凱撒；他所率領的步兵同敵人交戰而失敗之後，他便囘到城裏，高喊他是爲了克里歐佩特拉的緣故，才同敵人作戰，現在克里歐佩特拉却把他出賣給敵人了。克里歐佩特拉恐怕他在暴怒和絕望之中，會做出傷害她的行爲，於是逃到陵墓，放下垂門，把强固的門栓拉起，然後派人去告訴安東尼說她已經死了。安東尼相信了這個消息，高聲說：「安東尼，你爲什麼還要遷延？命運已經奪走了你繼續生存的唯一藉口。」他囘到自己的房間，解開鎧甲。他說：「克里歐佩特拉，我現在失去了你，並不覺得難過，因爲不久我就要與你相聚了；使我難過的是，像我這樣一個偉大的將軍，還沒有一個女人勇敢。」安東尼有一個忠實的僕人，名叫伊羅斯，過去會經答應過安東尼，到必要的時候，把他殺死，現在安東尼要他履行諾言。伊羅斯拔出劍，像是要殺安東尼的樣子，却突然轉過身子，把自己刺死。當他倒在主人的脚下而死去的時候，安東尼說：「你做得好，伊羅斯。你已經指點你的主人怎樣去做你所不能做的事情；」於是他用劍刺自己的腹部，倒在臥榻之上。可是他的傷並不是馬上就會致命的；他躺下之後，血不再流了，不久他就恢復知覺，請求站在身旁的人們幫他結束他的痛苦，但是那些人都跑掉了，留下他一個人在那裏喊叫掙扎。最後，克里歐佩特拉的秘書戴奧米德來了，奉女主人的命令，接他到陵墓去。

安東尼聽說克里歐佩特拉仍然活着，便急切地命令僕人們把他抱起來，他們把他抱到陵墓的門口。克里歐佩特拉不肯開門，從一個窗口往外看，丟下來一些繩索，僕人們把安東尼繫在繩索上，然後她和兩個女人（那兩個女人是僅有的被准許進入陵墓的人）把安東尼往上面拉。據當時在場的人們說，那幅景象非常悽慘，安東尼滿身血污，似乎就要斷氣了，在被人往上面吊的時候，還揚手向克里歐佩特拉致意，並且竭盡他僅存的一點體力掙扎着。由三個女人來做這件事情，的確很不容易；克里歐佩特拉緊握着繩索，頭向下探伸着，用盡全力把安東尼往上拉，在底下的人們則高聲喊叫，對她加以鼓勵，爲她着急，分擔她的憂慮。她終於把他拉上來了。她把他放在床上，扯下自己身上的衣服，覆蓋在他的身體上面；她用手槌胸，撕扯自己，把他傷口流出的血塗在自己的臉上，稱他爲她的主上，她的丈夫，她的皇帝，對他的遭遇關懷備至，似乎完全忘記了自己的不幸。安東尼盡力阻止住她的哀傷，向她索取酒喝，也許是因爲他渴了，也許是因爲他希望酒可以更迅速地解除他的痛苦。他喝過酒之後，便勸她在不蒙受恥辱的原則之下，做一個適當的安排，尋求自身的安全，並且告訴她說，在凱撒的所有的朋友之中，只有普洛古里亞斯是她可以信賴之人；他並且勸她不要爲他最後的逆運而憐憫他，應該回想他過去的榮華而爲他高興，他曾經是世間最顯赫最有權威的人物，到最後也死得並不卑鄙，只是一個羅馬人被另一個羅馬人戰勝了而已。

正當安東尼快要嚥氣的時候，普洛古里亞斯從凱撒的營盤來到。原來在安東尼用劍刺傷自己，然後被送到克里歐佩特拉這裏來的時候，他的一名衛士戴西提亞斯檢起他的劍，把它隱藏起來，然後找機會偷偷地跑到凱撒那裏去，首先向他報告安東尼的死訊，並且提出那隻沾滿血跡的劍爲證。凱撒聽到這個消息之後，退到他的帳篷的內部，爲安東尼之死而洒淚，這個人曾經是他的姻親，他的統治帝國的同事，許多次戰爭與危險中的夥件。他拿出許多信，來到他的朋友們的面前，高聲宣讀那些信件，使他們曉得，他寫給安東尼的信都是多麼謙虛適度，而安東尼的覆信都是多麼傲慢不遜。然後他派遣普洛古里亞斯到克里歐佩特拉那裏去，要他盡最大的努力，使克里歐佩特拉活着落入他的手中，因爲他恐她自尋短見，使他得不到那一大批財富，而且有她活着，也可以爲他的勝利凱旋增加很大的榮耀，可是，克里歐佩特拉非常小心，不使自己落入普洛古里亞斯的手中；他到達陵墓前面的時候，站在門外，那個門位於和地面相同的高度，栓着很牢固的門栓，克里歐佩特拉在門裏邊，兩人隔着門談話，彼此都可以聽得見。她要求凱撒把埃及王國給她的子女，他則勸她安心，一切都信賴凱撒。

普洛古里亞斯把那個地方的情勢仔細觀察之後，便去回復凱撒。凱撒又派蓋里亞斯前來同她做第二次會談。蓋里亞斯到達門口之後，和克里歐佩特拉隔着門會談，但是他故意拖延會談的時間，這時普洛古里亞斯却把雲梯架在那些女人把安東尼拉進陵墓的那個窗口。普洛古里亞斯率領兩個人從那個窗口進去之後，馬上下來，到達克里歐佩特拉和蓋里亞斯會談的門邊。在陵墓中陪伴克里歐佩特拉的兩個女人之中的一個大聲喊道：「可憐的克里歐佩特拉，你已經做了俘虜！」克里歐佩特拉趕快轉過身去，看見了普洛古里亞斯，馬上拔出隨身携帶的匕首，想要自殺。普洛古里亞斯趕緊跑過來，用兩隻手抓住她。他說：「不要這樣，克里歐佩特拉；你這樣做，不但對不起自己，也辜負了凱撒，使他沒有機會表現他的寬厚，讓世人把這位最和善的將軍看成一個充滿仇恨的無義之人。」於是他把那隻匕首從她的手中取走，並且抖動她的衣服，看看裏面是否藏有毒藥。然後凱撒又派他的一名已經解放的奴隸艾帕夫羅狄塔斯前來，囑咐普洛古里亞斯要儘可能以溫和有禮的態度對待克里歐佩特拉，但是要極其嚴密地防範她自尋短見。

在這個時候，凱撒進入亞歷山大里亞，哲學家阿瑞亞斯(Arieus)陪伴着他，拉着他的手，同他談話；他的目的是想使公民們看到他加給阿瑞亞斯的殊榮，而尊崇這位哲學家。然後，他走進運動場，登上爲他而特設的講壇，他首先命令公民們(他們因爲過於恐懼，都俯伏在地上)都站起來，然後告訴說，他赦免了亞歷山大里亞人民的一切過咎，第一是爲了亞歷山大的緣故，因爲他是這個城市的建立者，第二是爲了這個城市本身的緣故，因爲它很廣大而幽美，第三個理由，則是爲了使他的朋友阿瑞亞斯高興。

凱撒加給阿瑞亞斯的榮譽，實在不小，而且，由於這位哲學家的說項，許多人得以保全性命，費羅斯特拉塔斯(Philostratus)就是其中之一。在所有的邏輯教師之中，費羅斯特拉塔斯是最善於即席演說的人，但是他不應該虛妄地自稱爲學院派哲學家。凱撒因爲厭惡他的爲人，對於他的請求完全置之不理。他長着很長的白鬍鬚，穿着一件黑長袍，跟在阿瑞亞斯的後邊，不斷地朗誦這行詩：

「智者如果明智，必定拯救智者。」

凱撒聽到之後，便恕宥了他，目的並不是爲了解救費羅斯特拉塔斯，而是爲了使阿瑞亞斯不致爲此事而受人責難。

在安東尼的子女之中，他同芙維亞所生的安提拉斯，因爲被自己的老師提奧多拉斯出賣，而被處死；在士兵們砍頭的時候，他的那位老師設法偸去戴在他頸子上的一顆寶石，收在自己的衣袋裏，雖然那位老師後來否認這件事情，還是被定罪而釘死在十字架上了。克里歐佩特拉的子女，連同他們的侍從人員們，都在專人的看守之下，受着很優厚的待遇。被認爲是獨裁統治者凱撒之子的凱撒里昂奉他母親的命令，携帶大量金錢，取道衣索匹亞前往印度；但是可以和提奧多拉斯媲美的他的老師羅頓(Rhodon)，却勸他返回埃及，理由是凱撒想立他爲王。但是當凱撒考慮這件事情的時候，據說阿瑞亞斯說了這樣的話：

「凱撒太多了，不是好事。」

因此，後來在克里歐佩特拉死了之後，凱撒里昂便被殺了。

許多帝王和將軍都請求把安東尼的屍體交給他們，由他們爲他舉行葬禮；但是凱撒不肯把安東尼的屍體從克里歐佩特拉那裏取走，所以殯葬的事情還是由克里歐佩特拉經手辦理的，完全按照帝王的葬禮，很够氣派，事先得到凱撒的許可，可以任意使用一切她認爲需要的東西。她的心情極度悲憤，胸部由於自己屢次槌打和撕扯的結果，已經潰爛發炎，因而發高燒；她對於這種情形倒很高興，因爲她有了藉口，可以不進飮食，使自己靜靜地死去，而不致受到干擾。她自己有一名醫生，名叫奧林帕斯，她對這位醫生講了實話，並且請他提供意見，協助她結束自己的殘生；奧林帕斯在一部記述這些事情的作品之中，曾經講到這一點。但是凱撒猜想到她的企圖，便傳來一些威脅的話，說她的子女將受到報復，藉以引起她的恐懼心理，於是她只有就範，放棄本來的計劃，接受左右的人們供給她的飲食和藥品。

幾天之後，凱撒親自前來看她，對她加以安慰。當時她正躺在那張簡陋的小床上，身上穿着便裝，看到他進來之後，她從床上跳起來，跪倒在他的脚下，她的頭髮和面容零亂不堪，聲音顫抖，兩眼深陷。她的胸部的槌打和撕扯的傷痕，顯然可見；整個說起來，她的身體所受的折磨似乎並不下於她的靈魂所受的痛苦。可是，雖然如此，她的著名的魅力，和她的青春的美，還沒有完全離開她，在目前這種悲慘的處境裏，仍然從內部放散出光芒，顯現在她的儀容之中。凱撒叫她躺下，並且坐在她的身旁；她趁着這個機會，爲自己的行爲辯護一番，她說她之所以這樣做，是由於迫不得已，和對安東尼的恐懼心理；當凱撒把她的論點一一駁倒之後，她馬上改變語氣，懇求他恕宥，好像她非常希望活下去似的。最後，她把她的金銀珠寶的淸單提交凱撒，她的一名管事人塞魯克斯却說她漏列若干項目，指責她隱匿不報，於是她勃然大怒，馬上跳下床來抓住他的頭髮，打他幾個耳光。凱撒微笑着勸她不要如此，她回答說：「這實在太使人難堪了，凱撒。我在這窮途末路之際，承你屈尊前來看我，但是我自己的僕人却指控我隱匿一些女人的玩物，我留起那些東西，又不是爲了裝飾倒楣的自己，而是想當作一些小禮物送給奧大維亞和莉維亞（Livia）㉗，希望她們代我向你說情，受到你的寬大的處置。」凱撒聽到她的話之後，心裏很高興，因爲他斷定她是希望活下去了。於是他告訴她說，她所留起的東西，可以由她任意處置，至於他對她的處置辦法，將是非常寬厚的，其寬厚的程度將超過她的期望。說完之後，凱撒便走了，自信已經完全把她籠絡住了，但是實際上，受騙的却是凱撒自己。

在凱撒的友伴之中，有一個顯貴的青年人，名叫考內留斯．杜賴貝拉。這個人對克里歐佩特拉很有好感，他應了她的請求，秘密向她報告說，凱撒即將取道敍利亞返國，她和她的子女將於三天之內先被遣送。她得到這個消息之後，便要求凱撒准許她去祭奠安東尼；凱撒同意了她的請求，於是她吩咐人們把她抬到安東尼的墓前。到了那裏，在侍女們的陪伴之下，她含淚擁抱着安東尼的墳墓，說了下面的話：「啊，最親愛的安東尼，在不久之前，我用自己的手把你埋葬；那時我的手還是自由的，現在我却已經成了俘虜，在我向你做最後一次祭奠的時候，有人在旁邊看守着，因爲他們擔心我的正當的憂傷會毀壞了我這奴隸的身軀，因而使他們的勝利凱旋爲之減色。不要指望我以後再來祭奠你了；這是克里歐佩特拉對你所做的最後一次祭奠，因爲她將被匆匆地送往遠方。在我們活着的時候，什麼也不能使我們分開，但是在死去之後，我們似乎要天各一方了。你是羅馬人，死後葬在埃及；我是埃及人，死後却要葬在你的祖國了。但是，現在和你在一起的下界的神們如果有靈的話（因爲天上的神們已經出賣了我們），請不要讓你活在世上的妻子遭受捨棄；不要讓我被人擺在勝利凱旋的行列之中，使你蒙羞，而要把我隱藏起來，和你一起埋葬在這裏，因爲在我所有的不幸遭遇之中，最使我痛苦的乃是和你分開的這一段短暫的日子。」

克里歐佩特拉哭訴完畢之後，在安東尼的墳墓上放了一些花環，並且親吻墳墓，然後命令從人爲她預備水，她要沐浴。浴罷之後，她躺下去，吃了一餐很豪奢的盛饌。一個鄉下人爲她送來一個小籃子，看守的衛兵們加以攔截，問籃子裏面裝的是什麼東西，鄉下人把上面的葉子撥開，讓他們看見裏面裝滿了無花果，那些無花果又大又漂亮，衛士大加讚美，鄉下人笑了一笑，請他們拿去一些，衛兵們沒有拿，却也不再懷疑，就放他拿着籃子進去了。吃完飯之後，克里歐佩特拉把她已經寫好並且密封起來的一封信派人給凱撒送去；她屏退所有的人，只留下服侍她的兩個女人在陵墓裏陪伴着她，然後把門關上。凱撒打開來信，發現她很哀惋地懇求把她和安東尼葬在一起，馬上明白了她的意向。最初他想親自趕去營救她，後來又改變主意，派旁人前去。但是克里歐佩特拉把這件事情做得非常迅速。凱撒的使者們以全速力跑到那裏，發現看守的衛兵們還毫無所知；他們開了門，看見克里歐佩特拉躺在一座金榻上面，穿戴着帝王的服飾，已經斷氣了。她的侍女艾拉斯躺在她的脚下，另一名侍女查米昂已經搖搖欲倒，頭都有些抬不起來了，還在爲她的女主人整理王冠。走進去的一個人很惱怒地說：「你幹得好事，查米昂！」她回答說：「的確非常好，很適合一位身爲許多帝王之後裔的人。」她說了這句話，就倒死在金榻之旁了。

有人說，那隻小毒蛇是隱藏在無花果和葉子下面帶進去的，按照克里歐佩特拉事先的安排，要使毒蛇在她不知不覺之中爬上她的身體，但是，當她拿開一些無花果而看到毒蛇的時候，她說：「牠在這裏呢。」於是伸出裸露的手臂，讓牠咬。也有人說，那隻毒蛇放在一個花瓶裏面，她用一根金紡錘刺牠，激惹牠，牠便纏住她的胳臂。實際情形究竟如何，誰也不知道，因爲還有人說，她的毒藥藏在一根中空的束髮針裏面，把束髮針別在頭髮裏面，看不出來；可是她死後身上沒有出現斑點，也看不出其他中毒的徵象，在陵墓裏邊也沒有發現小毒蛇，只是在對着陵墓窗口的海濱的沙灘上，發現了類似毒蛇遺跡的東西。有些人說，在克里歐佩特拉的胳臂上發現了兩個模糊的洞孔的痕跡，凱撒似乎也相信這種說法，因爲在他的凱旋行列之中，就有一個被毒蛇纏繞着的克里歐佩特拉的肖像。以上所述，是關於此事的種種不同的說法。凱撒雖然對於她的死很感失望，却也欽佩她的偉大精神，下令按照帝王的儀式和排場把她葬在安東尼旁邊。她的侍女們也都由於凱撒的命令，而受到體面的葬埋。克里歐佩特拉享年三十九歲，其間擔任女皇二十二年，和安東尼共同主政十四年。按照某些權威人士的說法，安東尼享年五十三歲，另外有些人則說他在世共五十六年。他的雕像全都被拆毀了，但是克里歐佩特拉的雕像則都屹立無恙，因爲她的朋友阿契畢亞斯(Archibius)送給凱撒二千泰倫，使那些雕像免於遭受安東尼雕像的命運。

安東尼遺留下由三個妻子所生的七個子女，其中只有老大安提拉斯被凱撒處死了；其他的孩子們都被奧大維亞領去，把他們和她自己的孩子們一起撫養。克里歐佩特拉爲他生的女兒克里歐佩特拉後來嫁給最有才學的國王朱巴(Juba)；芙維亞爲他生的兒子安東尼後來極受恩寵，在凱撒的心目中，阿格里帕居第一位，莉維亞的兒子居第二位，安東尼則毫無疑問地居第三位。奧大維亞爲她的第一個丈夫瑪塞拉斯生了兩個女兒，還有一個兒子，名叫瑪塞拉斯，凱撒過繼了這個兒子，並把自己的女兒嫁給他；正像奧大維亞把一個女兒嫁給阿格里帕一樣。但是，瑪塞拉斯結婚之後不久就死了，凱撒很難另外找一個可以信賴的人做他的女婿，於是奧大維亞首先建議阿格里帕休棄她自己的女兒，和茱利亞結婚。凱撒和阿格里帕先後同意這個意見，於是阿格里帕娶茱利亞爲妻，奧大維亞領回自己的女兒，把她嫁給小安東尼。至於奧大維亞爲安東尼所生的兩個女兒，一個嫁給杜米夏斯・阿罕諾巴巴斯（Domitius Ahenobarbus）；另一個名叫安東尼歐，以美和審愼出名，嫁給杜薩斯（Drusus），杜薩斯是莉維亞㉗的兒子，凱撒的繼子。這一對夫婦生下了哲曼尼卡斯（Germanicus）和克羅狄亞斯。克羅狄亞斯後來做了皇帝；在哲曼卡尼卡斯的子女之中，凱亞斯（Caius）做了一個時期的皇帝，政績卓越，後來連同妻子一起被殺；阿格里品娜（Agrippina）爲阿罕諾巴巴斯生了一個兒子魯夏斯・杜米夏斯之後，嫁給克羅狄亞斯・凱撒。克羅狄亞斯・凱撒收養杜米夏斯，給他取名爲尼洛・哲曼尼卡斯。尼洛就是我們這個時代的皇帝。他殺死自己的母親，他的瘋狂和愚蠢行爲幾乎毀滅了羅馬帝國。他是安東尼的第五代後裔。

註解：

①約合美金三十萬元，其購買力比現代錢幣大四、五倍。

②在公元前五十八年。

③泰封爲埃及之惡神，埋葬於塞波尼斯沼澤之下。

④在公元前五十年。

⑤在公元前四十八年初。

⑥在公元前四十五年。

⑦在公元前四十三年。

⑧在公元前四十一年。

⑨指底布斯，見於 Oedipus Rex 中。

⑩引用荷馬「伊利亞特」裏面的話。

⑪安提封（B. C. 480?-441），雅典演說家。

⑫在公元前四十年末。

⑬在公元前三十六年。

⑭翟諾芬（434?-?355 B. C.），希臘將軍及歷史家。

⑮在公元前三十四年。

⑯在公元前三十五年。

⑰公元前三十二年夏天。

⑱「巨人之戰」是雅典衛城南牆上的一羣肖像。

⑲克里歐佩特拉自稱爲新愛色斯，安東尼則自稱爲新巴卡斯。

⑳公元前三十一年九月二日。

㉑阿倫夏斯爲凱撒方面之中鋒司令官，普魯塔克在前文中應該提到而未曾提到。

㉒凱洛尼亞爲普魯塔克之故鄉。

㉓見於布魯塔斯傳中。
㉔普魯塔克此處所說的紅海，指阿拉伯灣的上部。
㉕凱撒里昂被教育成爲希臘人，安提拉斯則被教育成爲羅馬人。
㉖公元前三十年八月一日。
㉗莉維亞爲凱撒之妻。

中華史地叢書

希臘羅馬名人傳（下冊）

1912

作　　者／Plutarch　著、吳奚真　譯
主　　編／劉郁君
美術編輯／鍾　玟

出 版 者／中華書局
發 行 人／張敏君
副總經理／陳又齊
行銷經理／王新君
地　　址／11494 臺北市內湖區舊宗路二段181巷8號5樓
客服專線／02-8797-8396　　　傳　　真／02-8797-8909
網　　址／www.chunghwabook.com.tw
匯款帳號／兆豐國際商業銀行　東內湖分行
　　　　　067-09-036932　中華書局股份有限公司

法律顧問／安侯法律事務所
製版印刷／維中科技有限公司　海瑞印刷品有限公司
出版日期／2018年3月四版
版本備註／據1991年3月三版復刻重製
定　　價／NTD 250

國家圖書館出版品預行編目（CIP）資料

希臘羅馬名人傳 / Plutarch著 ; 吳奚真譯.--
四版. -- 臺北市 : 中華書局, 2018.03-
冊 ;　公分. -- (中華史地叢書)
ISBN 978-957-8595-30-9(下冊 : 平裝)

1.傳記 2.希臘 3.羅馬

784.951　　　　106024814

NO.G2006-2
ISBN 978-957-8595-30-9（平裝）